IRAN

AFGHA-
NISTAN

AIT

*Persischer
Golf*

Dschubail

Qatif

Dammam

qaiq

Manama

BAHRAIN

Hufuf

Doha

KATAR

Abu Dhabi

Dhahran

VER. ARAB.
EMIRATE

Maskat

OMAN

RABIEN

JEMEN

W0087468

Sebastian Sons
Auf Sand gebaut

Sebastian Sons

Auf Sand gebaut

Saudi-Arabien –
Ein problematischer Verbündeter

Propyläen

Propyläen ist ein Verlag der Ullstein Buchverlage GmbH
www.propylaeen-verlag.de

ISBN: 978-3-549-07482-4

© Ullstein Buchverlage GmbH, Berlin 2016
Alle Rechte vorbehalten
Gesetzt aus Janson Text
Satz: Pinkuin Satz und Datentechnik, Berlin
Druck und Bindearbeiten: GGP Media GmbH, Pößneck
Printed in Germany

Inhalt

Vorwort

Saudi-Arabien ist ein uns fremdes, schwer zu verstehendes Land. Wir wissen wenig über das Königreich zwischen Golf und Rotem Meer, das sechsmal so groß wie Deutschland ist, dessen Einwohnerzahl aber nur etwa ein Drittel der unseren beträgt. Das Land wird von der Dynastie des Saud-Clans regiert und gilt als absolute Monarchie mit strengen Regeln: Frauen dürfen nicht Auto fahren und es herrscht strikte Geschlechtertrennung. Auf Alkoholbesitz steht die Todesstrafe, Kinos und Theater sind verboten. Regimekritiker werden verhaftet oder enthauptet, Andersgläubige verfolgt. Kritik am Königshaus und an den religiösen Gelehrten, den Wahhabiten, wird nicht geduldet und drastisch bestraft. Die wahhabitische Islam-Auslegung, die in der saudischen Wüste Mitte des 18. Jahrhunderts entstand, gehört zum sunnitischen Islam und ist äußerst rigoros und erzkonservativ. Die wahhabitischen Geistlichen sind die Sitten- und Tugendwächter im Königreich und bestimmen das öffentliche Leben eines jeden Saudis. Der Koran ist die saudische Verfassung. In Saudi-Arabien liegen mit Mekka und Medina zwei der heiligsten Stätten des Islams. Deswegen versteht sich das saudische Königreich nicht nur als politische Macht, sondern auch als islamische Vorbildnation für alle Muslime auf der ganzen Welt. Es hat den Anspruch, die arabische Welt zu führen und zu kontrollieren – politisch, religiös und wirtschaftlich.

9

Saudi-Arabien verfügt über die zweitgrößten Erdölreserven der Welt und ist innerhalb weniger Jahrzehnte mit Hilfe der Staatseinnahmen aus dem Ölexport zu einem wirtschaftlichen Schwergewicht geworden. Gleichzeitig ist es dem Königshaus gelungen, eine ehemals beduinisch und landwirtschaftlich geprägte Gesellschaft in die Moderne zu führen. Durch den immensen Ölreichtum war es ihm bisher möglich, seinen Untertanen ein kostenloses Gesundheits- und Bildungssystem zu bieten und sie im öffentlichen Sektor zu beschäftigen sowie auf Steuereinnahmen zu verzichten. Benzin und Wasser werden mit Unsummen subventioniert. In den letzten Jahrzehnten wurden Milliarden in den Ausbau der Infrastruktur und des Bildungssystems gesteckt. Als Gegenleistung erwarten die Herrscher jedoch von ihren Untertanen bedingungslosen Gehorsam: Wer zahlt, dem gehört die Treue. Infolgedessen haben sich eine ineffiziente und korrupte Bürokratie und ein von den Öleinnahmen abhängiges Staatssystem entwickelt, in dem eine konkurrenzfähige und leistungsbereite Privatwirtschaft fast keine Rolle spielt.

Doch dieses Rundum-sorglos-System gerät zunehmend unter Druck: Die saudische Bevölkerung ist sehr jung und wächst rasant. Immer mehr junge saudische Frauen und Männer sind arbeitslos. Hinzu kommt der gefallene Ölpreis, wodurch den Herrschern immer weniger Einnahmen zur Verfügung stehen. Dies führt zu Unzufriedenheit. Es gelingt dem Staat nicht mehr wie früher, die Bedürfnisse der Gesellschaft zu befriedigen. Längst hat sich in Saudi-Arabien eine öffentliche Debatte um die Zukunft des Landes entwickelt. Fragen nach beruflichen Chancen, den Schwächen des Arbeitsmarktes, der noch immer von einem Heer ausländischer Gastarbeiter abhängig ist, der wachsenden Korruption und den fehlenden Perspektiven bestimmen den Alltag. Parteien und Gewerkschaften sind zwar verboten und Wahlen finden nur auf Gemeindeebene statt und haben kaum politische Bedeutung. Dennoch entwickelt sich eine politisch denkende Öffentlichkeit. Frauen fordern mehr

Teilhabe, politische Aktivisten verlangen nationale Wahlen oder die Umwandlung des Regimes in eine konstitutionelle Monarchie, ein Teil der Jugend drängt auf mehr Freiheiten und will sich von den als rückständig und mittelalterlich wahrgenommenen Werten und Normen der Wahhabiten befreien. Die saudische Jugend will raus aus der bornierten Isolation und Teil der Welt sein. In unzähligen Blogs werden Tabus wie Homosexualität, Drogenkonsum, Missstände im Gesundheits- und Bildungssystem oder das Fahrverbot für Frauen thematisiert und leidenschaftlich debattiert. Darauf muss das Königshaus reagieren, hat aber bisher keine langfristige Strategie entwickelt, um diesen Herausforderungen dauerhaft zu begegnen.

Gleichzeitig wird die Stabilität des Königreiches von allen Seiten bedroht. Nach Ausbruch des »Arabischen Frühlings« 2011 sahen die saudischen Herrscher voller Panik, wie befreundete Diktatoren stürzten, und fürchteten ähnliche Aufstände und Demonstrationen auch im eigenen Land. Das hätte den Niedergang der saudischen Dynastie bedeuten können, was das Regime mit allen Mitteln verhindern will. Dafür agiert es auch zunehmend als aggressive außenpolitische Macht. Vor allem Iran ist den saudischen Herrschern ein Dorn im Auge. Die schiitische Macht auf der anderen Seite des Golfs dient Saudi-Arabien seit der Iranischen Revolution 1979 als Staatsfeind Nummer eins. Das Regime fürchtet, von iranischen Vasallen umzingelt zu sein, die allesamt den Sturz des sunnitisch-wahhabitischen Königreichs anstreben. Auch deswegen hat der neue König Salman im März 2015 einen desaströsen Krieg im Jemen begonnen und bemüht sich in Syrien und im Irak, den wachsenden iranischen Einfluss einzudämmen.

Doch damit nicht genug: Das Aufkommen der dschihadistischen Terrorgruppe ›»Islamischer Staat« (IS) bedroht auch das Königreich. Es kam zu Anschlägen im saudischen Osten, in der Hafenmetropole Dschidda und selbst in der heiligen Stadt Medina. All das destabilisiert Saudi-Arabien. Dennoch ist es den Herrschern bisher nicht gelungen, den Terrorismus zu stoppen. Das liegt auch daran, dass der Wahhabismus der unmenschlichen Ideologie des IS in einigen Bereichen frappierend ähnelt. In der Vergangenheit wurden aus Saudi-Arabien immer wieder Terroristen unterstützt. 15 der 19 Attentäter des 11. September 2001 stammten aus dem Königreich; Osama bin Laden war saudischer Staatsbürger.

Im Westen gilt Saudi-Arabien deswegen auch als Förderer des islamistischen Terrors. Gleichzeitig hofieren die Regierungen in Washington, Paris oder London aber auch das Königreich und liefern Waffen und Panzer an das saudische Regime – auch Deutschland. So widersprüchlich Saudi-Arabien ist, so widersprüchlich ist auch die westliche Politik gegenüber dem Königreich. Einerseits wird es als destabilisierender Kriegstreiber verteufelt, der die Konflikte in der Region anheizt, andererseits loben westliche Politiker das Königreich als »Stabilitätsanker«, mit dem man kooperieren müsse.

Diese Doppelmoral zeigt eines: Der Westen hat es versäumt, eine klare Strategie im Umgang mit Saudi-Arabien zu entwickeln. Es wurden keine eindeutigen Interessen, Ziele und Erwartungen an eine Saudi-Arabien-Politik formuliert. Es sind diese Kurzsichtigkeit und die Inkonsequenz des Westens, die dazu führen, dass unser Einfluss auf Saudi-Arabien gering bleibt. Was fehlt, sind ein stabiler Kurs und eine solide werte- und interessengesteuerte Politik, die nicht von Polemik, sondern von konstruktiver Vernunft getrieben wird. Dieses Versäumnis liegt auch daran, dass Saudi-Arabien ein verschlossenes Land voller Widersprüche ist. Ohne Frage sollten westliche Politiker nicht hinnehmen, dass die Menschenrechte im Königreich mit Füßen getreten werden. Und es ist nicht akzeptabel, dass die saudische Islam-Auslegung des Wahhabismus Millionen Dschihadisten auf der ganzen Welt inspiriert. Dennoch müssen wir verstehen, dass Saudi-Arabien sehr viel facettenreicher ist als das Bild, das üblicherweise von dem Wüstenstaat vermittelt wird. Wir müssen gewahr werden, welchen fundamentalen Wandel die saudische Gesellschaft durchläuft.

Der Westen muss dieses Land kennen, um zu wissen, wann Saudi-Arabien Partner und wann Problemfall ist. Denn eines ist klar: Dieses Land hat nicht nur eine Schlüsselposition in der Region, sondern in der ganzen Welt. Ändert der Westen seine Politik gegenüber Saudi-Arabien nicht, drohen der Nahe und Mittlere Osten endgültig auseinanderzubrechen.

Einleitung

»Warum hasst uns der Westen?«

Vom »Stabilitätsanker« zum Problemfall

»Ich verstehe nicht, warum der Westen uns so hasst. Was machen wir falsch? Warum existieren so viele Vorurteile gegen uns?« Mein saudischer Gesprächspartner Muhammad, ein politischer Analyst und kluger Geist, fragte mich dies nicht zum ersten Mal.[1] Wir saßen während einer meiner Besuche in der saudischen Hauptstadt Riad zum Abendessen in einem dieser neu eröffneten asiatischen Restaurants und diskutierten bei »Saudi Champagne« – wie in dem Land, in dem Alkohol streng verboten ist, ironisch Apfelschorle genannt wird – zum wiederholten Male das ambivalente Verhältnis des Westens zu Saudi-Arabien. Muhammad kennt den Westen gut; er verbringt einige Monate im Jahr in den USA, in England oder Deutschland. Nicht alle meine Argumente konnte er verstehen, doch am Ende eines intensiven Gesprächs war er der Überzeugung, dass vor allem Unwissenheit, mangelndes Verständnis und fehlende Bereitschaft, dem anderen zuzuhören, zu dieser tiefen Kluft zwischen dem Westen und Saudi-Arabien geführt haben.

Für mich war dieser Abend mit Muhammad ein weiteres Beispiel für die Widersprüchlichkeit, die mir in Saudi-Arabien immer wieder begegnet: Auf der einen Seite leidet das Land unter einem katastrophalen Image im Westen, wird für seine Rückständigkeit, seine Borniertheit, seinen religiösen Extremismus und seine konservativen Gesellschaftsstrukturen angefeindet und verachtet. Auf der anderen Seite zeigen mir Diskussionen wie mit Muhammad immer wieder, wie eindimensional und einseitig dieses Bild ist. Wie stark uns Vorurteile und Klischees prägen. Und dass diese Vorurteile auch die Politik bestimmen – überall auf der Welt und insbesondere gegenüber Saudi-Arabien. Muhammads Haltung, zuhören und verstehen zu wollen, sowie seine Selbstkritik und sein Verständnis für die Vorbehalte des Westens passen nicht zu diesem Klischee. Mich hat beeindruckt, wie offen und neugierig er von mir wissen wollte, wie die Deutschen über sein Land denken.

Gespräche wie jenes mit Muhammad hatte ich während meiner Reisen ins Königreich bereits viele. Die meisten meiner Gesprächspartner sehen wie Muhammad allein im Dialog einen Weg, sich zu verstehen und anzunähern. Manche verurteilen jedoch den Westen für seine Ignoranz scharf und gehen auf Distanz. Diese Meinungsextreme erlebt man in den meisten muslimisch geprägten Gesellschaften, doch Saudi-Arabien ist noch einmal besonders: Es ist ein Land der doppelten Böden, der gravierenden Widersprüche und der Gleichzeitigkeit des Ungleichzeitigen. Es ist ein Land, das mich in seiner Vielschichtigkeit, in seiner Janusköpfigkeit, in seiner Doppelmoral und in seiner historischen Einzigartigkeit immer wieder aufs Neue fasziniert. Je länger und intensiver ich mich mit Saudi-Arabiens Geschichte, seinen Menschen und seiner Kultur, seinen Traditionen und Krisen beschäftigte, je häufiger ich das Land besuchte und über die Jahre Freundschaften wie die mit Muhammad schließen konnte, desto mehr wurde mir bewusst, wie komplex, kompliziert und oftmals unverständlich das Königreich am Golf doch ist. Und wie wenig wir im Westen von diesem Land wissen.

Es existieren viele Gründe, Saudi-Arabiens Politik und vor allem seine konservative und intolerante Islam-Auffassung zu kritisieren, scharf zu verurteilen oder das Land womöglich gar

»zu hassen«, wie es Muhammad ausdrückt. In unserem öffentlichen Diskurs wird Saudi-Arabien auf folgende Phänomene reduziert: überbordender Luxus durch den Ölreichtum, Förderung des Terrorismus, Missachtung der Frauenrechte – das ist die dunkle Seite des Königreichs. Bärtige Prediger verbreiten Hass auf Andersgläubige, verbieten Frauen das Autofahren und verteufeln den Westen für seine Dekadenz, während gleichzeitig saudische Scheichs aufgrund der Öleinnahmen ihren Reichtum zur Schau stellen. Fast täglich werden Menschen mit dem Schwert enthauptet oder ausgepeitscht. Der wahhabitische Islam reglementiert die saudische Gesellschaft bis in kleinste Details des Privatlebens, geißelt weltliche Genüsse und hat seinen Einfluss in den letzten Jahrzehnten in vielen Teilen der Welt ausgeweitet. Alkohol ist ebenso strikt verboten wie Kinos, Opern und Theater. Tanz und Musik sind in der Öffentlichkeit untersagt. Frauen ist es nicht erlaubt, ohne einen Verwandten oder ihren Ehemann ein Geschäft zu eröffnen oder ins Ausland zu reisen.

Das Königreich unterstützte in der Vergangenheit Dschihadisten im Irak, in Syrien, in Afghanistan, auf dem Balkan und in Afrika und führt seit Frühjahr 2015 einen desaströsen Krieg im Jemen. Immerhin 15 der 19 Attentäter vom 11. September 2001 kamen genauso wie Osama bin Laden aus Saudi-Arabien, und die menschenverachtende Ideologie des IS beruht in Teilen auf dem Islam-Verständnis saudischer Prägung. Die ideologisch-geostrategische Rivalität mit dem »Erzfeind« Iran, die auf einer Kultur des Iran-Hasses, einer hysterischen »Iranoia« beruht, lässt ein Ende des Krieges in Syrien derzeit illusorisch erscheinen. Dies alles sind Gründe, warum immer wieder lautstark Kritik an Saudi-Arabien geübt wird. Die Politik des Königshauses gilt als Inbegriff der Intoleranz, Indoktrination und Isolation.

Dennoch ist Saudi-Arabien ein politischer Partner des Westens. Es ist noch nicht so lange her, dass Thomas de Maizière als Bundesverteidigungsminister die Monarchie am Golf mit den Worten lobte: »Saudi-Arabien ist einer der wichtigsten Stabilitätsanker in der Region. Das Königreich ist ein Verbündeter des Westens. [...] Es liegt im westlichen Interesse, dass Saudi-Arabien diese stabilisierende und mäßigende Rolle in der Region weiterspielen kann.«[2]

Diese Sätze fielen im Juli 2011 – zu einer Zeit, als die arabischen Aufstände zu einer Euphorie in der arabischen Welt, aber auch im Westen geführt hatten und mehrheitlich verklärend als »Arabischer Frühling« bezeichnet wurden. Viele zeigten sich damals fasziniert davon, dass die arabische Welt aus ihrer verkrusteten Erstarrung der vergangenen Jahrzehnte erwacht zu sein schien, um ihr Schicksal in die eigene Hand zu nehmen. Auf einmal änderte sich das Bild von den paralysierten, unterdrückten und verknöcherten Gesellschaften des Nahen und Mittleren Ostens, die seit Jahrzehnten von ausbeutenden Diktatoren, korrupten Bürokraten und reaktionären Geistlichen kontrolliert, reglementiert und instrumentalisiert worden waren. Ein Wandel zu mehr Demokratie, mehr Freiheit und mehr zivilgesellschaftlichem Einfluss in der arabischen Welt schien möglich.

Doch gleichzeitig hatten die arabischen Aufstände in der westlichen Politik jahrzehntelange Gewissheiten ins Wanken gebracht. Europa und die USA hatten mit den geschassten Despoten in Ägypten und Tunesien gemeinsame Sache gemacht, da sie als Garanten für Sicherheit galten. Dass es sich bei dieser Sicherheit nur um eine oberflächliche Friedhofsruhe handelte, die weder langfristige Entwicklung noch demokratische Strukturen förderte, war von den Politikern in Washington, Berlin, Paris oder London ignoriert worden. Sicherheit wurde mit Stabilität verwechselt – eine fatale Fehlkalkulation. Diese einstmalige Euphorie ist durch das Chaos in der arabischen Welt seit 2011 längst erloschen. Statt Aufschwung herrschen in vielen Ländern Anarchie und Bürgerkrieg, statt Demokratie versuchen Dschihadisten, ihre Idee von einem Kalifat mit Gewalt und dem Schüren von Angst durchzusetzen. Die arabische Welt

17

befindet sich in einer fundamentalen Krise, deren Ende noch nicht abzusehen ist. Grenzen könnten sich verschieben, Staaten zerfallen, Millionen Menschen werden vertrieben. Viele von ihnen hatten vor fünf Jahren die Hoffnung, ihr Schicksal selbst bestimmen zu können. Heute flüchten sie vor den Bomben in Syrien, den Terrorchargen des IS, vor Hunger, Obdachlosigkeit und Krankheit. Sie verlassen ihre Heimat, die sie neu aufbauen wollten, und flüchten in die Nachbarländer, aber auch nach Europa, nach Deutschland. Längst haben uns die Auswirkungen in Form der sogenannten Flüchtlingskrise erreicht. Bei uns erhoffen sich die Vertriebenen Frieden und Sicherheit, hier sehen sie einen sicheren Hafen.

Wandel ist immer eine Phase der Instabilität, der Unruhe und der Ungewissheit. Je länger diese Phase in der arabischen Welt jedoch andauert, desto nervöser werden die westlichen Regierungen. Auch deswegen hat sich seit 2011 wieder eine Politik des Wegschauens durchgesetzt. Anstatt die historische Chance zu nutzen und die arabischen Umbrüche als willkommenen Anlass zu nehmen, die westliche Nahostpolitik nicht nur zu modifizieren, sondern grundlegend zu überdenken, hielt man weitgehend an denselben überholten Rezepten fest. Zwar stellten die westlichen Regierungen Millionensummen zur Verfügung, um die »demokratische Transformation« in den Ländern der arabischen Aufstände zu unterstützen, die Zivilgesellschaft zu fördern und den friedlichen Weg zu mehr Freiheit, Teilhabe und wirtschaftlichem Aufschwung zu begleiten, doch die Erfolge blieben aus.

Auch vor diesem Hintergrund muss die Äußerung de Maizières von Saudi-Arabien als »Stabilitätsanker« eingeordnet werden: Da langjährige Partner wie Ägypten oder Tunesien wegbrachen, wandte man sich umso bereitwilliger an den Hort scheinbarer Ruhe. Das saudische Königshaus blieb während der Umstürze 2011 und danach politisch stabil – und galt als Insel der Kontinuität in einem tobenden Ozean zerfallender Staaten. Es wurde als Konstante in einer Welt des Chaos hofiert. Die Investitionen im ölreichsten Land der Welt florierten, deutsche, US-amerikanische und französische Unternehmen verdienten Milliarden, und mit ihren Öldollars kauften die Saudis Panzer, Waffen und Düsenjets im Überfluss.

Doch ist Saudi-Arabien tatsächlich stabil? Auch vor dem Königreich machten die arabischen Aufstände nicht halt; allerdings gab es keinen Sturz der Königsfamilie, keinen Aufstand, keine Revolution. Stattdessen vollzieht sich ein kontinuierlicher Wandel, den wir als Außenstehende kaum wahrnehmen, weil Saudi-Arabien ein Land der vielen Schlösser und der wenigen Schlüssel ist. Doch unter der Oberfläche rumort es: Saudi-Arabien verändert sich fundamental. Zwei Drittel der Bevölkerung sind unter 25 Jahre, die Hälfte aller Universitätsabsolventen sind Frauen. Saudi-Arabien ist das Land mit der höchsten Rate an Twitter-Nutzern in der arabischen Welt. Hunderttausende junger saudischer Männer und Frauen studieren in den USA oder Europa, viele von ihnen in Deutschland. Sie wollen Teil der Welt sein, sich aus den gesellschaftlichen Zwängen ihres Elternhauses und den strengen Sitten lösen und drängen auf mehr Teilhabe und Freiheit. Die Jugend will Veränderung – und gerät damit nicht selten in Konflikt mit den konservativen Geistlichen, den traditionellen Werten ihrer Familien oder den strengen Regeln des Königshauses. Grenzen werden ausgelotet, getestet und manchmal überschritten. So befindet sich die saudische Gesellschaft in einem ständigen Balanceakt zwischen Aufbruch und Apathie, Lebenslust und Loyalität, zwischen Kapitalismus und Königstreue, McDonald's und Moschee. Reformen werden gefordert, aber Revolution abgelehnt. Moderne wird gelebt, aber Verwestlichung ist verpönt. Es ist eine Dynamik im Gange, die fast mit Händen zu greifen ist. Diese Dynamik macht Saudi-Arabien zu einem Land der doppelten Standards und der Extreme.

Auch die saudische Jugend wurde von den arabischen Aufständen inspiriert. Viele junge Frauen und Männer hatten mit ihren tunesischen, syrischen und ägyptischen »Brüdern und

Schwestern« sympathisiert, mit ihren Smartphones und Notebooks die Facebook- und Twitter-Kampagnen der Aktivisten verfolgt und begleitet – und selbst zu Demonstrationen aufgerufen. Es war eine Zeit, in der sich saudische Frauen beim verbotenen Autofahren filmen ließen und offen Kritik an den patriarchalischen Zuständen der saudischen Gesellschaft übten.

Das Königshaus befürchtete deswegen, die Umbrüche in der Region könnten auch in Saudi-Arabien zu dem Wunsch der Bevölkerung führen, ihre Machthaber zu stürzen oder demokratische Rechte einzufordern. Dies sollte unter allen Umständen verhindert werden. So wurden die Löhne der Beamten erhöht und zusätzliche Sozialleistungen spendiert, während gleichzeitig unliebsame Querulanten inhaftiert wurden. Aufstände der unterdrückten saudischen Schiiten im Osten des Landes wurden blutig niedergeschlagen und politische Aktivisten zu Zehntausenden weggesperrt. Die Zahl der Todesurteile stieg rasant. Der im Internet angekündigte »Tag des Zorns« im Jahr 2011 endete im Desaster: Eine Hundertschaft von Polizeikräften sollte die erwarteten Demonstranten eindämmen – am Ende erschien ein einziger. Der »saudische Frühling« war beendet, ehe er begonnen hatte.

Im Westen regte sich damals nur vorsichtig offizielle Kritik an der saudischen Politik des Niederknüppelns. Denn die westliche Politik gegenüber dem Königreich beruht auf dem Motto: »Hofiere das kleinere Übel, um das schlimmere zu verhindern.« Als schlimmere Übel gelten der Terrorismus und die zunehmende Gewalt in Syrien und im Irak. Das saudische Königshaus, das »kleinere Übel«, fungiert stattdessen als Verbündeter des Westens im Kampf gegen den Terrorismus. Unter dem Deckmantel der Verlässlichkeit ist es Saudi-Arabien gelungen, zum wichtigsten arabischen Partner des Westens im Nahen und Mittleren Osten aufzusteigen. Dafür wird es mit Waffenlieferungen in Milliardenhöhe entschädigt, was zu massiver Kritik in politischen Kreisen, in den Medien und von Seiten der Menschenrechtsorganisationen geführt hat. Immerhin ist es nicht ausgeschlossen, dass Panzer aus deutscher oder britischer Produktion in Zukunft Jagd auf saudische Demonstranten machen.

Dabei trägt Saudi-Arabien kräftig dazu bei, die Region weiter zu destabilisieren: Im Jemen brach das neue Regime unter König Salman einen verheerenden Krieg vom Zaun, und die Rivalität mit Iran droht für die gesamte Region zur Zerreißprobe zu werden. Außerdem stützt Saudi-Arabien autokratische und repressive Regime wie das des ägyptischen Präsidenten Abd al-Fattah as-Sisi mit Milliardensummen.

Das bringt den Westen in ein Dilemma: Einerseits wird Saudi-Arabien als Partner gebraucht, andererseits wird das enge Verhältnis zum Königreich in der Öffentlichkeit zunehmend kritisiert. Man mache sich zum Handlanger von Despoten, so die weitverbreitete Meinung. Auch deswegen verändert sich der Diskurs über Saudi-Arabien: Das Land wird zunehmend als Problem wahrgenommen, nicht mehr als »Stabilitätsanker«. So sagte etwa Vizekanzler Sigmar Gabriel zur Rolle Saudi-Arabiens im syrischen Bürgerkrieg: »Wir müssen den Saudis [...] klarmachen, dass die Zeit des Wegschauens vorbei ist. Aus Saudi-Arabien werden überall in der Welt wahhabitische Moscheen finanziert. Aus diesen Gemeinden kommen in Deutschland viele islamistische Gefährder.«[3] Das war im Dezember 2015. Auch der Bundesnachrichtendienst hielt sich damals mit seiner Kritik an der saudischen Führung unter dem neuen König Salman nicht zurück: »Die bisherige vorsichtige diplomatische Haltung der älteren Führungsmitglieder der Königsfamilie wird durch eine impulsive Interventionspolitik ersetzt.«[4]

Diese Aussagen stehen als Beispiele für die extreme Sichtweise, mit der Saudi-Arabien in Deutschland beurteilt wird: Das Königreich ist entweder gut oder böse, Partner oder Paria. Grauschattierungen existieren in der deutschen Öffentlichkeit eher selten, differenzierte Antworten sind in den Medien meist unerwünscht. Gerade wenn es um Saudi-Arabien geht, bestimmen Klischees und Vorurteile die Diskussion um den schwierigen Partner. Das große Problem im Umgang mit dem saudischen Königreich liegt darin, dass kein verantwortlicher Politiker genau weiß, was wir eigentlich auf welchem Wege mit Saudi-Arabien erreichen wollen. Welche Außenpolitik betreiben wir gegenüber den Saudis? Wer definiert diese außenpolitische Strategie? Welche Interessen verfolgen wir im Umgang mit Saudi-Arabien? Wo liegen die Chancen und wo die Hürden? Wenn man deutschen Außenpolitikern und ihren Mitarbeitern solche Fragen stellt, reagieren sie oft mit diplomatischen Plattitüden.

Zwar betonen deutsche Politiker immer wieder die Notwendigkeit, mit Saudi-Arabien zusammenzuarbeiten, doch eine kohärente Strategie fehlt bislang. Die Debatte um Saudi-Arabien verläuft stattdessen meist hochemotional, ist getrieben von Hybris, Vorurteilen und fehlendem Wissen. Dies zeigt sich insbesondere bei den umstrittenen Waffenlieferungen. Das halbgare Hin- und Herlavieren deutscher Regierungspolitiker bei dieser Frage soll einerseits die Interessen der deutschen Wirtschaft und der Waffenlobby befriedigen, andererseits will man auf keinen Fall den Eindruck erwecken, man würde solche Rüstungsexporte gutheißen. Dieser Kurs ist destruktiv. Denn: So wenig wie Saudi-Arabien in der Vergangenheit ein Garant für Stabilität war, so wenig ist es heute die Wurzel allen Übels.

Uns muss bewusst werden, welchen fundamentalen Wandel die saudische Gesellschaft derzeit durchläuft. Wir nehmen ihn nicht wahr, weil wir entweder den Zugang nicht haben oder nur bestimmte Realitäten oder unsere Meinungen und Vorurteile bestätigt sehen wollen. Und weil die Politik getrieben ist von der öffentlichen Stimmung und darüber einen nachhaltigen Umgang mit Saudi-Arabien vermissen lässt.

Dieses Buch will über Saudi-Arabien informieren und aufzeigen, wie es der Westen gegenüber dem Königreich bisher versäumt hat, eine klare Strategie zu entwickeln, um mit dessen gravierenden Widersprüchen umzugehen. Es soll dargestellt werden, warum eine solche Strategie dringend notwendig ist und wie sie aussehen könnte. In dieser Strategie müssen die Herausforderungen und Widersprüchlichkeiten berücksichtigt werden, die in Saudi-Arabien existieren. Deutschland muss sich seiner neuen Verantwortung als globaler Akteur stärker bewusst werden und einen ehrlichen, kritischen und konstruktiven Ansatz entwickeln, mit Saudi-Arabien umzugehen. Es muss auf der Grundlage seiner eigenen außenpolitischen Interessen die Möglichkeiten und Grenzen der Kooperation mit Saudi-Arabien benennen und Mechanismen entwickeln, um diese Strategie umzusetzen. Generell muss sich die deutsche Außenpolitik entscheiden, wofür und weshalb sie Saudi-Arabien braucht und was sie bereit ist, für diese Partnerschaft zu geben. Und sie muss sich die Frage stellen: Wofür sollte Saudi-Arabien den Westen brauchen? Das Königreich ist der wichtigste arabische Regionalakteur. Allein deswegen ist es zwingend notwendig, dass die Politik klar artikuliert, wo die Chancen und Risiken einer Kooperation mit Saudi-Arabien liegen. Doch dafür muss man Saudi-Arabien kennen und verstehen – selbst wenn vieles nicht ohne weiteres verständlich und schon gar nicht zu akzeptieren ist.

Um diese Kenntnis und dieses Verständnis zu fördern, soll in diesem Buch die »Black Box« Saudi-Arabien geöffnet werden. Innere Verwerfungen des Königreichs sowie der gesellschaftliche Wandel sollen dargestellt, seine Politik nach innen und außen soll erklärt, politische Perspektiven sollen aufgezeigt werden. Die Geschichte, Gesellschaft, Wirtschaft, Religion und die Zukunft des Königshauses werden ebenso beleuchtet wie die Situation der Frauen und der Minderheiten. Auch wird Kritik am Umgang des Westens mit Saudi-Arabien geübt. Dabei bin ich mir bewusst, dass dies auf beiden Seiten auf Skepsis stoßen kann. Doch ist es meines Erachtens notwendig, Missstände offen, wenngleich differenziert anzusprechen.

Am Ende der Lektüre, so hoffe ich, haben Sie, werte Leserinnen und Leser, einen besseren Einblick in das Mysterium

Saudi-Arabien, so dass Sie selbst entscheiden können, wie Sie auf Muhammads eingangs zitierte Frage »Warum hasst der Westen uns so?« antworten sollen.

Die Geschichte

Aus dem Sand auf die Weltbühne

Allianz von Krone und Klerus: Die Al Saud und die Wahhabiten

Die Geschichte von der Entstehung des saudischen Staates ist ohne die Geschichte zweier Männer, die 1744/45 im zentralarabischen Nadschd einen historischen Pakt schlossen, undenkbar. Dieser Pakt gilt heute als die Geburtsstunde des saudischen Staates. Einer dieser Männer war der arabische Prediger Muhammad Ibn Abd al-Wahhab. Er wurde vermutlich 1703 in der Oasensiedlung Uyaina geboren und stammte aus einer angesehenen Juristenfamilie. Sein Vater, der 1740 starb, genoss als örtlicher Richter hohes Ansehen. Abd al-Wahhab wuchs in einer Lehmsiedlung auf, die fernab der multikulturellen und intellektuellen Zentren der islamischen Welt lag. Die Region des Nadschd war im 18. Jahrhundert ein vergessenes Fleckchen Erde. Zwar gehörte sie formal zum Osmanischen Reich, doch führten weder bedeutende Handelsrouten durch das karge Ödland der zentralarabischen Wüste, noch besaß der Nadschd politische Relevanz. Stattdessen übten lokale Stämme und Beduinenkarawanen den meisten Einfluss aus. Die Natur dort ist unwirtlich, im Sommer herrscht unerträgliche Hitze, während im Winter die Temperaturen nachts bis auf den Gefrierpunkt sinken können – die Lebensverhältnisse waren hart.

Abd al-Wahhab war ein wissbegieriger junger Mann, der aus dieser kärglichen Umgebung ausbrach, um bei seinen Lehrern in Mekka und Medina, im ostarabischen al-Ahsa und im heutigen irakischen Basra ein theologisches Studium zu absolvieren, ehe er in seine Heimat zurückkehrte. Schon damals keimten in ihm die ersten Ideen für seine Islam-Interpretation, die später unter dem Begriff »Wahhabismus« weltweite Bekanntheit erlangen sollte.[1] Grundlage dieser Lehre wurde die tiefe Abneigung Muhammad Ibn Abd al-Wahhabs gegen die herrschende Gesellschaft und die damaligen Sitten und Gebräuche. Mit Abscheu nahm er zur Kenntnis, dass viele Dorfbewohner Bäume und Steine anbeteten, Heilige verehrten, dem Tabakgenuss frönten, tanzten und musizierten. Für ihn war dies Ausdruck einer unislamischen Lebensweise, die es zu bekämpfen galt.

Die Muslime waren nach Abd al-Wahhab in die heidnische Welt vor der Offenbarung des Islams im 7. Jahrhundert (*dschahiliyya*) zurückgefallen, was er nicht tolerieren wollte. Jegliche unerlaubte Neuerung (*bida*) lehnte er ab, stattdessen forderte er eine umfassende Reform des Islams, der zu seiner ursprünglichen Reinheit und Frömmigkeit zurückkehren müsse. Er war überzeugt, die muslimische Gemeinde (*umma*) müsse dem Vorbild der »frommen Altvorderen« (*as-salaf as-salih*), des Propheten Muhammad und seiner engsten Verbündeten nacheifern, um als wahre Gläubige gelten zu können. Er sah in seinen Zeitgenossen nicht mehr als Pseudo-Muslime, die zwar das Glaubensbekenntnis (*schahada*) abgelegt hatten, aber keine Anstalten machten, auch aktiv Gott zu dienen. Stattdessen lebten sie in Sünde, indem sie Gott nicht als einzige Autorität anerkannten und angebliche Heilige oder gar die Natur anbeteten. Damit hätten diese scheinheiligen Muslime bewiesen, dass ihr Bekenntnis zum Islam nur ein »Lippenbekenntnis« war.[2] Diese Haltung widerspreche der Lehre von der Einheit Gottes (*tauhid*), so Abd al-Wahhab. Wer der Vielgötterei (*schirk*) anhänge, sei kein wahrer Muslim und dürfe zum Ungläubigen erklärt und bekämpft werden.[3] Dazu gehörten seiner Meinung nach auch die Schiiten. Ein zentraler Aspekt seiner Lehre war daher ein verblendeter Hass auf Schiiten, die mit ihrer Verehrung von heiligen Imamen zu »Ungläubigen« (*kuffar*) und »Ausgestoßenen« oder »Ablehnern« (*rafidun*) geworden seien. Man dürfe sie deswegen verfolgen.

Die Ablehnung der Schiiten ist zu einem integralen Bestandteil der wahhabitischen Lehre geworden und steht auch heute im Mittelpunkt des saudischen Staatsverständnisses. Insbesondere die in Saudi-Arabien lebende schiitische Minderheit wird wegen ihres Glaubens seit Generationen ausgegrenzt, verfolgt und unterdrückt. Ihre Situation vergleichen manche mit der Lage der Afroamerikaner vor der Bürgerrechtsbewegung in den USA.[4] Ihnen ist es zum Beispiel verboten, eigene Moscheen zu bauen oder schiitische Feste zu begehen.[5]

Doch Abd al-Wahhab stieß mit seinen Ideen zunächst auf wenig Gegenliebe. Er galt als Außenseiter, Querulant und Hetzer gegen den Mainstream. Denn seine Ideen beruhten auf einem kompromisslosen Schwarz-Weiß-Denken: Entweder man war für ihn, oder man wurde aus der muslimischen Gemeinde verstoßen. Unerhört an seiner Auffassung war vor allem die Tatsache, dass er sich zwar auch gegen die »ungläubigen« Schiiten wandte, seine eigentliche Ablehnung aber den Sunniten galt, zu denen er selbst gehörte. »Was nun die Sunniten betrifft, so ist es ihre Rechtspraxis […], dass der Muslim nur durch *schirk* zum Ungläubigen wird.« (Aussage al-Wahhabs im *ar-Risala at-Tasi'a*)[6]

Seine Lehre beruhte auf Gut gegen Böse und auf Glauben gegen Unglauben. Ohne den Zustand der Vielgötterei zu überwinden, sei die Rückkehr zum wahren Islam nicht möglich. Abd al-Wahhab kritisierte auch die religiösen Gelehrten (*ulama*). Anstatt ihnen einfach nur blind zu folgen, dürfe man sich ausschließlich am Koran und der Sunna, das heißt den Überlieferungen des Propheten, orientieren und sich allein göttlicher, keiner menschlichen Autorität unterwerfen. Die

Muslime hätten sich im Laufe der Zeit von der idealen früh-islamischen Gemeinde entfernt.[7] Dieser Zustand müsse überwunden werden.

Um sein Ziel von einer gereinigten, frommen und wiedererweckten muslimischen Gemeinde zu erreichen, schreckte Abd al-Wahhab auch nicht vor Gewalt zurück. So sollte der »Heilige Krieg«, der *Dschihad*[8], schnell zum politischen Instrument seiner Lehre werden. 1744 ließ er in seinem Heimatdorf Uyaina Moscheen und Gräber von Prophetengefährten zerstören und heilige Bäume fällen. Damit provozierte er nicht nur seine engste Umgebung, sondern auch die lokalen Prediger und machte sich in kürzester Zeit viele Feinde. So äußerte sich ein Gegner Abd al-Wahhabs in deutlichen Worten: »In unserer Gegend ist ein Mann hervorgetreten, ein unwissender Neuerer [...], ein irreführender Irrender [...].« Man müsse »diesen Neuerer jagen [...], um seine Neuerungen (*bida*) und seine Irrtümer [...], seine Unwissenheit [...] und seine Fehltritte [...] zurückzuweisen«.[9] Abd al-Wahhab musste aus zwei Oasenstädten fliehen, nachdem er die Menge mit seinen Reden in solche Wut versetzt hatte, dass sogar ein Mordanschlag auf ihn geplant wurde. Es schien, als sei seine Mission gescheitert, ehe sie begonnen hatte.

Doch sein Schicksal sollte sich wenden, als er in der Oase Diriya, die einige Kilometer nördlich der heutigen Hauptstadt Riad liegt, auf den zweiten Mann traf, ohne den die Entstehung des saudischen Staates nicht möglich gewesen wäre: Muhammad Ibn Saud. Dieser war zu jener Zeit nicht mehr als ein leidlich erfolgreicher und unbekannter Oasenherrscher, dem es bislang nicht gelungen war, die mächtigere Konkurrenz in den angrenzenden größeren Oasen herauszufordern. Als sich die beiden Muhammads dann in Diriya trafen, war Ibn Saud fasziniert von den unkonventionellen und provokativen Ansichten Abd al-Wahhabs. Er erkannte die politische Sprengkraft von dessen Lehren, die er sich zunutze machen wollte. Für beide ausgestoßenen und missachteten Männer bot sich somit eine

Win-win-Situation: Ibn Saud konnte seine politischen Ambitionen mit einer radikalen Ideologie von Ausgrenzung und Verfolgung untermauern, während Abd al-Wahhab einen Partner erhielt, der über politische Kontakte und lokale Netzwerke verfügte und ihm somit Schutz bieten konnte. Beide schlossen somit den Pakt von Diriya, woraufhin der Siegeszug der wahhabitisch-saudischen Allianz begann.

Bis heute dient dieses Bündnis zwischen wahhabitischer Gelehrsamkeit und der politischen Macht der Nachfahren von Muhammad Ibn Saud, der Al Saud[10], als wichtigste Überlebensgarantie des saudischen Staates. Ohne die Einheit von Glauben und Krone, von religiöser Lehre und politischer Kontrolle wäre das saudische Königreich mit Sicherheit nicht überlebensfähig gewesen. Dieses schicksalhafte Bündnis sollte jedoch in der späteren saudischen Geschichte auch immer den Kern politischer Krisen bilden.

Mit Feuer und Schwert: Der Aufstieg der saudischen Dynastie

Innerhalb der nächsten Jahrzehnte gelang es den beiden Muhammads und ihren Nachfahren, weite Teile der arabischen Halbinsel unter ihre Kontrolle zu bringen: Ibn Saud nahm rasch Uyaina ein, und seine Nachfolger besetzten in den folgenden Jahren Teile des heutigen saudischen Staatsgebiets. Sie eroberten die Ostküste um al-Ahsa und stießen sogar in den Irak vor, als sie 1802 die schiitische Pilgerstadt Kerbala eroberten. Dort ließen die wahhabitischen Gotteskrieger ihrem Schiitenhass freien Lauf, indem sie das Grab des ersten schiitischen Imams Hussein Ibn Ali (gest. 680) zerstörten, was die bis heute bestehende tiefe Aversion der Schiiten gegen die Wahhabiten erklärt. Dabei wirkte das Bündnis Abd al-Wahhabs mit Ibn Saud als explosives Erfolgsrezept: Keiner der politischen oder ideologischen Gegner konnte es mit ihrem Modell eines religiös begründeten Zentralstaates aufnehmen.

1803 erreichte die wahhabitisch-saudische Expansion den Hidschaz im Westen des heutigen Saudi-Arabiens, in dem die beiden heiligen Stätten Mekka und Medina sowie die Hafen- und Handelsstadt Dschidda liegen. Im Gegensatz zum beduinisch geprägten und weitgehend isolierten zentralarabischen Nadschd, aus dem Ibn Saud und Abd al-Wahhab stammten, war der Hidschaz das religiöse Zentrum der arabischen Halbinsel und eine Drehscheibe des Handels. Jedes Jahr strömten Hunderttausende muslimischer Pilger nach Mekka und Medina, um ihrer religiösen Pflicht der Pilgerfahrt (*hadsch*) nachzukommen. In Dschidda, geostrategisch günstig am Roten Meer gelegen, lebten die einflussreichen Händlerfamilien des Hidschaz, die mit ihren Partnern im Mittelmeer, in Afrika oder Asien Geschäfte trieben. Dort pulsierte das multikulturelle Leben, dort trafen sich unterschiedliche Ethnien und Religionen, was die Weltoffenheit und Toleranz der dortigen Bevölkerung stark prägte. Dementsprechend ablehnend stand sie den neuen Eindringlingen aus der rückständigen Wüste gegenüber. Die Wahhabiten galten den Hidschazis als unzivilisiert, ungebildet und intolerant.

Dennoch gelang es den Erben Abd al-Wahhabs, 1803/04 Mekka und Medina zu erobern. Nun wurden auch die osmanischen Herrscher im fernen Istanbul aufmerksam, die offiziell die heiligen Stätten kontrollierten, da sie an den jährlichen Pilgerfahrten verdienten. Diese Einnahmen drohten durch die saudischen Eroberungen wegzubrechen. Um dies zu verhindern, beauftragte der osmanische Sultan seinen Statthalter in Ägypten, Muhammad Ali (1806/11–1848), die wahhabitische Rebellion niederzuschlagen und Mekka und Medina zurückzuerobern – mit Erfolg: 1814 wurden die Besatzer aus dem Hidschaz vertrieben, vier Jahre später fiel das saudische Machtzentrum Diriya. Der damalige saudische Herrscher, Abdullah Ibn Saud, ein Sohn von Muhammad Ibn Saud, wurde daraufhin ebenso nach Istanbul deportiert und hingerichtet wie die Nachfahren von Muhammad Ibn Abd al-Wahhab.[11] Es schien, als sei die wahhabitisch-saudische Allianz gescheitert und bliebe eine Fußnote der Geschichte.

Doch es dauerte nur sechs Jahre, bis ein Onkel des letzten saudischen Herrschers, Turki bin Abdallah (reg. 1824–1834), Diriya erneut unter seine Kontrolle brachte und später auch Riad eroberte, das er zur neuen Hauptstadt erklärte. Die ägyptischen Besatzer hatten sich nach ihrem Sieg teilweise aus Zentralarabien zurückgezogen, was dem Saud-Clan ermöglicht hatte, sich neu zu formieren und zurückzuschlagen. Die kommenden Jahrzehnte sollten allerdings dominiert werden von internen Familienstreitigkeiten, Machtkämpfen und Rivalitäten mit den religiösen Gelehrten, so dass sich der zweite saudische Staat trotz einer kurzen Hochphase ebenfalls nicht als überlebensfähig erwies: 1891 verloren die Saudis Riad an ihre lokalen Kontrahenten, den Clan der Raschidis unter Führung von Muhammad bin Raschid (reg. 1869–1897), der aus Hail im Nadschd stammte.[12] Die überlebenden Sauds flohen ins kuwaitische Exil. Unter ihnen befand sich auch der kommende saudische König Abdulaziz, der Jahre später, nämlich 1932, das Königreich Saudi-Arabien ins Leben rufen sollte und als Gründer des modernen Saudi-Arabiens gilt.

Doch bis dahin sollten die saudischen Familienmitglieder als Exilanten im provinziellen Kuwait eine unbeachtete Existenz führen. Wieder war die saudische Herrschaft an inneren Streitigkeiten und an Querelen mit den wahhabitischen Gelehrten gescheitert, war es nicht gelungen, die Symbiose zwischen Glauben und Macht aufrechtzuerhalten.

Allerdings erwies sich auch die Herrschaft der Raschid-Familie nicht als stabil. Als es zu familiären Streitigkeiten um die Nachfolge kam, implodierte ihre Dynastie innerhalb weniger Jahre. In seinem kuwaitischen Exil sah der mittlerweile erwachsene Abdulaziz nun die Gelegenheit, die Herrschaft seiner Vorfahren wiederherzustellen. Dazu begab er sich im Jahr 1902 angeblich mit nur vierzig bis sechzig getreuen Mitstreitern vor die Tore Riads, um den dortigen Gouverneur zu ermorden und die Kontrolle an sich zu reißen, was ihm auch gelang.

Abdulaziz, der als Ibn Saud in der Folgezeit Berühmtheit erlangen sollte, wird in der saudischen Geschichtsschreibung als tapferem Helden und mutigem Kämpfer gehuldigt. Vieles davon erscheint übertrieben. Allerdings ist die einigende Wirkung seines Erfolgs bei Riad nicht zu unterschätzen. Dadurch gelang es ihm, sein Image als siegreicher Stratege und kompromissloser Anführer zu kultivieren und seinen Status als Legende zu festigen. Außerdem hatte er aus den Fehlern seiner Vorgänger gelernt. Ihm war bewusst, dass der Erfolg seiner Herrschaft darauf beruhte, eine kluge Kombination aus wahhabitischem Extremismus und realpolitischem Kalkül zur Basis seiner Politik zu machen. Damit wollte er einerseits das Bündnis mit den Gelehrten erneuern und ihren Forderungen entgegenkommen, andererseits aber auch das politische Überleben des Staates sichern, welches nur durch Bündnisse und Diplomatie, nicht allein durch religiösen Eifer, garantiert werden konnte. In den Folgejahren verstand es Ibn Saud geschickt, diese Strategie umzusetzen. Dabei setzte er weiterhin auf Eroberungen, führte aber gleichzeitig auch Verhandlungen mit seinen Feinden und schuf mit Hilfe einer klugen Heiratspolitik Zweckbündnisse mit einflussreichen Stämmen. Insbesondere seine vermutlich 22 Ehen wurden zwar von anderen Scheichs als Ausdruck sexueller Ausschweifung verstanden, dienten ihm aber als politische Strategie, indem er Exfrauen oder Töchter von politischen Rivalen ehelichte.[13] Insgesamt soll er Vater von 34 Söhnen und 21 Töchtern gewesen sein.[14] Andere Quellen gehen sogar von 106 Kindern aus.[15]

1914 schloss er mit den Osmanen eine Vereinbarung, die ihm die Oberhoheit über den Hidschaz gewährte.[16] Ein Jahr später einigte er sich mit den Briten darauf, keine Verträge mit anderen ausländischen Mächten zu schließen, woraufhin ihm die Kontrolle über den Nadschd, al-Hasa, Dschubail und Qasim zugebilligt wurde.[17] Darüber hinaus wandte er sich kompromisslos gegen Nicht-Wahhabiten und ließ vor allem Schiiten verfolgen, was dem wahhabitischen Klerus gefiel, weigerte sich aber auch nicht, Rücksicht auf die speziellen Lebensweisen außerhalb des Nadschd zu nehmen.

Um seine Ziele durchsetzen zu können, brauchte er ein Netzwerk von loyalen Verbündeten. Dazu förderte er ab 1911 die Ansiedlung von Beduinenstämmen in sogenannten *Hudschar*, landwirtschaftlichen Siedlungen, in denen die *Ikhwan* (»Brüder«) genannten Beduinen militärisch trainiert und religiös indoktriniert wurden.[18] Mit dieser Politik verfolgte er zwei Ziele: Zum einen schuf er sich damit eine loyale, hochmotivierte und elitäre Kampfeinheit, die auf den Eroberungszügen eingesetzt werden konnte, andererseits vermied er so mögliche Konflikte mit den Beduinenstämmen, da diese von seiner Herrschaft massiv profitierten. Er förderte zum Beispiel den Bau von Brunnen und Häusern.

Diese Strategie zahlte sich zunächst aus: Nur mit Hilfe der *Ikhwan* gelang es Ibn Saud, weite Teile der arabischen Halbinsel zu erobern. 1921 zog er in Hail ein[19], was die Herrschaft der Raschidis endgültig beendete. 1924/25 eroberte er Mekka, Medina und Taif, belagerte 1925 ein Jahr lang Dschidda, ehe er die Handelsstadt einnehmen konnte, und erklärte sich im selben Jahr zum König des Hidschaz.[20] Damit standen diese Gebiete zum ersten Mal seit dem 18. Jahrhundert wieder unter alleiniger saudischer Herrschaft. Und die Eroberungen setzten sich fort: Bis 1932 fiel der Asir im Südwesten und 1934 folgte mit Nadschran die südliche Grenzregion zum Jemen.

Bis 1926 waren die *Ikhwan* auf 150 000 Kämpfer angewachsen.[21] Sie bildeten die saudische Eliteeinheit bei den ersten Eroberungszügen, entpuppten sich aber schnell als fanatische und brutale Schlächter, die brandschatzten und plünderten, weite Teile Mekkas und Medinas zerstörten und Händlerkarawanen überfielen. Dieses exzessive Verhalten schadete zunehmend den politischen Interessen Ibn Sauds, da er auf die Einnahmen aus der Pilgerfahrt angewiesen war.[22] Zwar hatte er die religiöse Indoktrinierung der *Ikhwan* aktiv unterstützt, doch nun wurden sie aufgrund ihrer enthemmten Gewalt und ihrer Ablehnung von politischen Kompromissen zu einer Belastung.

Die *Ikhwan* wiederum kritisierten die vielen Ehen Ibn Sauds als unislamisch und lehnten die Einführung von Steuern ab.[23] Des Weiteren fürchteten sie auch um die Unabhängigkeit der Stämme, da Ibn Saud die Verwaltungsabläufe zentralisierte und versuchte, schrittweise einen Staat aufzubauen, in dem sich vor allem die einstmals einflussreichen Stämme seiner Herrschaft zu beugen hatten.[24] Als die *Ikhwan* dann auch noch eigenmächtig transjordanisches und irakisches Gebiet erobern wollten, um eigene Einnahmen zu erzielen und Ibn Saud zu bewegen, sie mit besseren Posten zu belohnen[25], musste dieser handeln, wollte er das Erreichte nicht gefährden. 1929 besiegten Ibn Sauds reguläre Truppen seine einstmaligen Günstlinge bei Sabila. Dabei wurde er von der britischen Royal Air Force unterstützt.[26] Allerdings schonte Ibn Saud nach seinem Sieg das Leben des *Ikhwan*-Anführers, wofür ihn seine Anhänger wegen seiner Gnade und Barmherzigkeit lobten, während ihm seine religiösen Gegner vorwarfen, die wahhabitischen Ziele verraten zu haben. Bevor er zu den Waffen griff, machte er allerdings einen genialen politischen Schachzug: Die Forderung des *Ikhwan*-Anführers nach seinem Rücktritt wies er nicht brüsk zurück, sondern ließ im Kreis der hohen Stammesführer des Nadschd darüber abstimmen. Als diese an Ibn Saud festhielten, war die politische Legitimität der *Ikhwan* gebrochen und seine Position als unumstrittener Herrscher festgeschrieben worden.[27]

Daraufhin stellten sich auch die wahhabitischen Gelehrten wohl oder übel hinter Ibn Saud, obwohl viele von ihnen mit den radikalen Ansichten der *Ikhwan* sympathisiert hatten. Doch auch ihnen diente das Schicksal der vorherigen saudisch-wahhabitischen Staaten als mahnendes Beispiel. Ihnen war klar, dass nur mit unerschütterlicher Einheit und Loyalität zu Ibn

Saud die Zukunft der Herrschaft gesichert werden würde. Also beugten sie sich seinem Willen und verloren damit einen Teil ihrer Eigenständigkeit; sie wurden zum »Juniorpartner«[28]. Ibn Saud integrierte sie ins Erziehungs- und Bildungswesen, so dass sie in den nächsten Jahren die Verwaltungselite bildeten und von Ibn Saud bezahlt wurden.[29] Gleichzeitig war ihm klar, dass er keineswegs über die Kompetenz verfügte, im höherentwickelten Hidschaz eigene administrative Strukturen einzuführen, so dass er auf das bestehende System nach osmanischem Vorbild zurückgriff und eine Herrschaft der indirekten Kontrolle einführte.[30]

So diente der Wahhabismus zwar als Kitt der saudischen Herrschaft und als religiöse Legitimationsgrundlage, doch Ibn Saud regierte nicht als Fanatiker. Stattdessen verfolgte er eine pragmatische Politik, die darauf abzielte, potenzielle Feinde ins System einzubinden, ihnen einflussreiche Posten zuzuweisen, sie zu kaufen und in ihre Familien einzuheiraten, um damit ihre Loyalität zu gewinnen. Auch stand er in engem Kontakt mit »ungläubigen« ausländischen Mächten wie den Briten, denen er versicherte, seine Eroberungen nicht auf britisches Mandatsgebiet auszuweiten, was ihm politische Stabilität garantierte. 1927 schloss er mit ihnen eine siebenjährige Übereinkunft, mit der er die britische Kontrolle über die kleinen Golfstaaten, die sogenannten »Trucial States«, akzeptierte und die Briten ihm wiederum die Unabhängigkeit zusicherten.[31] 1932 hatte er seine Macht so weit konsolidiert, dass er das Königreich Saudi-Arabien ausrufen konnte.

Bei seinen Entscheidungen ließ sich Ibn Saud zumeist von seinen engsten Familienangehörigen beraten. Zu seinen Lebzeiten bestimmte er seinen zweitältesten Sohn Saud zu seinem Nachfolger, der von seinem Bruder Faisal beerbt werden sollte. Damit sollten Streitigkeiten um die Nachfolge von vornherein vermieden werden. Um seine Söhne auf die zukünftige Verantwortung vorzubereiten, gab er ihnen politische Posten: Während Saud im heimischen Nadschd arbeitete, sammelte

Faisal in seiner Funktion als Außenminister im Hidschaz Erfahrungen im Umgang mit internationalen Gesprächspartnern. Dies sollte ihm später gegenüber seinem Bruder zum Vorteil gereichen (siehe Kapitel »Das Königshaus«). Gleichzeitig verstand es Ibn Saud meisterhaft, konkurrierende Cousins, Brüder und Halbbrüder auszuschalten.[32]

Nach der offiziellen Staatsgründung wurde aus dem isolierten und unbeachteten Fleckchen Wüste im Herzen Arabiens rasch ein international beachteter Akteur, der seiner politischen Verantwortung gerecht werden musste. Dies gestaltete sich kompliziert, da trotz Ibn Sauds Modernisierungsmaßnahmen weder effiziente Verwaltungsstrukturen und funktionierende Institutionen noch enge diplomatische Beziehungen zum Ausland existierten. Stattdessen lebte das politische System unter Ibn Saud von persönlichen Netzwerken und Stammesverbindungen. Um diesen Mangel an Erfahrung auszugleichen, war er darauf bedacht, Ausländer als Berater zu beschäftigen, die zumeist aus Ägypten, Syrien, dem Libanon oder Libyen stammten und über mehr Erfahrung verfügten. Der berühmteste und schillerndste unter ihnen war aber ohne Frage der Brite Harry St. John Philby, von dem einige der eindrucksvollsten Berichte aus jener Zeit stammen.[33]

Öl: Der Treibstoff des saudischen Aufstiegs

Saudi-Arabiens Wohlstand fußt auf den zweitgrößten Ölressourcen der Welt. Ohne das Öl wäre es Saudi-Arabien nie gelungen, seine Wirtschaft und Verwaltung zu modernisieren, seine Bevölkerung mit einem kostenlosen Gesundheits- und Bildungssystem zu versorgen und innerhalb weniger Jahre die einstmals beduinisch und landwirtschaftlich organisierte Gesellschaft in die hochtechnisierte Moderne zu führen. Das Öl ist ohne Zweifel die Triebfeder des kometenhaften Aufschwungs und Hauptgrund für die rasante Transformation der saudischen Gesellschaft. Doch in den ersten Jahren unter Ibn Saud vermutete noch niemand, dass sich unter dem Sand der saudischen Wüste das schwarze Gold befinden könnte. Stattdessen war der junge Staat angewiesen auf die Einnahmen aus der Pilgerfahrt, dem Handel und der Landwirtschaft im Hidschaz, der Viehzucht im Nadschd, dem Perlenhandel an der Küste im Osten sowie auf die Steuern auf Land und Ernten und die Kopfsteuer (*dschizya*), die Nicht-Muslime wie Hindus und Christen ebenso zu zahlen hatten wie die Schiiten.[34] Doch diese Einnahmen reichten längst nicht aus, um den verschwenderischen Lebensstil der Königsfamilie zu finanzieren. Ibn Sauds Herrschaft war schlichtweg nicht auf die Anforderungen an einen nationalen Staatshaushalt vorbereitet. Die Einnahmen flossen direkt an die Königsfamilie, die diese für den Bau von Palästen und anderen Luxus verschwendete.[35] Da ein Staatshaushalt nicht existierte und kein Unterschied zwischen offiziellen und privaten Ausgaben gemacht wurde, geriet das Königreich rasch in eine finanzielle Krise. Hatte sich Ibn Saud zu Beginn noch auf Beute aus den Eroberungen der *Ikhwan* verlassen können, fiel diese nun weg. Durch die Weltwirtschaftskrise zwischen 1929 und 1933 reduzierten sich die Einnahmen aus der Pilgerfahrt drastisch, so dass die Verschuldung sprunghaft anstieg.

So wurde die Entdeckung des Öls für den saudischen Staat zur Rettung im letzten Moment. 1933 vergab Ibn Saud die erste Ölkonzession an die US-amerikanische Ölfirma Oil of California (SOCAL), im November desselben Jahres trat SOCAL die Ölförderungsrechte an sein Tochterunternehmen California Arabian Standard Oil Company (CASOC) ab, das 1944 in Arabian American Oil Company (ARAMCO) umbenannt werden sollte.[36] Seit den 1920er Jahren hatten sich US-amerikanische Ölfirmen für die vermuteten saudischen Ressourcen interessiert und wollten den Briten und Niederländern, deren Konkurrenz sie fürchteten, zuvorkommen.[37]

1938 wurde in Dammam zum ersten Mal Öl gefördert. Bis

1945 stieg die Produktion von 0,5 Mio. auf 21,3 Mio. Barrel im Jahr.[38] Damit wuchsen auch die Staatseinnahmen und der Haushalt konnte sich erholen. So betrugen die Einnahmen aus dem Ölgeschäft 1955 bereits 39 Mio. US-Dollar, während sie 1938 noch bei mageren 0,5 Mio. US-Dollar gelegen hatten.[39] Die wachsenden Einnahmen ermöglichten es Ibn Saud, neue staatliche Institutionen einzurichten und so etwas wie eine Bürokratie aufzubauen, wenngleich diese auch nach dem Zweiten Weltkrieg noch in den Kinderschuhen steckte. Erst in den 1950er Jahren wurden das Innen-, das Gesundheits-, das Kommunikations-, das Landwirtschafts- und das Bildungsministerium gegründet. Bis dahin hatte nur das 1930 gegründete Außenministerium unter Leitung des Königssohnes Faisal existiert.[40] Administrative Professionalität erreichte in jenen Tagen daher nur die Ölindustrie: Sie errichtete innerhalb weniger Jahre Straßen, Gebäudekomplexe, Häfen und Industrieanlagen aus dem sprichwörtlichen Nichts und wurde zum wichtigsten Arbeitgeber des Königreichs. Gleichzeitig entzog sich die Ölindustrie aber auch immer mehr der Kontrolle Ibn Sauds und entwickelte sich zu einem »Staat im Staate«. Ausländische und einheimische Arbeitnehmer wurden in getrennten Camps untergebracht. Die Ölraffinerien wurden zu einem Mikrokosmos des US-amerikanischen Lifestyles, während die saudischen Arbeiter zumeist aus der schiitischen Bevölkerung stammten und 1954 bereits 60 % der ARAMCO-Belegschaft umfassten.[41]

Diese Entwicklung führte zu einem gravierenden Kulturschock: Viele Saudis hatten noch nie westliche Ausländer gesehen, geschweige denn Autos, Telefone oder Radioapparate. Mit dem Beginn der Ölproduktion wurde das Königreich jedoch quasi über Nacht auf die Weltkarte katapultiert, was nicht nur die politischen Führer, sondern auch die traditionellen Strukturen herausforderte. Lebten Anfang der 1930er Jahre nur fünfzig Ausländer im Königreich, heuerte SOCAL rasch Facharbeiter aus den USA, den Niederlanden, Großbritannien, Italien, Russland und Frankreich an, weil in Saudi-Arabien keine Expertise im Ölgeschäft vorhanden war. Zum ersten Mal in der saudischen Geschichte lebten damit »Ungläubige« im Nadschd und im Osten des Landes. In den frühen 1950er Jahren waren von den 20 400 Beschäftigten bei ARAMCO etwa ein Drittel Ausländer, darunter vor allem Amerikaner.[42] Allein zwischen 1940 und 1950 stieg die Einwohnerzahl Riads von 47 000 auf 83 000.[43] Außerdem mussten sich die Wahhabiten eingestehen, dass ihr Einfluss stark gesunken war. Auch wenn sie die Anwesenheit von westlichen Ausländern ebenso strikt ablehnten wie die Einführung des Radios oder des Automobils, mussten sie sich der Autorität Ibn Sauds beugen, wollten sie ihre Stellung nicht riskieren.

Das schwere Erbe Ibn Sauds: Der Aufbau staatlicher Strukturen

Ibn Saud war es gelungen, innerhalb weniger Jahre aus zerstrittenen Provinzen zumindest offiziell einen Staat aufzubauen. Dabei hatte er ein System von Zuckerbrot und Peitsche perfektioniert, welches einerseits kompromisslos politische Gegner bekämpfte, andererseits wichtige Stammesführer, Prediger und einflussreiche Händlerfamilien mit Geld und Macht für ihre Treue belohnte und damit Abhängigkeitsverhältnisse schuf.[44] Mit Hilfe der Öleinnahmen und seiner starken Persönlichkeit war ihm geglückt, was seine Vorfahren im 18. und 19. Jahrhundert nicht erreicht hatten. Dieses Erbe hieß es zu bewahren, nachdem Ibn Saud 1953 gestorben war und die Krone an seinen Sohn Saud weitergegeben hatte.

Gleichzeitig hatte der Vater diesem aber auch die chronischen Probleme des saudischen Staates vererbt: Noch immer wurden große Teile der Staatseinnahmen wie privater Reichtum behandelt und von der Königsfamilie verschleudert. Noch immer existierte eine Staatsverwaltung nur auf dem Papier, noch immer fühlten sich die Einwohner der einzelnen Provinzen eher an ihre Familien oder ihren Clan gebunden als an das Königshaus im Nadschd, welches von vielen weiterhin als Fremdherrschaft abgelehnt wurde. Saudi-Arabien blieb also ein fragmentiertes Land. Umso wichtiger wurde es für die Nachkommen des Staatsgründers, die Legitimation der Al Saud zu bewahren und auszubauen und sich als unersetzliche Führer zu beweisen.

Doch dieses Vorhaben wurde kurz nach dem Tod Ibn Sauds bereits auf eine harte Probe gestellt, da innerfamiliäre Rivalitäten fast zum Untergang des Königreichs geführt hätten (siehe Kapitel »Das Königshaus«). Diese Krise wurde überwunden, und König Faisal, der seinen Bruder Saud 1964 vom Thron geputscht hatte und selbst 1975 einem Mordanschlag zum Opfer fiel, wird in der saudischen Geschichtsschreibung als erfolgreicher Modernisierer verehrt. Insbesondere sein berühmter Zehn-Punkte-Plan, den er bereits 1962 vorgelegt hatte und während seiner Regentschaft in Teilen umsetzte, wurde zur Basis der Modernisierung.[45] Zum ersten Mal in der saudischen Geschichte ließ er landesweit Schulen, Universitäten und Krankenhäuser bauen sowie eine nationale Landwirtschaft und Industrie entwickeln, stellte eine flächendeckende Wasser- und Stromversorgung sicher, richtete ein nationales Justizwesen ein und schaffte die Sklaverei ab.[46] Außerdem wurde ein soziales Sicherungspaket geschnürt, welches Menschen über sechzig, Waisen und unverheirateten Frauen eine monatliche Zuwendung von 360 saudischen Rial zugestand.[47] Die Stämme spielten zwar nach wie vor eine Rolle, wurden aber durch staatliche Subventionen besser kontrolliert[48] und sind heute als »Verlierer der Modernisierung«[49] zu bezeichnen.

Um diese Modernisierung umsetzen zu können, musste endlich eine effiziente Verwaltungsstruktur aufgebaut werden. Seinem Vater Ibn Saud war dies nicht gelungen, aber ein Masterplan, eine grundlegende Strategie existierte auch unter Faisal nicht.[50] Es fehlte vor allem an fähigen Arbeitskräften. Je mehr

Ministerien und öffentliche Ämter entstanden, desto mehr war man angewiesen auf gut ausgebildete Beamte im öffentlichen Dienst. Rasch wurde dieser zum wichtigsten Arbeitgeber für saudische Staatsangehörige. Der König hatte ein Interesse daran, seine schnell wachsende Bevölkerung in Lohn und Brot zu bringen, um Unzufriedenheit zu vermeiden. Mit den Ölmilliarden war es möglich geworden, viele Arbeitsplätze in den neu aufgebauten Verwaltungen zu schaffen, die gut bezahlt und damit äußerst attraktiv waren. Es setzte ein regelrechter Run auf die offenen Stellen im Staatsdienst ein. Allein zwischen 1962 und 1971 stieg die Zahl der Verwaltungsangestellten von knapp 37 000 auf über 85 000[51], allerdings verfügten die meisten nur über eine Grundschulbildung.[52] 1988 arbeiteten bereits 388 000 Beamte im öffentlichen Dienst[53] – ein Anstieg um etwa das Zehnfache seit 1960. Die Zahl der Ministerien verdoppelte sich zwischen 1970 und 1980 auf zwanzig.[54]

Dies bedeutete aber nicht, dass die Verwaltung auch funktionierte. Stattdessen wurde sie zum Inbegriff saudischer Ineffizienz und Inkompetenz. Denn trotz der guten Bezahlung blieben die Anforderungen an die Angestellten minimal. Statt Leistung wurde pure Anwesenheit belohnt. Statt auf flache Hierarchien und kurze Dienstwege zu setzen, entwickelte sich eine Kultur des Abnickens, der Befehlshörigkeit und der Verantwortungslosigkeit.[55] Untätigkeit galt als bessere Alternative zu möglichem Fehlverhalten.[56] Der Arabist Alexei Vassiliev schreibt, dass die Effektivität der saudischen Beamten fünfmal geringer ausgefallen sei als die ihrer jordanischen oder syrischen Kollegen.[57] Dies führte dazu, dass banale Entscheidungen wie Dienstreisebewilligungen nur direkt von den Ministern getroffen werden durften, weil ihre Mitarbeiter dazu weder in der Lage noch befugt waren.[58]

Hinzu kam eine gravierende Überbürokratisierung: 1964 waren allein 331 einzelne Verwaltungsschritte notwendig, um einen Beamten einstellen zu können.[59] In der Praxis führte dies zu einem aufgeblähten Verwaltungsapparat und einer Mentalität der Untätigkeit, der Kleingeistigkeit und der Lustlosigkeit. Der Staat förderte diese Mentalität, indem er immer mehr überflüssige Jobs im öffentlichen Sektor künstlich kreierte, wodurch das Anspruchsdenken der saudischen Arbeitnehmer deutlich anstieg. Wer einen Job im öffentlichen Dienst ergattern konnte, hatte ausgesorgt, war quasi unkündbar und profitierte von den Annehmlichkeiten des saudischen Versorgungsstaates.[60] Saudische Arbeitnehmer begannen deswegen, eher nach einem großen Schreibtisch, einem klimatisierten Büro, familienfreundlichen Arbeitszeiten und einem generösen Gehaltsscheck zu streben als nach beruflichen Perspektiven, Karrierechancen und anspruchsvollen Tätigkeiten. Es entwickelte sich die sogenannte *Mudir*-Mentalität.[61] Der *Mudir* (arabisch für »Vorgesetzter« oder »Boss«) verfügt über eine anerkannte soziale Stellung und wird innerhalb seines Clans, seiner Familie und seines Stammes mit Respekt behandelt. Diese Mentalität hat sich bis heute erhalten. Mittlerweile wird sogar von einer *Thawb*-Mentalität gesprochen: Junge saudische Männer weigern sich, Uniformen anzuziehen, um als Gärtner, Chauffeur oder Rezeptionist zu arbeiten, sondern bevorzugen Berufe, in denen das traditionelle weiße saudische Gewand *(thawb)* getragen werden darf, um zu zeigen, dass sie sich nicht die Hände schmutzig machen müssen.[62]

Indem viele saudische Arbeitnehmer in den Staat integriert und von ihm bezahlt wurden, stärkte die Königsfamilie ihren Status als Rundumversorger der eigenen Bevölkerung und als bedeutendster Arbeitgeber. Jeder sollte vom guten Willen des Königshauses abhängig sein. Gleichzeitig wurden viele der neu geschaffenen Ministerien Auffangbecken für Mitglieder des Königshauses. Die Posten des Außen-, Innen- oder Verteidigungsministers blieben lange Zeit Mitgliedern der königlichen Familie vorbehalten, die ihre Ministerien wie Familienbetriebe führten und teilweise Jahrzehnte ihre Posten innehatten. Der 2015 verstorbene Saud al-Faisal amtierte insgesamt dreißig Jahre als Außenminister. Seine Personalpolitik ist ein Paradebeispiel für das Vorgehen der Königsfamilie. Man achtete darauf, alle Fäden in der Hand zu halten, die politische und administrative Kontrolle auszuüben und gleichzeitig die zahlreichen Familienmitglieder mit einflussreichen und repräsentativen Posten zu bedenken – und vergab diese Posten auf Lebenszeit. Dadurch gelang es einigen Prinzen des Königshauses, sich einen eigenen Hofstaat innerhalb ihres Ministeriums zu züchten und ihre Söhne als Stellvertreter einzusetzen. In den Ministerien etablierte sich ein feudales »Lehnswesen«.[63] Oftmals kam es zwischen einzelnen Ministerien und den Mitgliedern des Königshauses zu Kompetenzgerangel, weil auch das persönliche Fortkommen des jeweiligen Prinzen vom Erfolg seines Ministeriums abhing.

Dies konnte jedoch manchmal positive Auswirkungen haben: Während einige Minister als kleine Könige von oben herab regierten, bildeten sich daneben auch »Inseln der Effizienz«[64], in denen die Mitarbeiter selbständiger handeln und entscheiden mussten und über eine gewisse Autonomie verfügten. So konnte sich in der Masse der unwilligen und verhätschelten Beamten sogar eine kleine Gruppe von hocheffizienten und motivierten Technokraten entwickeln, die nicht selten vom König selbst hofiert wurde. Dies blieb aber insgesamt die Ausnahme.

Im Allgemeinen entstanden stattdessen überbesetzte Verwaltungsmonster, in denen Staatsgelder versickerten, unbearbeitete Akten sich stapelten und Entscheidungen oft jahrelang aufgeschoben wurden. Seit den 1950er Jahren und vor allem unter König Faisal entwickelte sich ein hierarchisches, aber nicht zentral kontrolliertes System von nebeneinander agierenden Institutionen, die von unterschiedlichen persönlichen Netzwerken geleitet wurden.[65] Diese diversen Entscheidungszentren behinderten sich häufig gegenseitig.[66] Der Behördengang wurde dadurch wie bei »Asterix erobert Rom« zum Alptraum.

Bei weiten Teilen der saudischen Bevölkerung sind deshalb die eigenen Beamten auch heute noch verpönt. Sie gelten als Verhinderer, denen jeder Dienstleistungsgedanke verhasst ist, die Dokumente entweder gar nicht oder verzögert bearbeiten und die weder telefonisch noch per E-Mail oder persönlich zu erreichen sind.[67] Deswegen sind viele Menschen darauf angewiesen, gute Kontakte zu Bekannten oder Freunden zu haben, die in Staatsinstitutionen arbeiten und gegen persönliche oder finanzielle Gefälligkeiten (*wasta*) Personalausweise oder Meldebescheinigungen ausstellen.[68] Diese *Mu'aqqibs* sind meistens Technokraten auf der mittleren oder unteren Arbeitsebene. Darüber hinaus haben sich sogar eigene Anwaltsfirmen gegründet, die ihren Klienten Zugang zu Dienstleistungen verschaffen.[69] Die Realität des administrativen Missmanagements ist so in Saudi-Arabien längst zu einem lukrativen Geschäft geworden.

Je mehr sich der Verwaltungsapparat aufblähte, desto rapider stiegen allerdings auch die staatlichen Ausgaben für Gehälter und Sozialleistungen und desto weniger konnte der Zentralstaat die gewachsene Armee der Beamten kontrollieren. Das war unproblematisch, solange die Öleinnahmen scheinbar grenzenlos flossen. Doch spätestens seit dem Verfall des Ölpreises in den 1980er Jahren gerät dieses System ins Wanken. Aufgrund der hohen Erwartungshaltung, die die saudische Regierung seit den 1960er Jahren geweckt hatte, konnten die Annehmlichkeiten nicht einfach beschränkt werden. Sparen hätte Unzufriedenheit bei der eigenen Bevölkerung und eine geschwächte Legitimation des saudischen Machtanspruchs bedeutet. Bis heute steht das Königshaus demnach vor dem Dilemma, einerseits die Verwaltungsstruktur gesundschrumpfen, andererseits aber auch die Ansprüche der Untertanen erfüllen zu müssen.

Diese Politik setzte sich jahrzehntelang fort und wird erst unter dem neuen König Salman vorsichtig geändert, der seit Januar 2015 auf dem saudischen Thron sitzt. Ihm scheint bewusst zu sein, dass die Vergabe von Ministerposten zu einer verkrusteten Kultur der Pfründenvergabe und des verschlafenen Beamtendünkels geführt hat, in der Korruption, Inkompetenz und Ineffizienz grassieren. So besetzte er beispielsweise die Position des Außenministers mit dem ehemaligen Botschafter in Washington, Adel al-Dschubair, der nicht zur Königsfamilie gehört.[70] Dennoch basiert die Verwaltungsstruktur des saudischen Staates noch immer auf einem System, welches vor mehr als einem halben Jahrhundert entstand und in höchstem Maße kostspielig, verknöchert und unflexibel ist.[71] Das macht umfassende Reformen schwierig, wenn nicht gar unmöglich. Allerdings hat der saudische Staat überlebt. Die im 18. Jahrhundert zwischen Ibn Saud und Ibn Abd al-Wahhab geschmiedete Allianz hält bis heute, wenngleich sie immer wieder auf eine harte Probe gestellt wurde.

Die Religion

Legitimationsgrundlage des saudischen Staates

Die Wahhabiten: Erfüllungsgehilfen des saudischen Königshauses

»Um mich herum ändert sich so viel. Da finde ich im Glauben Halt.« Khalid[1] ist ein junger saudischer Unternehmer Mitte zwanzig. Er reist viel, twittert und besitzt mehrere Handys. Er selbst sieht sich als Teil einer aufstrebenden jungen Generation, die aus den Zwängen ihres Elternhauses ausbricht und eigene Wege geht. Dennoch mache ihm der schnelle Wandel in der Welt und insbesondere in seiner Heimat manchmal Angst, sagt er. Wir sitzen in einem Café an der Hafenpromenade in Dschidda. Khalid trägt T-Shirt und Jeans, nicht das traditionelle *thawb* oder das *Dischdascha*, das weiße Gewand der saudischen Männer. Wir sprechen über Religion. Der Islam sei ihm wichtig, sagt er. Nicht die Regeln, die Dogmen, die Gelehrten, sondern die Kraft, die er im Glauben findet, wenn in seinem normalen Leben wieder alles zu hektisch werde oder er sich Sorgen um seine Familie mache. Der Islam ist ein wichtiger Teil seines Lebens, Teil seiner Moderne.

So wie Khalid denken viele in Saudi-Arabien. In einer Umfrage von 2003 bezeichnete die Mehrheit der Befragten Religion als wichtigstes Puzzleteil ihrer eigenen Identität.[2] Saudi-Arabien ist nicht nur eine Monarchie, sondern auch ein Gottesstaat, in dem die wahhabitische Islam-Auslegung das Leben der Menschen dominiert.[3] So dient der Wahhabismus als Klammer der saudischen Gesellschaft[4]; er bietet in Zeiten des Wandels und der Krise Orientierung und eine Insel der Normalität.[5] Etwa 88 % der saudischen Bevölkerung sind sunnitische Muslime, der Islam in der wahhabitischen Auslegung ist Staatsreligion. Als Saudi-Arabiens Verfassung dienen der Koran und die Sunna (die Überlieferungen des Propheten Muhammad), das Rechtssystem beruht auf der Scharia, dem islamischen Rechts- und Wertekanon, wenngleich vor allem im Handels- und Finanzrecht längst weltliche Gerichtsbarkeit dominiert. Gleichwohl definiert sich Saudi-Arabien als islamischer Staat, in dem die Religion eine omnipräsente Rolle spielen muss – immer und überall. Mit ihrer Hilfe will der Staat eine kollektive Identität schaffen, bei der Loyalität zum Königshaus auch als Loyalität zum Islam im Allgemeinen verstanden werden soll.[6] Also präsentiert sich das Königshaus nicht ausschließlich als politischer Führer, sondern auch als religiöse Autorität und als moralische Instanz. Der König ist nicht nur politisches Oberhaupt, sondern viel mehr: Er trägt den offiziellen Titel »Hüter der beiden Heiligen Stätten« Mekka und Medina und ist befugt, im Namen des »wahren Glaubens« zu sprechen und zu handeln. Dies verleiht ihm weitreichende Autorität.

Dazu dient auch das Bündnis mit den Wahhabiten. Wann immer in der bewegten Geschichte des Landes die historische Allianz zwischen Muhammad Ibn Saud und Muhammad Ibn Abd al-Wahhab von einer Seite aufgekündigt wurde, fand die jeweilige Herrschaft ein jähes Ende. Dementsprechend strebt die Familie Saud danach, ihrer Politik einen islamischen Anstrich zu geben, sich vom wahhabitischen Staatsklerus bei umstrittenen Entscheidungen einen Blankoscheck ausstellen zu lassen, um damit authentischer, frommer, einfach wahhabitischer zu erscheinen.[7] Dies führte in der Vergangenheit zu gravierenden Konflikten zwischen der politischen und der religiösen Elite: Denn aus Gründen der Realpolitik forderte das

Königshaus häufig die absolute Gefolgschaft seiner Gelehrten, obwohl diese die Pläne ihrer Herren ablehnten. So regte sich etwa gegen die Einführung des Fernsehens in den 1960er Jahren massiver Protest der geistlichen Elite.[8]

Als 1990 der irakische Diktator Saddam Hussein das benachbarte Kuwait überfiel, um sich dessen Ölfelder einzuverleiben, sorgte sich der damalige saudische König Fahd um die nationale Sicherheit. Er befürchtete, Hussein könne die Gunst der Stunde nutzen, um nicht nur in Kuwait, sondern auch ins Königreich einzumarschieren.[9] Diese Gefahr hing wie ein Damoklesschwert über der saudischen Königsfamilie. Und so handelte sie gegen den Willen der Religionsgelehrten: Unfähig, sich selbst im Ernstfall verteidigen zu können, weil das Land keine gut ausgebildete Armee besaß, obwohl Milliarden in Waffen, Luftwaffe und Panzer investiert worden waren, ersuchten die saudischen Herrscher ihren engsten westlichen Verbündeten, die USA, Truppen im Königreich zu stationieren, um einem möglichen irakischen Angriff entgegentreten zu können.

Für die wahhabitischen Gelehrten und auch für einen großen Teil der saudischen Bevölkerung bedeutete diese Entscheidung einen Affront. »Ungläubigen« Amerikanern zu erlauben, sich auf dem Boden der beiden heiligen Stätten Mekka und Medina niederzulassen, wurde als Frevel an der saudischen Nation und den wahhabitischen Grundwerten abgelehnt. Es wurde als Schande empfunden, nicht selbst in der Lage zu sein, sich gegen äußere Feinde zu verteidigen und stattdessen auf fremde westliche Hilfe angewiesen zu sein. Die saudische Volksseele kochte.[10] Einige führende Mitglieder des Rates der hochrangigen Religionsgelehrten (*Hay'at Kibar al-Ulama*), der seit seiner Gründung 1971 die religiösen Rechtsgutachten (*fatawa*, Sg. *fatwa*) verfasst[11], sollen 1990 dem König ihre Zustimmung anfänglich verweigert haben, weil sie eine gesellschaftliche Spaltung (*fitna*) fürchteten.[12] Wie schon in der Vergangenheit drohte der Bruch zwischen Klerikern und Krone. Doch am Ende siegten die Staatsräson und der Überlebenswille der Wahhabiten: Sie beugten sich der realpolitischen Entscheidung Fahds und legitimierten die Truppenstationierung mit einer Fatwa. Erneut hatten sie sich gegen ihre religiösen Überzeugungen und für die Loyalität zum Herrscher entschieden. Dies führte jedoch in der Folge zu einer anwachsenden islamistischen Opposition, die den wahhabitischen Klerus als Marionette des Königshauses und den König als verwestlicht und korrumpiert denunzierte, darunter auch ein gewisser Osama bin Laden.

Schon Ibn Saud hatte Konflikte mit den Gelehrten zu seinen Gunsten gelöst und damit deren Unabhängigkeit immer weiter beschnitten. Unter seinem Sohn Faisal wurden die einstmals lose vernetzten wahhabitischen Kleriker institutionalisiert und eng in den Staatsapparat eingebunden, was in der Gründung der *Hay'at Kibar al-Ulama* gipfelte. Das hatte einerseits zur Folge, dass die Gelehrten endgültig unter die Kontrolle des Königshauses gerieten, von ihm bezahlt wurden und ihm Gehorsam schuldeten. Aus dem Wahhabismus war eine »Staatsreligion« geworden.[13] Andererseits verpflichtete sich das Königshaus, die Allianz mit den Wahhabiten nicht in Frage zu stellen und in bestimmtem Maße auf deren Forderungen einzugehen. Dies zeigte sich vor allem in einer massiven Ausweitung der religiösen Lehrinstitutionen und Religionsschulen sowie in der Gründung mehrerer islamischer Universitäten, vor allem in Mekka, Medina und Riad. Der Wahhabismus wurde auf diese Weise geschickt in die Staatsideologie integriert, um ihn für politische Interessen zu instrumentalisieren.[14]

Die Religionspolizei: Der Schlagstock der Wahhabiten

Insbesondere mit Hilfe der umstrittenen und gefürchteten Religionspolizei (*mutawwa'*) will der Klerus seine Funktion als wahhabitischer Aufpasser umsetzen. Sie ist der institutionalisierte Arm der Religionsgelehrten und soll die Moral und die

Bewahrung der wahhabitischen Lehren durchsetzen, indem sie nach dem koranischen Grundsatz handelt, »das Rechte zu gebieten und das Verwerfliche zu verhindern« (*al-amr bi-l-ma'ruf wa-n-nahi an al-munkar*, Sure 3, Vers 110).

Bereits unter der Herrschaft Ibn Sauds wurden 1918/19 im Nadschd und 1926 im Hidschaz Komitees gegründet, die die Sittenhaftigkeit der Bevölkerung kontrollieren sollten und als Vorläufer der späteren Religionspolizei gelten.[15] In ihr dienen heute etwa 16 000 Tugendwächter, die in den Städten und Dörfern patrouillieren. Mit Lautsprechern auf den Autodächern fahren sie durch die Straßen, fordern die Einhaltung der fünfmaligen Gebetszeiten und zwingen Laden- und Restaurantbesitzer, zu den vorgegebenen Zeiten ihre Geschäfte zu schließen. Bei Missachtung der harten Regeln drangsalieren bärtige Aufpasser den Übeltäter mit Stockschlägen oder öffentlichen Beleidigungen. Im Internet kursieren Videos vom brutalen Vorgehen der Religionspolizisten. Selbst vor Kindern machen sie nicht halt: So unterbanden sie 2012 eine Show für saudische Grundschüler, in der als Schlümpfe verkleidete Schauspieler auftraten und Musik gespielt wurde.[16]

Die Religionspolizei ist für ihre Kompromisslosigkeit und ihre Härte im Umgang mit mutmaßlichen Verletzungen der moralischen und religiösen Werte berüchtigt. Insbesondere Übergriffe auf Frauen, die sich aus der Sicht der *Mutawwa'* unsittlich verhalten hatten, haben in der Vergangenheit die Öffentlichkeit erregt. Als 2002 in einer Mädchenschule ein Feuer ausbrach und die Religionspolizisten die flüchtenden Schülerinnen daran hinderten, das Gebäude zu verlassen, weil sie sich nicht ordnungsgemäß verschleiert hatten, brach ein Sturm der Entrüstung los.[17] Vierzehn Schülerinnen fanden in den Flammen den Tod. Die barbarische Unmenschlichkeit der *Mutawwa'* wurde in aller Öffentlichkeit gegeißelt, was die damalige politische Führung veranlasste, die Rechte der Religionspolizei massiv zu beschneiden. In den Folgejahren reduzierte sich die Präsenz der wahhabitischen Patrouillen auf den saudischen

Straßen, und ihr kompromissloses Vorgehen gegen Sittentäter lockerte sich. Auch unter dem neuen König Salman wurden die Rechte der Sittenpolizei beschränkt: Frauen, deren Kopftuch verrutscht ist, oder Personen, die US-amerikanische Filme schauen, dürfen von den Tugendwächtern nicht mehr nach ihrem Personalausweis gefragt oder festgehalten werden.[18] Dennoch bleibt die *Mutawwa'* mit einem geschätzten Jahresbudget von etwa 400 Mio. US-Dollar ein wichtiges Instrument der wahhabitischen Moralkontrolle.[19]

Der wahhabitische Missionierungsauftrag: Weltweite Förderung von radikalen Strömungen

Das saudische Königshaus sieht sich als Führer der globalen sunnitischen Gemeinde. Die wahhabitische Islam-Version soll als universale und damit weltweite Ordnung etabliert werden. Um dies zu erreichen, gründeten die saudischen Herrscher in den vergangenen Jahrzehnten islamische Institutionen, die die wahhabitische Doktrin in allen Winkeln der Erde verbreiten sollen. Diese Institutionen sind zwar offiziell keine staatlichen Einrichtungen, werden aber umfassend vom Königshaus unterstützt. Sie sorgen dafür, dass auch außerhalb des Königreiches die wahhabitischen Glaubensvorstellungen gelehrt und gepredigt werden, und dienen als wichtigste Instrumente der Missionierung (*dawa*). Diese Politik führte dazu, dass sich ein enges Netzwerk von Stiftungen, Moscheen, Religionsschulen und Predigern entwickelt hat, welches im Sinne der wahhabitischen Lehre überall auf der Welt tätig wird. Mit staatlichen und privaten Geldern wurden vor allem auf dem Balkan, in Südasien und Afrika, aber auch in europäischen Ländern pro-wahhabitische Institutionen subventioniert und die Zielländer mit kostenlosen Koranexemplaren, Lehrmaterialien und Broschüren überschwemmt. Damit ist es Saudi-Arabien gelungen, sein

Image als islamischer Anführer und religiöser Vorreiter in der islamischen Welt zu festigen. Doch dieser wachsende religiöse Einfluss verändert auch zusehends die verschiedenen muslimischen Gesellschaften und ist längst in den Fokus internationaler Kritik geraten. Viele saudisch finanzierte Moscheen und Religionsschulen verbreiten Hass auf Andersgläubige, fördern Extremismus und führen bei jungen Muslimen eine Gehirnwäsche durch, um diese zu kompromisslosen Verfechtern der wahhabitischen Intoleranz zu erziehen.

Das wird zum Beispiel in Ländern wie Pakistan deutlich. Das 200-Millionen-Einwohner-Land ist eine islamische Republik, in der die Religion das Leben, die Politik und die Kultur bestimmt. Seit den 1970er Jahren wanderten Millionen pakistanischer Gastarbeiter nach Saudi-Arabien aus, um dort unter oftmals menschenunwürdigen Verhältnissen zu arbeiten. Sie stammen fast ausschließlich aus armen Verhältnissen und verdingen sich im Königreich als »moderne Sklaven« für die wohlhabenden Eliten, arbeiten als Fahrer, Gärtner oder Bauarbeiter. Einerseits nehmen diese Gastarbeiter die harten Bedingungen in Kauf, um ihre Familien in der Heimat ernähren zu können. Andererseits spielt aber auch die religiöse Attraktivität Saudi-Arabiens eine wesentliche Rolle: Jeder gläubige Muslim muss mindestens einmal im Leben die Pilgerfahrt nach Mekka, die Hadsch, unternehmen. Deswegen zieht es viele sunnitische Pakistaner nach Saudi-Arabien: Sie wollen nicht nur in das Land der beiden heiligen Stätten pilgern, sondern dort leben und somit ihrem Glauben näherkommen. »Wenn sie nach Pakistan zurückkehren, werden sie von ihren Verwandten dafür respektiert, auf heiligem Boden gelebt zu haben«, sagt eine pakistanische Journalistin, die über das Thema Arbeitsmigration arbeitet. »Sie gelten als diejenigen, die das Licht gesehen haben.«[20]

Doch für viele moderate Kräfte in Pakistan wirft dieses Licht einen dunklen Schatten. Sie empfinden den saudischen Einfluss als zunehmende »Wahhabisierung« der pakistanischen Gesellschaft. Durch die vielen zurückgekehrten Migranten verändert sich die Lebenswirklichkeit vieler pakistanischer Gemeinden: Moscheen werden gebaut, Frauen verschleiern sich, Tanz und Musik werden abgelehnt. Die einstmals lebensfrohen religiösen Traditionen vieler Pakistaner verschwinden mehr und mehr. Stattdessen dominiert die intolerante Lebensweise der Wahhabiten, so dass Pakistan in vielen Gegenden zu »Saudi-Arabien 2.0« geworden ist. Mit Schrecken beobachten viele moderate Pakistaner die »Saudisierung« des pakistanischen Alltags: An vielen Autokennzeichen wurde inoffiziell das traditionelle »Pakistan« durch »Al-Bakistan« ersetzt – der arabische Artikel »al-« steht ebenso als Symbol für die Arabisierung wie der Tausch des persischen »P« gegen das arabische »B«, da Ersteres nicht im arabischen Alphabet existiert.[21] Auch die Tradition, sich mit der persischen Formel »Khoda Hafiz« zu begrüßen, stirbt langsam aus. Stattdessen wird das persische Wort für »Gott« durch das arabische »Allah« ersetzt.[22]

Vor allem in den Stammesprovinzen an der Grenze zu Afghanistan sind in den letzten Jahrzehnten Religionsschulen, sogenannte *Madaris*, wie Pilze aus dem Boden geschossen. Sie werden nur unzureichend von staatlichen Institutionen kontrolliert, ihre genaue Zahl kennt niemand. Schätzungen gehen von mehr als 20 000 aus. Seit 1980 soll sich die Zahl dieser Schulen zum Beispiel in Peshawar verhundertfacht haben.[23] Viele von ihnen wurden direkt von saudischen Stiftungen finanziert. In den *Madaris* werden wahhabitische Lehrinhalte vermittelt und wird nicht selten Hass auf Andersgläubige wie Schiiten oder Nicht-Muslime geschürt. Regelmäßig werden wahhabitische Prediger aus Saudi-Arabien dorthin oder in die großen Moscheen der Städte eingeladen. Viele dieser dubiosen *Madaris* sind in den letzten Jahren zu Brutstätten des Terrorismus geworden.

Die Aktivitäten vieler dieser Lehreinrichtungen sind höchst anrüchig und werden kaum überwacht. Offiziell als Wohlfahrtsorganisationen getarnt, die humanitäre Hilfe leisten, fördern sie hinter verschlossenen Türen häufig eine wahhabitisch-radikale Islam-Auslegung. Diese intransparente Kombination aus humanitärer Hilfe und Dschihad zeigte sich seit den 1980er Jahren vor allem in Afghanistan, in den 1990er Jahren auch im Bosnien- und später im Tschetschenienkrieg.[24] Im Krieg gegen die sowjetische Invasion Afghanistans von 1980 bis 1988 unterstützte Saudi-Arabien gemeinsam mit den USA den Aufbau der sogenannten »arabischen Afghanen«, um in Zeiten des Kalten Krieges den US-amerikanischen Erzfeind, die Sowjetunion, zu besiegen. Insgesamt sollen die USA und Saudi-Arabien offiziell drei Mrd. US-Dollar in die Rekrutierung der antisowjetischen »heiligen Krieger« (*mudschahidin*) investiert haben, doch der Gesamtbetrag dürfte aufgrund privater Spenden deutlich höher liegen.[25] Unter den Empfängern saudischer Unterstützung befand sich auch Osama bin Laden.[26] Saudische karitative Organisationen unterstützten muslimische Dschihadisten bei ihrem Kampf gegen die nicht-muslimischen Feinde. Viele dieser Kämpfer kamen aus Saudi-Arabien; allein in Tschetschenien sollen es 59 % aller Kämpfer gewesen sein, in Afghanistan sogar 70 %.[27]

Doch erst nach den Terroranschlägen vom 11. September 2001 wurde die internationale Gemeinschaft auf die dubiosen Aktivitäten der saudischen Stiftungen aufmerksam. Saudi-Arabien geriet ins Fadenkreuz: 15 der 19 Attentäter waren Saudis, so dass die saudische Regierung schnell unter Verdacht geriet, terroristische Bewegungen direkt oder indirekt gefördert zu haben. Was folgte, war ein Aufschrei der internationalen Gemeinschaft, der sich gegen die wahhabitische Missionierung richtete und das Königshaus aufgrund seiner engen Beziehungen zu den religiösen Stiftungen massiv unter Druck setzte. Zum ersten Mal gerieten die auf Initiative Saudi-Arabiens gegründeten panislamischen Wohlfahrtsorganisationen in den Fokus der Weltöffentlichkeit. Es wurde deutlich, dass kaum etwas über ihre Finanzströme, ihre Organisationsstrukturen und ihre Günstlinge bekannt war. Keiner wusste genau, was diese

Organisationen eigentlich taten, wen sie über welche Kanäle und aus welchen Gründen unterstützten.

In den USA reichten 650 Hinterbliebene von Opfern des 11. September 2001 im August 2002 eine Sammelklage gegen drei Mitglieder der saudischen Königsfamilie und saudische Finanzinstitutionen ein.[28] Im Oktober desselben Jahres veröffentlichte der U.S. Council on Foreign Relations einen Bericht, in dem saudische Stiftungen und einzelne Persönlichkeiten beschuldigt wurden, terroristische Gruppierungen über Jahre unterstützt zu haben. Ohne saudische Ressourcen wären die Anschläge vom 11. September nicht möglich gewesen, so die Verfasser. Zwar konnte an keiner Stelle belegt werden, dass die Königsfamilie direkt in solche Aktivitäten involviert gewesen war, doch vermuteten die Verfasser direkte Verbindungen zwischen al-Qaida und saudischen Stiftungen, die dem Königshaus nahestanden.[29] Eines allerdings wurde klar: Einflussreiche saudische Geschäftsleute, Kleriker sowie einzelne Stiftungen hatten al-Qaida mitfinanziert. »Einige dieser Förderer kannten mit Sicherheit den Bestimmungszweck ihrer Gelder, andere kannten ihn nicht«, schrieben die Verfasser. »Wohlfahrtsinstitutionen waren eine Geldquelle und boten perfekten Schutz, der es den Mittelsmännern erlaubte, unentdeckt als Mitarbeiter einer humanitären Hilfsorganisation zu reisen.«[30]

Auf einmal war das Image Saudi-Arabiens zerrüttet, galt das Königreich als Brutstätte des dschihadistischen Terrors. Vor allem die International Islamic Relief Organization (IIRO) und die Al-Haramain-Stiftung gerieten schnell in den Mittelpunkt der Kritik. Diese Stiftungen begriffen sich als Flaggschiffe der islamischen Missionierung und waren von wahhabitischem Gedankengut geprägt. Die IIRO wurde 1979 in Dschidda gegründet und unterhielt im Jahr 2015 Büros in fünfzehn saudischen Städten mit mehr als 1100 Mitarbeitern. Ihr Netzwerk umfasst darüber hinaus Außenstellen in neun asiatischen, fünfzehn afrikanischen und sechs europäischen Ländern. Ihre Hauptaufgaben sind der Bau von Moscheen, die Förderung von islamischen Wohlfahrtsorganisationen und Stiftungen in mehr als fünfzig Ländern sowie die Versorgung von Bedürftigen während des islamischen Fastenmonats Ramadan. Dafür werden jährlich mehr als dreißig Mio. US-Dollar ausgegeben, die zu einem wesentlichen Teil von der saudischen Regierung finanziert werden. Nach den Anschlägen vom 11. September 2001 wurde die IIRO beschuldigt, dschihadistische Bewegungen in Indonesien, den Philippinen und Albanien unterstützt zu haben.[31] Gleiches galt für die Al-Haramain-Stiftung, die 1988 in Pakistan gegründet worden war und vier Jahre später nach Riad umzog. Die US-Behörden machten sie nach 9/11 als eine der wesentlichen Unterstützer des internationalen Terrorismus aus und setzten die saudische Regierung so lange unter Druck, bis diese die Stiftung 2004 verbieten ließ. Die Stiftung kümmerte sich offiziell um die Versorgung von Waisen, bildete Imame aus, ließ Korane und andere islamische Lehrbücher drucken sowie Moscheen und islamische Zentren errichten.

Selbst vor Deutschland machte der saudische Einfluss nicht halt: Im Jahr 1995 eröffnete in Bonn die König-Fahd-Akademie, die direkt von Saudi-Arabien finanziert wurde und in der zunächst 150 Kinder arabischer Diplomaten nach dem saudischen Lehrplan auf Arabisch unterrichtet wurden[32], ehe die Botschaften in die neue Hauptstadt Berlin umzogen und immer mehr Kinder muslimischer Familien die Schule besuchten – auch, um sich vom deutschen Bildungssystem abzuschotten. Schnell geriet die Akademie in Verdacht, fundamentalistische Ideologien zu lehren. In den Schulbüchern tauchten antijüdische und antiwestliche sowie gewaltverherrlichende Inhalte auf. Der Verfassungsschutz nahm die Akademie genauer ins Visier. 2003, zwei Jahre nach dem 11. September, wurde in der Moschee der Akademie gar zum Dschihad aufgerufen. Daraufhin diskutierten die Behörden, die Schule zu schließen. Aber Berlin fürchtete um das gute Verhältnis zur saudischen Regierung und schluckte die Bedenken herunter.[33] Die Kontrollen wurden verschärft und die Zustände besserten sich: Deutsche konnten dort nun Arabisch lernen und die Schule nahm an regionalen Kulturprojekten teil. Dennoch blieb sie ein Symbol für den missionarischen Eifer des saudischen Staates.

2017 schließt nun die Schule. Interessanterweise aber nicht aufgrund des zunehmenden Drucks der deutschen Regierung, sondern weil die neue saudische Führung es so will.[34] Man verfüge mittlerweile über ein vorzügliches Bildungssystem in Saudi-Arabien und brauche kein Lehrinstitut mehr in Deutschland, so die saudische Begründung. Stattdessen sollten arabische Schülerinnen und Schüler deutsche Schulen besuchen. Dieser Schritt soll zum einen den Reformwillen der Saudis betonen und mögliche Konflikte mit den Deutschen vermeiden. »Die Schließung der König-Fahd-Akademie ist ein Signal für dieses Reformprogramm, dass wir über Reformen und Modernisierung sprechen, über eine Steigerung der Wettbewerbsfähigkeit und die Ermächtigung der Frauen«, so der saudische Botschafter in Deutschland.[35] Andererseits sieht sich der saudische Staat aber auch gezwungen, in Zeiten des niedrigen Ölpreises Geld zu sparen. Statt in relativ unbedeutende Institutionen in Deutschland zu investieren, für die man auch noch hart kritisiert wird, erscheint es der saudischen Führung sinnvoller, das Geld für den Ausbau des nationalen Bildungssystems zu verwenden.

Nicht alle saudischen Stiftungen verbreiten die intoleranten Werte des Wahhabismus. Insgesamt sind etwa 700 bis 1000 islamische Wohlfahrtsorganisationen und Stiftungen in Saudi-Arabien tätig. Viele von ihnen engagieren sich in der islamischen Erziehung, der Bildung, der Entwicklungszusammenarbeit oder der Katastrophenhilfe. Sie kümmern sich um Arme, geistig und körperlich Behinderte oder Waisen und werden häufig von einflussreichen saudischen Geschäftsleuten, aber auch von Prinzen und Prinzessinnen geleitet. Das Element des Gebens, der altruistischen Hilfsbereitschaft gegenüber Schwächeren spielt im Islam eine bedeutende Rolle. Barmherzigkeit, Selbstlosigkeit und Großzügigkeit sind grundlegende Pflichten

eines jeden Muslims, was im Almosengeben (*zakat*) als einer
der »fünf Säulen« des Islams zum Ausdruck kommt, das in fast
allen muslimischen Ländern in Form von gesetzlichen Steuern
offiziell eingefordert wird.

Die islamistische Opposition: Herausforderung der saudischen Legitimität

In Saudi-Arabien sind Parteien, Gewerkschaften und jegliche
organisierte Opposition streng verboten. Dennoch ist es Gegnern des saudischen Regimes in der Vergangenheit immer wieder gelungen, das Königshaus und den Staatsklerus vehement
zu kritisieren. Deswegen ist es ein Trugschluss zu glauben,
der saudische Staat könne jede kritische Stimme verstummen
lassen. Zumeist entzündet sich diese Opposition an religiösen
Inhalten: So erregten die umfassenden Modernisierungsmaßnahmen, die Annäherung an die ungläubigen USA, die Ver-
nachlässigung der religiösen Pflichten und die Dekadenz des
Königshauses den Zorn von Islamisten und religiösen Oppositionellen. Dabei bedienten sich Kritiker des Regimes nicht
selten gewalttätiger Mittel, mit denen das Königshaus herausgefordert werden sollte, wählten aber oft auch den Weg des
Dialogs, reichten Petitionen beim König ein und hofften auf
dessen Kompromissbereitschaft.

In der Vergangenheit ist es diesen Oppositionellen zwar
nicht gelungen, die Herrschaft der Al Saud und das Bündnis mit
der wahhabitischen Elite dauerhaft zu schwächen oder gar zu
brechen, doch war das Königshaus gezwungen, auf diese Kritik
zu reagieren. Dies geschah einerseits, indem Oppositionelle
brutal unterdrückt wurden, andererseits mit einer intensivierten Religionspolitik, um das Image als islamische Führungsmacht wiederherzustellen. Auch wurden einstmalige Gegner
ins Machtgefüge integriert, um sie mit Annehmlichkeiten gefü-

gig und damit mundtot zu machen. Je größer die Angriffe von konservativ-religiöser Seite wurden, desto massiver baute das Königshaus seine Missionierungsbestrebungen im Ausland aus und desto mehr stärkte es den Einfluss der Religionsgelehrten im Inland.

Insbesondere das Jahr 1979 sollte als Höhepunkt islamistischer Opposition und als Schock für die Al Saud in die Geschichte eingehen.[36] In diesem Jahr bedrohte nicht nur die Iranische Revolution die Legitimation der Königsfamilie, sondern auch innerhalb des Königreichs regte sich massive Kritik an der Politik des Regimes. Diese Kritik sollte fundamentale Auswirkungen auf die gesamte gesellschaftliche Entwicklung haben und bestimmt das saudische Leben und Denken noch heute.

Alles beginnt gegen 5.30 Uhr am Morgen des 20. November 1979[37], des Neujahrstages des islamischen Jahres 1400. 400 bis 1000 bewaffnete Männer dringen in die Große Moschee in Mekka ein, in der gerade zwischen 50 000 und 100 000 Gläubige das Gebet verrichten. Mehrere Tausend werden als Geiseln genommen.[38] Die Besatzer verschanzen sich, bewaffnet mit AK-47-Sturmgewehren, Pistolen, Schrotflinten und Messern, hinter den massiven Mauern der Moschee und verlesen über Lautsprecher ihre Forderungen. Sie werden angeführt von einem Mann namens Dschuhaiman al-Utaibi, der dazu aufruft, seinem Freund, dem Theologiestudenten Mohammed Ibn Abdallah al-Qahtani, als endzeitlichem Erlöser (*mahdi*) zu folgen und ihm Treue zu schwören. Al-Utaibi will das korrupte Königshaus stürzen und verlangt, die Öllieferungen an die USA einzustellen. Alle Ausländer sollen ausgewiesen, Frauen aus dem öffentlichen Leben verbannt und Radio, Fernsehen und Fußballspielen verboten werden.[39] Stattdessen müsse eine wahre islamische Ordnung errichtet werden, die die Gottlosigkeit des aktuellen Regimes ablösen solle. Mit diesen Forderungen provoziert der Anführer al-Utaibi das saudische Königshaus.

Schnell wird deutlich, dass er die Traditionen der von Ibn Saud zerschlagenen *Ikhwan* neu beleben will: Al-Utaibis Großvater hatte zu ihnen gehört und war 1929 von den Königstruppen getötet worden.[40] Al-Utaibi selbst, der zwischen 1935 und 1940 in der zentralarabischen Provinz Qasim geboren worden sein soll, trat als junger Mann in die saudische Nationalgarde ein und studierte beim damals wichtigsten saudischen Prediger Abdulaziz bin Abdullah bin Abd ar-Rahman bin Baz (1912–1999). Dieser war Rektor der Islamischen Universität in Medina und predigte einen strengen Wahhabismus. Ibn Baz sympathisierte mit den Vorstellungen al-Utaibis, doch als dieser sich zunehmend radikalisierte, kam es 1976 zum Bruch zwischen beiden. In al-Utaibis Augen war Ibn Baz nur ein Symbol der korrumpierten Gelehrtenschicht, die zum Instrument des Königshauses geworden war.

Zwischen 1973 und 1978 verfasste al-Utaibi elf »Sendschreiben«, seine religiösen Schriften, in denen er vom Ende der Welt spricht, alle Bedürfnisse im Diesseits ablehnt und im Sinne des ursprünglichen Wahhabismus eine Rückkehr zu den wahren Werten des Islams fordert. Er wurde verhaftet, doch Ibn Baz' Wohlwollen brachte ihn wieder auf freien Fuß. Seitdem befand er sich auf Kollisionskurs mit der saudischen Obrigkeit[41]: »Die Muslime leben unter Zwangsherrschern, die die Religion nicht bewahren. Wir sind nur denen zu Gehorsam verpflichtet, die nach dem Buch Gottes führen. Wer [...] von der Religion allein das nimmt, was ihm gefällt, für den gibt es weder Gehör noch Gehorsam.« Damit erklärte er die Herrschenden zu Ungläubigen. Gleichzeitig prangerte er die Entmachtung der einflussreichen Stämme an und blieb damit der Bewegung der *Ikhwan*, für die sein Großvater kämpfte, treu.[42]

Der damalige König Khalid (reg. 1975–1982) wird um 7 Uhr über die Ereignisse in Mekka informiert. Für ihn kommt die Besetzung der Großen Moschee vollkommen überraschend. Al-Utaibi gelingt es, seine radikale Kritik perfekt zu inszenieren, womit er die königliche Führung zutiefst verstört. Die Symbolkraft der Besetzung schockiert auch weite Teile der Bevölkerung. Das letzte Mal war die Moschee vor über 800 Jahren gewaltsam besetzt worden.[43] Erst am Nachmittag treffen Sicherheitskräfte am Ort des Geschehens ein. Scharfschützen nehmen die Moschee ins Visier. Die Stromzufuhr wird unterbrochen. Al-Utaibi wird als *Wahsch*, als »Bestie«, bezeichnet.

Die Große Moschee gehört zu den heiligsten Orten des Islams. Dass dort nun Gewalt und Brutalität einziehen, ist einerseits inakzeptabel, erschwert andererseits aber auch das Vorgehen der Sicherheitskräfte. Diese können nicht einfach mit Waffengewalt eindringen, um die Geiselnehmer zu töten, da Blutvergießen an diesem Ort als Sakrileg gilt. Deswegen brauchen die saudischen Machthaber erneut die wahhabitischen Gelehrten, um das Vorgehen gegen al-Utaibi und Co. religiös zu legitimieren. Doch erst vier Tage nach Beginn der Geiselnahme erlässt der Rat der Hohen Rechtsgelehrten eine Fatwa, welche das Königshaus ermächtigt, mit Gewalt vorzugehen. Von den siebzehn Gelehrten unterzeichnen nur acht das Rechtsgutachten. Hinter vorgehaltener Hand teilen viele Gelehrte, unter ihnen auch besagter Ibn Baz, die radikale Kritik der Besetzer.[44] Sie fühlen sich vom Königshaus ausgegrenzt und stehen der zunehmenden Modernisierung und Verwestlichung ablehnend gegenüber. Doch um ihre eigene Stellung nicht zu gefährden, knicken sie ein und berufen sich in ihrer Fatwa auf Sure 2, Vers 191 des Korans: »Jedoch kämpft nicht bei der heiligen Kultstätte von Mekka gegen sie, solange sie nicht ihrerseits dort gegen euch kämpfen. Aber wenn sie dort gegen euch kämpfen, dann tötet sie. Derart ist der Lohn der Ungläubigen.« Wahrscheinlich gab es einen Disput unter den Gelehrten darüber, ob allein die Besetzung der Moschee oder auch die Absichten und Motive der Eindringlinge zu verurteilen seien. Offenbar ließen sie die Motive al-Utaibis unberücksichtigt und beschränkten sich in ihrem Urteil allein auf die frevelhafte Entweihung der heiligen Stätte.

Zunächst gelingt es den saudischen Truppen jedoch nicht, mit Hilfe von Panzern und Hubschraubern die Moschee einzunehmen. Ein erster Angriff über den Vorplatz endet in einem Blutbad: Aus den Minaretten nehmen die Geiselnehmer die saudischen Eliteeinheiten unter Feuer. Auch ein zweiter Vorstoß scheitert. Daraufhin entschließt sich der König, die Hilfe von französischen Spezialtruppen anzufordern – ein weiterer Frevel, da »Ungläubigen« der Zugang zu den heiligen Stätten untersagt ist. Der König sieht sich massiven Anfeindungen ausgesetzt, scheint er doch nur mit Hilfe von Ausländern in der Lage, die saudischen Probleme zu lösen. Aber erst die französische Nationalgarde kann sich in blutigen Gefechten den Weg in die Moschee freikämpfen. Die Besetzer geben nicht auf, ziehen sich in das Tunnellabyrinth unter der Moschee zurück und leisten tagelang erbitterten Widerstand, der erst durch den Einsatz von Gasbomben und das Fluten der Katakomben gebrochen werden kann. Mehr als drei Wochen dauert die Besetzung, die das Land in Atem hält und die Reputation des Königs schwer beschädigt. Nach der erfolgreichen Wiedereroberung der Moschee reagiert dieser mit kompromissloser Härte: Im Januar 1980 werden al-Utaibi und 63 seiner Gefolgsleute exekutiert, ihre Frauen inhaftiert und ihre Kinder in Heime gebracht.[45] Nach offiziellen Angaben sterben insgesamt 177 Rebellen, 26 Pilger und 127 Sicherheitskräfte, 451 Soldaten und 109 Pilger werden verwundet. Inoffizielle Schätzungen gehen sogar von etwa 1500 Toten und 2000 bis 3000 Verletzten aus.

Die Auswirkungen dieses Gemetzels waren weitreichend: Der König entschloss sich, seine ramponierte Stellung mit einer rigiden Religionspolitik wiederherzustellen – zumal die meisten Besetzer aus dem Nadschd, dem Kerngebiet der saudischen Herrschaft stammten.[46] Zunächst wurden al-Utaibi und seine Anhänger als »Außenstehende der Religion« (*kharidschun an ad-din al-islam*), als »Verbrecher« (*mudschrimun*) und »Verrückte« (*madschanin*) denunziert, um eine inhaltliche Diskussion ihrer Forderungen zu vermeiden.[47] Al-Utaibi wurde als Homosexueller, Analphabet und Drogenabhängiger gebrandmarkt. Sodann weitete der König die Befugnisse der

Religionsgelehrten aus: Sie erhielten bessere Gehälter und mehr Geld für den Ausbau von Moscheen. Schönheitssalons und Friseurgeschäfte für Frauen wurden geschlossen, Stipendien für Auslandsstudien gestrichen. Das Königshaus investierte Milliardensummen, um das staatliche religiöse Bildungssystem auszubauen und die Wahhabisierung der Gesellschaft voranzutreiben.[48] Die Religionspolizei wurde mobilisiert, um im ganzen Land Broschüren über ordnungsgemäße Kleidung und richtiges moralisches Verhalten zu verteilen. Außerdem versprach der König, ein reformiertes Regierungssystem (*nizam asasi li-l-hukm*) einzuführen und ein beratendes Gremium (*madschlis asch-schura*) einzuberufen. Beides wurde jedoch erst unter seinem Nachfolger Fahd 1992 in die Tat umgesetzt. Ab 1986 nannte sich der saudische König schließlich »Hüter der beiden Heiligen Stätten« Mekka und Medina (*khadim al-haramain asch-scharifain*), um damit seinen Anspruch auf die islamische Deutungshoheit zu unterstreichen. Auch das war eine direkte Folge der Ereignisse von 1979.

So gelang es dem Königshaus zwar, sein angekratztes Image wiederherzustellen, doch gleichzeitig wurde ihm auf brutale Art und Weise vor Augen geführt, wie fragil seine Position als politische *und* religiöse Führungsmacht war. Dass auch Teile der wahhabitischen Religionsführer mit den Feinden des Königs sympathisiert hatten, zeigte, wie kontrovers die zunehmende Modernisierung und die Abkehr von religiösen und traditionellen Werten innerhalb der Gesellschaft und der religiösen Eliten diskutiert wurden. Die militanten Aktivisten hatten auf die Schwächen und Widersprüche des saudischen Königshauses am Ende der 1970er Jahre hingewiesen, indem sie gesellschaftliche Risse aufdeckten, ökonomische Fehlentwicklungen kritisierten und gleichzeitig das religiöse Establishment herausforderten.

Muslimbrüder und Erweckungsbewegung: Islamistische Konkurrenz

Stellte die Besetzung der Großen Moschee den Höhepunkt der islamistischen Oppositionsbewegung in Saudi-Arabien dar, so blieb sie jedoch nicht die einzige Herausforderung für das Königshaus. Seit den 1950er Jahren war der Einfluss der ägyptischen Muslimbruderschaft in Saudi-Arabien stetig gewachsen. Unter Gamal Abd al-Nasser, dem ägyptischen Präsidenten von 1954 bis 1970, waren die Muslimbrüder verboten und verfolgt worden. Saudi-Arabien hatte ihnen zu Beginn bereitwillig Asyl gewährt. Dies geschah jedoch nicht aus Nächstenliebe für die verfolgten muslimischen Brüder, sondern aus Eigennutz: Man wollte so den nationalistischen und panarabischen Bestrebungen Nassers, des neuen Superstars der arabischen Welt, begegnen. Mit seinem Ziel, die arabische Welt unter ägyptischer Führung zu vereinen, forderte Nasser die saudische Monarchie heraus. In den 1960er Jahren fochten beide Regionalmächte zudem einen militärischen Konflikt im jemenitischen Bürgerkrieg aus. Dabei unterstützte Nasser die republikanischen Putschisten, Saudi-Arabien dagegen die Anhänger der jemenitischen Monarchie. So bot sich Saudi-Arabien mit der Aufnahme der geschassten Muslimbrüder eine Chance, den Rivalen zu schwächen und einen »Apparat der Gegenpropaganda« aufzubauen.[49] Dazu wurden ägyptische Muslimbrüder in das sich im Aufbau befindliche saudische Bildungssystem integriert, da man dringend gut ausgebildete Lehrer und Verwaltungsbeamte benötigte.

Doch ab den 1970er Jahren verselbständigten sich die Exil-Muslimbrüder und begannen, ihre Lehren innerhalb Saudi-Arabiens zu verbreiten. So sagte der ehemalige Innenminister Naif bin Abdulaziz Al Saud 2002: »Bedauerlicherweise hatten die Muslimbrüder ihre wahre Herkunft nicht vergessen, und so begannen sie, Anhänger zu rekrutieren, Bewegungen zu gründen und sich gegen das Königreich zu wenden.«[50] An saudischen Universitäten in Mekka, Medina und Dschidda kursierten Pamphlete und Tonbänder von Muslimbrüdern, die gemeinsam mit wahhabitischen Aktivisten einen radikalen Islamismus proklamierten, der der Königsfamilie ein Dorn im Auge war. Prominentester Vertreter der saudischen Muslimbrüder war Muhammad Qutb, der Bruder des berühmten Sayyid Qutb, welcher in Ägypten die Muslimbruderschaft mit seinen Schriften zunehmend radikalisiert hatte.[51] Muhammad Qutb lehrte seit 1971 an der Umm-al-Qura-Universität in Medina, nachdem er zuvor in Ägypten sechs Jahre im Gefängnis gesessen hatte.[52]

Inspiriert durch die Muslimbrüder[53] entstand in der Folgezeit die sogenannte Erweckungsbewegung (as-sahwa), die rasch zu einer einflussreichen innersaudischen Oppositionsbewegung wurde und als Hybridform von Muslimbruderschaft und Wahhabismus verstanden werden kann.[54] Für die Sahwa ist der Islam ein totales System, das jede Sphäre des alltäglichen Lebens durchdringen muss. Sie forderte eine strikte Kleiderordnung und eine reine Sprache, die vom saudischen Dialekt befreit sein sollte, gründete Lager für jugendliche Anhänger, in denen diese nicht nur politisch indoktriniert wurden, sondern auch Fußball spielen oder Theaterstücke inszenieren durften, sowie Geheimzirkel, die sogenannten Dschama'at, die rasch an Einfluss gewannen.[55] Dabei zeigte die Sahwa sich dem Königshaus gegenüber zu Beginn loyal und übte nur allgemein Kritik an den Zuständen in der islamischen Welt. Doch das änderte sich während der wirtschaftlichen Krise in den 1980er Jahren. Durch den gefallenen Ölpreis litt die saudische Wirtschaft unter einer Rezession. Die Arbeitslosigkeit stieg ebenso wie die Frustration. Vor allem die Sahwa-Mitglieder fühlten sich vom Staat ausgegrenzt, da sie im Gegensatz zu den Wahhabiten keine hochrangigen Positionen einnehmen konnten. Obwohl die Herrscher nach den traumatischen Ereignissen von 1979 den Religionsapparat massiv ausgebaut hatten, bekamen viele Prediger, die sich mit der Sahwa identifizierten, nichts vom Kuchen ab. Sie profitierten schlichtweg nicht mehr vom »Wirtschaftswunder« der 1970er Jahre.[56] Und so wurde das Königshaus einmal mehr als Inbegriff des ausschweifenden Konsums und der westlichen Modernisierung (*hadatha*) kritisiert, die den islamischen Geist zerstöre.

Vor allem die Stationierung US-amerikanischer Truppen im Zuge der Kuwait-Krise empfand die *Sahwa* als Verrat an den islamischen Werten der saudischen Gesellschaft. Mit Hilfe von Tonkassetten verbreitete sie ihre Kritik am Königshaus. »Galionsfiguren der islamistischen Opposition«[57] wurden zu dieser Zeit die beiden Prediger Salman al-Awda und Hassan al-Hawali.[58] Sie verlangten, das Bündnis zwischen Wahhabiyya und saudischem Königshaus zu lockern.[59] Durch diese Allianz seien die Gelehrten korrumpiert worden.[60] Diese Haltung unterschied sich keineswegs von den Ansichten al-Utaibis. Je offensiver die *Sahwa* die Regierung für deren Verwestlichung und Korruption anprangerte, desto mehr Zustimmung gewann sie. Im Gegensatz zu al-Utaibi, der mit seiner Brutalität die Bevölkerung verstört hatte, stießen al-Awda und al-Hawali mit ihrem friedlichen Aktivismus auf breites Wohlwollen.[61] Sie verstanden sich nicht als militante Feinde des Königshauses und wollten es auch nicht stürzen. Stattdessen forderten sie Reformen und ein generelles Umdenken der Herrscher. Eine breite Oppositionsbewegung entstand, die sich in Form von schriftlichen Petitionen an den König wandte, um ihm ihre Forderungen und Vorstellungen zu übermitteln. Diskurs statt Konfrontation sollte das Motto sein.

Im Januar 1991 unterzeichneten vierzig Geistliche und Intellektuelle den »Brief der Forderungen« (*kitab al-matalib*). Darin verlangten sie in zwölf Punkten unter anderem die Gründung eines beratenden Gremiums, die bereits von König Khalid zehn Jahre zuvor versprochen worden war. Beamte sollten sich an moralischen Werten orientieren, womit sie die grassierende Korruption kritisierten. Um sich vom Westen unabhängig zu machen, müsse das Königreich endlich eine starke Armee aufbauen. Die Öleinnahmen müssten gerechter verteilt werden. Das Pamphlet, ein Sammelsurium von legitimen Forderungen, führte dazu, dass in den Folgejahren eine offene und kontroverse Debatte um notwendige Reformen im Königreich ausbrach. Die verkrusteten Strukturen in Klerus und Staat schienen aufzubrechen. Ein frischer Wind erfasste die saudische Gesellschaft, immer mehr Tabus fielen, und sogar Forderungen nach einer islamischen beziehungsweise konstitutionellen Monarchie durften ungestraft geäußert werden.

Im Juli 1992 folgte das »Memorandum des Guten Rates« (*mudhakkirat an-nasiha*), das als Reaktion auf die Stationierung US-amerikanischer Truppen im Königreich forderte, eine schlagkräftige nationale Armee aufzubauen und die Kooperation mit dem Westen drastisch zu reduzieren.[62] Als dann König Fahd 1992 endlich mit dem *Madschlis asch-Schura* eine Art Pseudoparlament gründete und ein Grundgesetz ausrief, waren wichtige Forderungen der islamistisch-gemäßigten Opposition erfüllt worden. Doch diese Phase endete jäh 1994. In jenem Jahr wurden al-Hawali und al-Awda verhaftet; sie saßen bis 1999 im Gefängnis.[63] Das Establishment hatte die *Sahwa*-Bewegung zunehmend als Bedrohung wahrgenommen und reagierte wie immer: Man sperrte die wichtigsten Oppositionellen ein. Nach ihrer Entlassung zeigten sich al-Hawali und al-Awda lammfromm. Mit Kritik am Königshaus hielten sie sich zurück. Wieder war die »Zuckerbrot und Peitsche«-Strategie der Herrschenden aufgegangen. Die beiden Prediger proklamierten nun das Prinzip der »Mäßigung« (*wasatiyya*)[64], riefen zum friedlichen Miteinander auf und verurteilten die Anschläge vom 11. September.[65]

Dennoch fordern auch heute noch saudische Intellektuelle und Geistliche die Einführung einer konstitutionellen Monarchie, verlangen, dass das religiöse Establishment entmachtet wird und der Staat sozial gerechter handelt. Insbesondere im Internet hat sich eine rege Community an einflussreichen und meinungsstarken Predigern entwickelt, die althergebrachte

Vorstellungen in Frage stellen und immer mehr den wahhabitischen Staatsklerus herausfordern. Viele dieser Prediger sind zu regelrechten Internet-Stars geworden.

Allein die einflussreichen Prediger Muhammad al-Arifi und Ahmed al-Schuqairi haben 21 Millionen bzw. 13 Millionen Freunde bei Facebook und 14 bzw. 13 Millionen Twitter-Follower. Auch Salman al-Awda, der Spiritus Rector der *Sahwa*-Bewegung, ist ein Social-Media-Star: Ihm folgen fünf Millionen bei Facebook und acht Millionen bei Twitter.[66] Während al-Arifi die konservativen und reaktionären Lehren des Wahhabismus predigt, gibt sich al-Schuqairi eher modern. Für viel Aufsehen sorgte auch Ahmed Qassim al-Ghamdi, der früher als Religionspolizist arbeitete. Heute spricht er sich gegen die Geschlechtertrennung und das Fahrverbot für Frauen aus. Immerhin seien die Frauen früher auch auf Kamelen geritten. Er trat sogar mit seiner unverschleierten Frau im Fernsehen auf – wofür er von Kollegen und konservativen Predigern hart angegriffen wurde und sogar Todesdrohungen erhielt. Sein eigener Stamm bezeichnete ihn als »verwirrt und gestört«.[67]

Doch das Königshaus versucht, solche liberalen Internet-Prediger zurückzudrängen. So hat sich eine starke Strömung der Gegenpropaganda entwickelt, die im Namen des saudischen Staates progressive Stimmen attackiert und als »unislamisch« brandmarkt. Forderungen der moderaten und liberalen Aktivisten sollen entkräftet, diese als Feinde der saudischen Nation bloßgestellt werden. Der saudische Staat hat längst begriffen, dass es nur gelingen kann, die eigene Legitimation zu bewahren, wenn man die Sympathien der Menschen über das Netz gewinnt. Dazu dient auch das etablierte System der Internet-Propaganda.

Die Gesellschaft

Unerfüllte Hoffnungen

Ringen um die eigene Identität: Zwischen Moschee und McDonald's

Es ist ein bizarres Bild: Die Durchsage des Piloten, dass das Flugzeug die saudische Grenze überflogen hat, ist das Signal für die saudischen Passagiere. Innerhalb von Sekunden schälen sie sich aus ihren Sitzen und begeben sich zu den Toiletten. Dort wechseln sie ihre Kleidung. Saudische Männer, die außerhalb Saudi-Arabiens noch in T-Shirt und Shorts gekleidet waren, legen nun ihren traditionellen *Thawb*, das weite weiße Gewand, an. Frauen entledigen sich ihrer modischen Tops und Kleider, um sich mit ihrer schwarzen *Abaya*, dem Ganzkörperschleier, zu verhüllen. Im Westen kann man sich noch leger und körperbetont kleiden, doch sobald man in seine Heimat zurückkehrt, ist es damit vorbei. Dort herrscht eine strikte Kleiderordnung, und an diese Regel hält sich jeder.

Diese Verwandlung geschieht innerhalb weniger Minuten und zeigt, dass die saudische Gesellschaft zwischen Welten wandelt und in Extremen lebt. Saudi-Arabien ist eine Gesellschaft der Maskeraden, der vielen Gesichter, die dem jeweiligen Umfeld angepasst werden. »In den USA kleide und benehme ich mich wie ein Amerikaner«, sagt Walid, der in Princeton studiert hat, nun wieder in Riad lebt, aber regelmäßig in die

USA reist. »Kehre ich jedoch in meine Heimat zurück, muss ich mich unseren Regeln beugen. Wir sind eine traditionelle Gesellschaft und daran halten wir uns.«[1]

Es ist diese Metamorphose, die für die saudische Gesellschaft gleichzeitig Chance und Chaos bedeutet. Zum einen haben viele junge saudische Männer und Frauen im westlichen Ausland studiert, sind mit den Lebensgewohnheiten in Paris, New York, London oder Berlin vertraut und verbringen dort einige Wochen oder Monate im Jahr. Viele von ihnen haben während des Auslandsstudiums zum ersten Mal exzessive Partys gefeiert, Alkohol getrunken oder mit einem Mann oder einer Frau, die nicht zu ihrer Familie gehören, in der Universitätsmensa geflirtet. Sie haben ausländische Freundeskreise, mit denen sie über Twitter, Facebook und WhatsApp verbunden sind und über Filme, Mode, Autos und Politik diskutieren – ganz gleich, ob sie im Ausland oder in ihrer Heimat Saudi-Arabien weilen. Sie sind groß geworden als Weltbürger in einem Global Village, welches für die meisten zur Selbstverständlichkeit geworden ist.

Gleichzeitig werden durch diesen Lebensstil die Pfeiler der saudischen Identität in Frage gestellt. Viele Saudis haben Angst, ihre Kultur und ihre Traditionen zu verlieren. Was bedeutet es noch, saudischer Abstammung zu sein? Wie definiert die saudische Gesellschaft ihre Identität? Je mehr sie in der Moderne angekommen ist, desto intensiver werden diese Fragen diskutiert: Die saudische Gesellschaft ringt um ihre Seele. Es ist ein Ringen zwischen dem Einfluss westlicher Erfahrungen und den Kräften der Religion, der Stammeskultur und der patriarchalischen Familienstrukturen in der Heimat. Weite Teile der saudischen Gesellschaft definieren sich über diese Werte. Und vor allem über die Religion: Sie ist wesentlicher Teil ihres Wertekanons und ihres familiären Umfelds.

Und so zeigen sich die Widersprüche der saudischen Gesellschaft genau an der Schnittstelle zwischen religiöser Orientierung und fortschreitender Modernisierung. Der Wahhabismus durchdringt jede Faser des saudischen Lebens und schlägt sich in einem konservativen Weltbild nieder. Das fünfmalige Gebet am Tag, der Besuch der freitäglichen Predigt oder das Fasten während des heiligen Monats Ramadan werden von der großen Mehrheit der saudischen Muslime regelmäßig mit Ernsthaftigkeit vollzogen. Wie in vielen anderen muslimischen Gesellschaften ist der Islam Teil der eigenen Identität – mit der Besonderheit, dass die wahhabitische Glaubensdoktrin sehr viel rigider definiert, was erlaubt und was verboten ist, als andere islamische Denkströmungen. Kinos, Theater und Opernhäuser sind im Wahhabismus ebenso verboten wie öffentliche Kunst oder Musik. Im Juli 2016 wurde sogar das Handyspiel »Pokémon Go« verboten und mit einem Glücksspiel verglichen, nachdem bereits 2001 Pikachu und Co. als unislamisch bewertet worden waren.[2]

Doch das ist nur die sichtbare Fassade. Das wahre Leben findet hinter verschlossenen Türen statt und ist oftmals keineswegs wahhabitisch. In den privaten Kellern wohlhabender Geschäftsleute werden US-amerikanische Kinofilme auf großer Leinwand gezeigt, in Hinterhöfen treffen sich avantgardistische Künstlerinnen und eröffnen Vernissagen, in privaten Literatursalons finden Lesungen statt, heimliche Theateraufführungen und Hip-Hop-Konzerte umgehen die offiziellen moralischen Regeln. Während der reaktionäre Klerus all dies ablehnt, wollen die meisten Saudis auf diese Annehmlichkeiten nicht mehr verzichten.

Dies führt zum Beispiel beim Umgang mit Alkohol zu einer absurden Doppelmoral: Auf seinen Besitz steht die Todesstrafe, dennoch organisieren vor allem Mitglieder des diplomatischen Dienstes inoffizielle Auktionen, um ihre Wein- oder Whiskybestände an den Meistbietenden zu versteigern. Alkohol ist längst zu einer Obsession geworden: Botschaftsempfänge, bei denen deutsches Bier oder französischer Wein ausgeschenkt werden darf, enden häufig in einem Gelage, an dem auch und vor allem saudische Gäste mit Genuss teilhaben. Diejenigen, denen illegaler Alkoholbesitz in der Heimat als zu gefährlich erscheint, suchen Zerstreuung im benachbarten Bahrain. Der Inselstaat im Golf ist durch den King-Fahd-Freeway, eine 25 Kilometer lange Brücke, mit dem saudischen Festland verbunden. Bahrain ist das Las Vegas der Saudis. Dort ist all das erlaubt, was die saudischen Moralapostel verbieten: Prostitution, Alkohol, Partys. Daher ist es nicht verwunderlich, dass die meisten Touristen in Bahrain aus dem Nachbarland stammen.[3]

Bahrain gilt als Ort, an dem vor allem saudische Männer ihre Bedürfnisse befriedigen und aus den erstarrten Konventionen der saudischen Gesellschaft ausbrechen können. Genau diese Widersprüche zeichnen das Leben der meisten Saudis aus: Sie fühlen sich in mehreren Welten zu Hause und leben in einer hybriden Identität »zwischen den Stühlen«. Viele akzeptieren diesen Umstand als ihre Lebenswirklichkeit und sehen darin durchaus Vorteile.

Andere leiden jedoch, fühlen sich verloren, gefangen in den Normen der abgeschotteten und reaktionären Kultur der Stämme und Familien, in denen die Alten das Sagen haben und jegliche Moderne ablehnen. Hier prallen die Welten aufeinander: Vor weniger als hundert Jahren lebten die Vorfahren der heutigen Generation noch als Beduinen von der Viehzucht oder handelten mit Perlen, Datteln und Gewürzen. Nun schwelgen viele Familien im Luxus und genießen die Annehmlichkeiten des Konsums: Air Condition statt des schützenden Schattens der Palmen; Pick-up oder SUV statt Kamel.

Das Königshaus versucht auch aufgrund dieser Widersprüche, die nationale Identität und die kulturellen Wurzeln stärker zu betonen. Mit Hilfe von Folklore-Events wie dem *Dschanadriyya*-Festival, das zumeist im Frühjahr in den Riader Außenbezirken stattfindet, sollen saudische Traditionen wiederbelebt werden. Dort wird der Schwerttanz aufgeführt, saudische Autoren präsentieren ihre neuesten Romane, und die besten Koranrezitatoren treffen sich zum Wettstreit. Mit solchen Festivals versucht das Königshaus, sich als Bewahrer des kulturellen Erbes zu präsentieren und die Ängste der Bevölkerung vor zu viel Veränderung und Identitätsverlust abzufedern. Und gleichzeitig dient das *Dschanadriyya*-Festival als lukrative Einnahmequelle: Firmen aus Deutschland, den USA, Großbritannien, Korea oder China tummeln sich dort und stellen ihre Produkte aus. Im Jahr 2016 war Deutschland das Partnerland. Es ist der Versuch, Kultur und Kommerz zu vereinen. Der Schwerttanz ist somit in der offiziellen Lesart problemlos vereinbar mit modernster Technologie. Das Königshaus definiert sich einerseits als standhafter Fels inmitten eines Ozeans des Werteverfalls und andererseits als Vertreter der Moderne. Es will das Zugpferd sein, das bestimmt, wie sich die Untertanen orientieren, um zu verhindern, dass sich die saudische Gesellschaft von ihm abwendet. Identitätsstiftung ist ein Staatsprojekt, ein Instrument der Al Saud, sich noch unentbehrlicher zu machen. Ohne die Königsfamilie ist eine saudische Identität undenkbar, so das Credo.

Dabei wird diese propagierte saudische Identität sehr wohl bedroht. Denn auch wenn wir es nicht wahrnehmen: Saudi-Arabien ist ein zerrissenes Land. Den Hidschazis gelten die Einwohner des zentralarabischen Nadschd, woher die Königsfamilie stammt, als unzivilisierte Beduinen. Ein Chirurg aus Dschidda bringt es mir gegenüber auf den Punkt: »Freiwillig würde ich niemals nach Riad fliegen. Dort denken die Leute wie im Mittelalter. Das macht mich krank.«[4] Zwar wird der König respektiert, doch die Regeln des Wahhabismus sind den aufgeschlosseneren Bewohnern des Hidschaz fremd geblieben. Seit Jahrhunderten treiben sie Handel mit anderen Kulturen, empfangen jedes Jahr Millionen Pilger aus aller Welt und lebten nie in der isolierten Wüste Zentralarabiens. Dies prägt ihre Identität und grenzt sie gegenüber den Nadschdis ab. Es sind diese kulturellen Vorurteile und Ressentiments, die Saudi-Arabien keineswegs zu einer Insel der Harmonie, sondern zu einem Land der inneren Verwerfungen machen, denen das Königshaus seit Jahrzehnten begegnen muss und die bisher nicht überwunden werden konnten.

Die saudische Jugend: Zwischen den Stühlen

Die saudische Gesellschaft ist eine der jüngsten der Welt: 70 % der Bevölkerung sind unter dreißig Jahre alt. Bei einem Wachstum von fast 2 % im Jahr wird die saudische Bevölkerung immer jünger und wächst rasant.[5] 2050 sollen in Saudi-Arabien über vierzig Millionen Menschen leben.[6] Zwischen 1950 und 2013 stieg die Einwohnerzahl von drei auf dreißig Millionen, von denen zehn Millionen nicht die saudische Staatsangehörigkeit besitzen.[7] Auch deswegen gerät das traditionelle Wohlfahrtssystem des saudischen Staates an seine Grenzen: Immer weniger junge Männer und Frauen finden einen Arbeitsplatz im öffentlichen Sektor, weil die Kapazitäten längst erreicht sind. Der Privatsektor ist noch immer unterentwickelt, so dass auch hier die Perspektiven fehlen. So liegt die Jugendarbeitslosigkeit (15 bis 25 Jahre) bei etwa 30 bis 40 % und damit auf einem ähnlichen Niveau wie in Tunesien und Ägypten vor den arabischen Aufständen.[8] Die Kluft zwischen Arm und Reich wächst stetig. Die 120 000 saudischen Millionäre besitzen ein Gesamtvermögen von 400 Mrd. US-Dollar.[9] Das Bruttoinlandsprodukt (BIP) liegt bei etwa 23 000 US-Dollar pro Kopf[10] (2014) und damit deutlich unter dem Niveau der Nachbarländer Katar mit 96 000 US-Dollar und den Vereinigten Arabischen Emiraten (VAE) mit 44 000 US-Dollar. In Deutschland beträgt das BIP pro Kopf knapp 48 000 US-Dollar und ist damit mehr als doppelt so hoch wie im Königreich.[11] Es ist also ein Mythos, dass alle in Saudi-Arabien in Luxus und Überfluss leben.

Man möchte meinen, dass in einer nach Geschlechtern getrennten, männerdominierten Gesellschaft vor allem die Frauen leiden. Doch auch die jungen Männer befinden sich längst nicht mehr in der Komfortzone. Von ihnen wird erwartet, dass sie die Familie ernähren, sonst verlieren sie ihren sozialen Status und gelten rasch als Versager. Ohne ein regelmäßiges Einkommen können sie das Brautgeld für ihre Ehefrau nicht zahlen oder erhalten auf dem umkämpften Wohnungsmarkt in den saudischen Metropolen keine Wohnung.[12] Um Geld zu sparen, werden Gemeinschaftshochzeiten abgehalten. Oftmals ist es sogar so, dass sich die Rollenverteilung innerhalb der Beziehungen umdreht. Mittlerweile sorgt nicht selten die Frau für das Auskommen, was in einer konservativ-patriarchalischen Gesellschaft wie in Saudi-Arabien das männliche Ego angreifen und an chauvinistischen Vorstellungen rütteln kann. Auch wenn viele junge Männer grundsätzlich begrüßen, dass ihre Frauen arbeiten gehen und Karriere machen, so müssen sie sich doch oftmals gegenüber ihren Eltern oder Großeltern rechtfertigen. Das lässt den sozialen Druck auf junge saudische Männer steigen. Viele von ihnen fühlen sich in einer von Tabus umstellten Gesellschaft mit ihren Problemen allein gelassen, frustriert und hilflos.

Insbesondere Sex ist nach wie vor ein strenges Tabu und die Möglichkeiten, sexuelle Erfahrungen zu sammeln, ohne in tiefgreifende moralische oder juristische Konflikte zu geraten, sind minimal. Noch immer heiraten viele saudische Männer und Frauen ihre Cousins oder Cousinen und müssen sich dem Willen ihrer Eltern beugen. Auch aus diesen Gründen steigen in den letzten Jahren die Selbstmordrate junger Männer sowie die Anzahl der Drogentoten. Wieder andere versuchen ihre Frustration zu kompensieren und nehmen an illegalen Autorennen mit den Porsches oder SUVs ihrer Eltern teil.[13] Auch deswegen gilt Saudi-Arabien als Land mit der prozentual höchsten Verkehrstotenrate der Welt.[14] Die häufigste Todesursache bei 16- bis 30-jährigen Männern sind Unfälle.[15] Viele von ihnen sind Globalisierungsverlierer, die nun am eigenen Leib zu spüren bekommen, dass es dem Staat nicht gelungen ist, die Verhältnisse auf dem Arbeitsmarkt an die neuen Realitäten anzupassen. Das Schicksal dieser Generation zeigt demnach die Kehrseite des fundamentalen Wandels, den die saudische Gesellschaft durchläuft.

Dieser Wandel bringt vielen jungen Saudis aber auch neue

Freiräume und Möglichkeiten, sich selbst zu verwirklichen. Um mit dem anderen Geschlecht ins Gespräch zu kommen, sind das Internet zur Datingbörse und das Mobiltelefon zum Flirtinstrument Nummer eins geworden.[16] Vor allem über Facebook und Snapchat können junge Saudis ziemlich unkompliziert Kontakte knüpfen. Früher mussten junge Männer an roten Ampeln ihre Telefonnummer in die Windschutzscheibe ihres Autos halten, um Frauen auf sich aufmerksam zu machen.

Doch diese Zeiten sind vorbei, denn fast alles in Saudi-Arabien geschieht mittlerweile digital – in einem Land, in dem so gut wie kein öffentliches Leben existiert, weichen die Menschen in digitale Räume aus. Was im Alltag unerreichbar ist, wird in der virtuellen Realität verfügbar. Das macht sich die saudische Jugend zunutze: Ein Drittel der Gesamtbevölkerung nutzt aktiv soziale Medien, davon 27 % WhatsApp und 25 % Facebook.[17] Zwischen Mai 2010 und Mai 2014 stieg die Zahl der Facebook-Nutzer von 2,2 Millionen auf fast 8,4 Millionen.[18] 2014 nutzten 2,4 Millionen Saudis Twitter. Damit lag Saudi-Arabien mit einem Gesamtanteil von 40 % auf dem Spitzenplatz – weltweit.[19] Die meisten User sind zwischen 26 und 34 Jahre alt.[20] Täglich werden aus dem Königreich fast 6,9 Millionen Tweets versendet. Das ist fast die Hälfte aller Tweets aus der arabischen Welt.[21]

Saudi-Arabiens Gesellschaft ist somit zu einer Online-Community geworden. Fast jeder verfügt über mehrere Mobiltelefone. Viele junge saudische Unternehmer entwickeln ihre eigenen Apps. Filme oder Serien, die im verstaubten Staatsfernsehen niemals gezeigt werden würden, können über Proxyserver abgerufen werden. Dem Regime gelingt es somit nicht mehr, die Netzaktivität seiner Untertanen umfassend zu kontrollieren. Längst ist das Dickicht an Blogs, Facebook-Seiten und Twitter-Accounts zu unübersichtlich geworden, als dass die saudischen Sittenwächter jeden Eintrag überwachen könnten. Dennoch dürfen rote Linien nicht überschritten werden: Wer

Kritik am Königshaus oder am wahhabitischen Klerus übt, wird verfolgt und zu drastischen Strafen verurteilt.

Besonders prominent wurde der Fall des Bloggers Raif Badawi, der zu 1000 Peitschenhieben und zehn Jahren Haft verurteilt worden ist, weil er auf seinem Blog Menschen- und Frauenrechte einforderte und die saudische Geistlichkeit, vor allem die Religionspolizei, kritisierte. Badawi gilt als saudischer Liberaler, der zwar nicht die Legitimität des Königshauses in Abrede gestellt, aber Reformen gefordert und den übermächtigen Einfluss des Wahhabismus angeprangert hat. »Mein Mann hat niemals etwas gegen den Islam oder irgendeine andere Religion gesagt oder geschrieben«, beteuert seine Ehefrau Ensaf Haidar. »Er hat immer nur die ›Männer der Religion‹ kritisiert, die den Glauben der Menschen für ihre Zwecke ausnutzen. Er hat das System kritisiert. Er setzt sich für die grundlegenden Menschenrechte ein. Er rief dazu auf, dass man die Meinung des anderen respektieren sollte. Seine Vision ist eine liberale Gesellschaft, die auf einem friedlichen Zusammenleben aller Mitglieder fußt.«[22]

Im Westen löste Badawis Verurteilung eine Welle des Protests aus. In Deutschland wurden seine Blog-Einträge übersetzt und veröffentlicht.[23] Seine Ehefrau, die nach seiner Festnahme nach Kanada geflohen ist, gibt Lesungen und berichtet eindrucksvoll über das Schicksal ihres Mannes.[24] Sie hat sogar mit ihrer Familie gebrochen, die ihre Solidarität mit dem »Verräter« Raif als unehrenhaft ablehnt. Doch bisher waren alle Appelle an die saudischen Herrscher umsonst: Badawi sitzt weiterhin in einem der saudischen Hochsicherheitsgefängnisse, ihm ist es weder gestattet, seine Familie zu sehen, noch einen Anwalt zu konsultieren. »Er ist mit zwanzig Personen in einen Raum gesperrt. Die hygienischen Verhältnisse und das Essen sind sehr schlecht. Er hat stark abgenommen und leidet unter hohem Blutdruck«, sagt seine Ehefrau in einem Interview.[25] Zwar besteht bei saudischen Menschenrechtsaktivisten die Hoffnung, dass das Königshaus auf den immensen internationalen Druck reagiert und Badawi als Geste des guten Willens freilässt, doch dies würde die grundsätzliche Situation im Lande nicht ändern.[26] Denn der Fall Badawi ist nur die Spitze des Eisbergs: 10 000 bis 30 000 politische Oppositionelle sollen vom saudischen Regime verhaftet worden sein.[27] Vor allem der neue König Salman lässt seit seiner Machtübernahme im Januar 2015 Jagd auf potenzielle Regimegegner machen, die zumeist als »Terroristen« denunziert werden.

Dabei verschwimmen die Grenzen der Kritik oftmals. Dies zeigt sich vor allem in der Kunst- und Kulturszene. Je mehr sich das Land öffnet oder öffnen muss, desto mehr dringt nach außen, welch faszinierende Kunstszene sich in Saudi-Arabien entwickelt. Auch hier wird Fundamentalkritik an Krone und Klerus hart sanktioniert, doch haben in den vergangenen Jahren aufstrebende Künstlerinnen und Künstler Wege gefunden, in dem erlaubten Rahmen auf gesellschaftliche Missstände hinzuweisen, und damit ein internationales Publikum erreicht. Besondere Aufmerksamkeit erhielten vor allem Mahmoud Sabbagh mit seiner romantischen Satire »Baraka meets Baraka« und Haifaa al-Mansour mit ihrem preisgekrönten Film »Das Mädchen Wadjda«.

Der Film »Baraka meets Baraka« ist nicht allein deswegen außergewöhnlich, weil er in einem Land entstanden ist, in dem Kinos verboten sind. Auch seine Handlung ist besonders: Nicht ohne Grund spielt er im eher weltoffenen Dschidda. Dort lebt der junge Baraka als Tagträumer, der aus ärmlichen Verhältnissen stammt und unter den sozialen Hierarchien leidet. Er verliebt sich in das saudische It-Girl und Instagram-Starlet Bibi Harith. Es ist der Gegensatz zwischen dem armen, etwas naiven und einfachen Baraka und der selbstbewussten und unkonventionellen Bibi, die sich nicht um die strengen Regeln der saudischen Gesellschaft schert und ihren Weg geht, aus dem der Film seinen Reiz zieht.[28] Damit gelingt es dem Regisseur, die klassischen Genderverhältnisse ad absurdum zu führen und die Widersprüchlichkeit der saudischen

Geschlechterrollen humoristisch aufs Korn zu nehmen. Das Ergebnis beschrieb der *Rolling Stone* als »kleine Perle«.[29] Immerhin wurde »Baraka meets Baraka« auf der Berlinale 2016 gezeigt und mit stehenden Ovationen gefeiert.[30] Der Regisseur Mahmoud Sabbagh möchte mit seiner »absurden Komödie«, wie er sie selber nennt, die Herzen der Menschen erreichen, die unter Terrorismus und Armut leiden. Zwar sei er sich bewusst, dass er Probleme mit dem Staat hätte bekommen können, doch umso wichtiger sei es, manchmal zu tricksen und klug zu agieren: »Wir testen die Grenzen, versuchen auch mal zu schockieren.«[31]

Sabbagh ist einer der Nutznießer der Chancen, die sich inmitten des Chaos in der saudischen Kunstszene auftun und eine Underground-Szene gedeihen lassen, die ohne Institutionen oder staatliche Gelder funktioniert. Auch die Regisseurin Haifaa al-Mansour, die mit ihrem Film »Das Mädchen Wadjda« bereits im Jahr 2012 für Aufsehen sorgte, macht sich diese Nischen zunutze. Da der Film in Saudi-Arabien nicht produziert werden durfte, wandte sich al-Mansour an die Berliner Produzenten Roman Paul und Gerhard Meixner. Das Ergebnis ist eine eindrucksvolle Parabel auf die Absurditäten des saudischen Alltags aus Sicht des kleinen Mädchens Wadjda, das lieber im Radio Popmusik hört als Koranrezitationen und das den Traum verfolgt, Fahrrad zu fahren, obwohl dies für junge Frauen als unschicklich gilt. Der Film wurde sogar im Land selbst gedreht – eine Sensation.[32]

So wie al-Mansour und Sabbagh auf humorvoll-augenzwinkernde Weise die aktuellen Zustände in Saudi-Arabien ins Visier nehmen, versuchen auch saudische Comedians, Humor und Satire als Stilmittel zu verwenden, um so die harte Zensur zu umgehen. Populäre Comedy-Shows wie *La Yikhtar* (»Halt den Mund«) oder *3al6ayer* (»Spontan«), die über YouTube gesendet werden, erfreuen sich zunehmender Beliebtheit. Die vom Komödianten Omar Hussein ins Leben gerufene Show *La Yikhtar* hatte im September 2016 über eine Million Abonnenten[33], bei

3al6ayer sind es 860 000.[34] Ihre Sketche behandeln zum Beispiel das Verhältnis zwischen Gastarbeitern und saudischen Arbeitgebern, Korruption oder die Zensur in den Medien.[35]

In leerstehenden Lagerhäusern in Dschidda haben sich darüber hinaus Künstlerzusammenschlüsse gebildet, die dort ihre Bilder und Skulpturen ausstellen – darunter Künstler wie Ramy al-Quthamy. Er benutzt Steinblöcke, die in Saudi-Arabien normalerweise verwendet werden, um Landwirtschaftsflächen voneinander abzuteilen, und versieht diese mit dem arabischen Wort für »Frieden« (*as-salam*), um auf die von Menschen gezogenen Grenzen hinzuweisen. Al-Quthamy hat bereits Skulpturen in New York verkauft.[36]

Der saudische Fotograf Ahmed Mater will mit seinen Werken auf die zunehmende Kommerzialisierung in Mekka und Medina und auf die Abhängigkeit Saudi-Arabiens vom Öl hinweisen.[37] Er dokumentiert den Bau von Hoteltürmen und Einkaufszentren in der Nähe der Großen Moschee und kritisiert damit die zunehmende Zerstörung des religiösen Erbes. Er verfolgt eine Mission. »Wir müssen die roten Linien verschieben. Das ist hier weitaus interessanter als dort, wo es Meinungsfreiheit gibt«, führt er aus.[38] Abdulnasser Gharem ist es sogar gelungen, in Riad mit anderen Künstlern Aktzeichnungen anzufertigen – in einer Gesellschaft, in der menschliche Körper bestenfalls komplett verhüllt dargestellt werden, ein absoluter Tabubruch.[39] Gharem plant, mit zwanzig aufstrebenden Talenten seines Studios eine Ausstellungstour in den USA durchzuführen.[40]

Ob Regisseur, Maler oder Bildhauer – all diese Künstlerinnen und Künstler stellen hochbrisante Fragen, die vor wenigen Jahren noch vollkommen undenkbar waren. Solche Fragen zum Verhältnis von Mann und Frau in einer nach Geschlechtern getrennten Gesellschaft, zu den Problemen innerhalb der Familien, zu sich wandelnden Identitäten, zum Widerspruch zwischen moralischen Werten und weltlichen Bedürfnissen oder den alltäglichen Herausforderungen in einem strikt patriarchaischen Umfeld rütteln an den Grundfesten der sozialen Ordnung. Kunst ist zu einem Mittel sozialer Kritik geworden, das Aufmerksamkeit schafft, ohne rote Linien zu überschreiten oder das Königshaus zu provozieren. Mittlerweile locken Kunstfestivals wie das »21-39 Jeddah Arts Festival« auch internationale Kunstkenner an.[41] Einer der Sponsoren ist Mercedes-Benz. Viele der saudischen Künstlerinnen und Künstler verwenden die Klischees über Saudi-Arabien als Versatzstücke, die sie zu einem neuen Puzzlebild zusammensetzen, um den dynamischen Wandel und die vielfältigen Realitäten innerhalb der saudischen Gesellschaft auch einem westlichen Publikum näherzubringen.

Dennoch sind die Möglichkeiten dieser neuen saudischen Kunst begrenzt. Nur die wenigsten Künstler erhalten staatliche Förderung oder Tantiemen, die meisten ihrer Werke sind im Königreich verboten und stehen auf dem Index. Viele Hardliner sehen die neuen Kunstschaffenden als Feinde der Moral, des Islams und der traditionellen Werte Saudi-Arabiens. Kunst in Saudi-Arabien ist daher nie unpolitisch, sondern immer auch ein Bestandteil des tobenden Kulturkampfes um die Seele der saudischen Nation. Sie bleibt außerdem ein Diskurs der Eliten. Viele der saudischen Künstlerinnen und Künstler haben in den USA oder Europa studiert oder gelebt, verfügen teilweise über Doppelstaatsbürgerschaften und fühlen sich eher als Weltbürger denn als saudische Staatsangehörige. Sie verbringen die meiste Zeit des Jahres außerhalb ihrer Heimat. Sie sind Teil der neuen saudischen Generation, die sich nicht an nationale Grenzen gebunden fühlt, werden dadurch aber von vielen Saudis eher als Außenseiter und Querulanten wahrgenommen. So bleiben künstlerische Diskurse auf ein westlich orientiertes elitäres Publikum beschränkt, das eher in einem liberalen Umfeld wie in Dschidda als im erzkonservativen Riad Kunst konsumiert.[42] Und gleichzeitig bietet sich dem Königshaus die Möglichkeit, sich als aufgeklärt zu präsentieren, indem es modernen Künstlern gewisse Freiräume gewährt, solange deren

Arbeiten nicht das Regime, sondern ausschließlich gesellschaftliche Missstände kritisieren.[43]

Akteurinnen des Wandels: Der Aufstieg der saudischen Frauen

Saudi-Arabien ist das Land mit der striktesten Geschlechtertrennung der Welt. Es ist das Land, in dem Frauen weder Auto fahren noch allein und ohne die Zustimmung eines Verwandten ins Ausland reisen dürfen. Die *Abaya*, das schwarze Ganzkörpergewand der Frau, gilt vielen von uns als Symbol der Unterdrückung und des religiösen Zwangs, der in Saudi-Arabien vorherrscht. In Shoppingmalls und Restaurants haben Frauen ihre eigenen Bereiche, die sogenannten »Family Sections«, in die Männer ohne weibliche Begleitung keinen Zutritt haben. Viele kleinere Firmen verfügen nicht über spezielle Büros oder WCs für Frauen, ohne einen Fahrer gelangen sie nicht zur Arbeit und viele können sich eine ganztägige Kinderbetreuung nicht leisten. Erst 2001 wurde es den saudischen Frauen erlaubt, einen Personalausweis zu besitzen und über eigene Bankkonten zu verfügen. Deswegen werden sie zumeist als Opfer des rigiden Wahhabismus und des engstirnigen Chauvinismus der saudischen Männergesellschaft wahrgenommen. Die Frau steht unter der Schutzherrschaft des Mannes (*mahram*[44]). Während der Mann in seiner Rolle als Familienvorstand, Ernährer und Entscheider in wirtschaftlichen und finanziellen Fragen eine omnipräsente Rolle spielt oder spielen muss, liegt die Bedeutung der Frau in ihrer Funktion als Ehefrau, Hausfrau und Mutter. Sie geht von der Verantwortung des Vaters in der Regel direkt in die des Ehemannes über, verfügt über keine individuelle Autonomie und nur über einen eingeschränkten Spielraum zur Selbstverwirklichung.

Hinter diesem Frauenbild steckt durchaus politisches Kalkül. Die saudische Frau wird vom Königshaus als moralische Wächterin der islamischen Grundwerte stilisiert.[45] Mit der klaren Rollenverteilung – die saudische Frau als moralisch-islamische Instanz, der saudische Mann als ihr Beschützer – soll ein überlegenes islamisches Gesellschaftsbild geschaffen werden, das dem religiösen Anspruch, »Hüter der beiden Heiligen Stätten« Mekka und Medina zu sein, gerecht wird.[46] Das Königshaus möchte vermitteln, dass verschleierte Frauen ein Symbol für die fromme Reinheit des Islams darstellen. Die Frage nach der Geschlechtertrennung ist somit ein politisches Projekt zur staatlichen Identitätsstiftung: Die saudische Frau dient »als Symbol nationaler Einheit und als Distinktionsmerkmal saudischer Identität, das es – gleich einem Kulturgut – zu erhalten gilt«.[47] Je mehr sich die Stammesstrukturen und Großfamilien in den letzten Jahrzehnten auflösten, desto wichtiger wurde es, das von Männern dominierte Gesellschaftsbild zu bewahren, um die einsetzende Modernisierung meistern zu können.[48] Erstaunlicherweise verfestigte sich die Geschlechtertrennung durch den wirtschaftlichen Aufschwung eher noch: Waren Frauen vor dem Ölboom vollwertige Mitglieder des landwirtschaftlichen Alltags, machte der neue Reichtum ihre Mitarbeit überflüssig.[49] Stattdessen wurden sie mehr und mehr in den Haushalt zurückgedrängt.[50]

Doch diese Zeiten ändern sich. Das wird mir klar, als ich mich mit Ghada, einer saudischen Studentin, in einem Café in Dschidda treffe. Allein der Treffpunkt hat mich überrascht: »Ist es denn wirklich in Ordnung, sich mit einem westlichen Mann in einem normalen Café sehen zu lassen?«, frage ich sie am Telefon. Ihre Reaktion: schallendes Lachen. »Mach dir keine Sorgen«, entgegnet sie vergnügt. »Ich komme sogar ohne Kopftuch.«[51] Und tatsächlich steigt sie unverschleiert aus der schwarzen Limousine, die sie zu dem Café gefahren hat. Wir sitzen inmitten der anderen Saudis und trinken Cappuccino. Ghada spricht offen über die Situation der Frauen in Saudi-Arabien. Ja, es sei als Frau schwierig, sich gegen die patriarchalische Ordnung zu behaupten und Freiräume zu finden. Natürlich würden Frauen unter gravierender Ungleichbehandlung leiden. Im Büro könne man Meetings nicht gemeinsam mit Männern in einem Raum durchführen. Viele kleinere Firmen hätten keinen eigenen Eingang für Frauen. Allerdings ändere sich vieles, gerade in Dschidda. »Jedes Jahr kann man bei den jungen Frauen beobachten, dass sie mehr Haut unter ihrer *Abaya* preisgeben«, erklärt Ghada. Teure Accessoires wie Louis-Vuitton-Taschen oder Rolex-Armbanduhren sollen zeigen, dass saudische Frauen aus der Mittel- und Oberschicht sehr wohl modisch und modern erscheinen können – auch mit dem Schleier.[52] Dennoch gebe es Grenzen, betont sie. In Riad sei es mit Sicherheit nicht möglich, unverschleiert in einem Café zu sitzen. Und dann sagt sie etwas, was mich überrascht: »Manchmal ist diese Geschlechtertrennung für uns Frauen auch ein großer Vorteil.« Wie sie das denn meine? »Uns sind soziale Räume vorbehalten, in die Männer keinen Zutritt haben. Das heißt, wir können uns unabhängiger und freier entwickeln, uns besser vernetzen und am Ende aktiv beruflich tätig sein.« In Gesprächen mit saudischen Geschäftsfrauen wird mir diese Haltung bestätigt. »Verschleierte Räume« sind zum Tummelfeld weiblicher Einflussnahme geworden. Diese Entwicklung wird nicht zuletzt von der Rolle der Frau im Haushalt bestimmt. Dort geben sie den Ton an. Sie entscheiden über die Schulwahl der Kinder, die Einstellungskriterien für Chauffeure und Kindermädchen und sind somit zumeist der eigentliche »Boss im Haus«.[53] Dies gilt insbesondere für alleinerziehende Mütter oder Singlefrauen, deren Anteil stetig wächst.

Viele Geschäftsfrauen sehen sogar das Fahrverbot pragmatisch als Vorteil und nicht als Beschränkung ihrer persönlichen Freiheit. Immerhin könnten sie so während der Fahrt in Ruhe arbeiten, E-Mails beantworten und Telefonate führen.[54] Ihr Wagen werde zum »fahrenden Büro«.[55] Bekanntestes Vorbild solcher Geschäftsfrauen ist sicherlich Lubna al-Olayan. In den 1980er Jahren war sie noch die einzige weibliche Mitarbeiterin im Firmenkonglomerat ihres Vaters. Heute ist sie Vorstandsmitglied der Saudi-Dutch Bank, Aufsichtsratsmitglied von Rolls Royce und Citibank sowie Geschäftsführerin der Olayan Financing Company, Chefin von 12 000 Beschäftigten, darunter 400 Mitarbeiterinnen, und damit eine der wichtigsten und reichsten Frauen Saudi-Arabiens. Das *Forbes*-Magazin wählte sie 2016 auf Platz 65 der 100 einflussreichsten Frauen der Welt.[56] Der Olayan-Clan gilt mit einem Vermögen von acht Mrd. US-Dollar als reichste Familie der arabischen Welt.[57]

2014 wurde mit Somayya Dschabarti zum ersten Mal eine Frau Chefredakteurin einer saudischen Zeitung, der englischsprachigen *Saudi Gazette*.[58] Künstlerinnen wie Noura Mohammed Ismael, die aus alten Polaroid-Kameras Toilettenhalter designt[59], oder die Krebsspezialistin am King Faysal Specialist Hospital, Dr. Khawla al-Khuraya[60], sind weitere Vertreterinnen dieser aufstrebenden Frauengeneration, die die traditionelle Rangordnung gehörig durcheinanderwirbelt.

Vor allem saudische Frauen aus der Mittelschicht wie Ghada, die zumeist über eine gute Ausbildung an westlichen Universitäten verfügen, machen aus der Not eine Tugend. Sie sind Triebfedern des gesellschaftlichen Wandels, der in Saudi-Arabien spürbar ist, jedoch keine Vertreterinnen einer kämpferischen Emanzipationsbewegung. Stattdessen fühlen sie sich als akzeptierte Mitglieder einer Gesellschaft, deren Regeln sie nicht umstoßen, sondern dadurch akzeptieren wollen, dass sie sie zu ihren Gunsten nutzen. Etwa 50 000 weibliche Firmenchefs soll es mittlerweile geben. Viele Unternehmen verfügen zwar offiziell über einen männlichen Geschäftsführer, doch die Tagesgeschäfte werden von einer Frau geleitet. Exzellent ausgebildete Frauen in Führungspositionen gehören zum beruflichen Alltag. Denn ebenso wie aufgrund der globalisierten Arbeitswelt und ihrer Auslandserfahrung der berufliche Kontakt von Frauen zu Männern stieg, pflegen auch viele männliche Kollegen ein pragmatisches Verhältnis zum anderen Geschlecht und akzeptieren Frauen als vollwertige Geschäftspartner.

Dies gilt jedoch nicht zwangsläufig für das Privatleben. Viele Männer sind damit überfordert, dass ihre Ehefrauen ihr eigenes Geld verdienen, und verbieten es ihnen. Dies hat mit dazu geführt, dass die Scheidungsrate in Saudi-Arabien eine der höchsten der Welt ist: 2011 ließen sich pro Tag 81 Paare scheiden. Dabei trägt vor allem der Anstieg von *Khula*-Scheidungen, bei denen die Trennung von der Frau ausgeht, zu dieser Entwicklung bei.[61] Die Mehrheit der Scheidungen wird eingereicht, weil der Mann entweder das Gehalt seiner Frau kontrollieren will oder ihr untersagt zu arbeiten. Dies geht häufig einher mit vom Mann ausgeübter häuslicher Gewalt, die in Saudi-Arabien dramatisch zugenommen hat: Eine von sechs Frauen ist bereits Opfer von physischen und psychischen Belästigungen geworden. Zu 90 % ist der Ehemann oder der Vater verantwortlich.[62] 2013 erließ die saudische Regierung ein Gesetz, das häusliche Gewalt eindämmen soll.[63] Dieses Thema wird in der saudischen Öffentlichkeit kontrovers diskutiert: Während moderate Journalistinnen und Journalisten die saudischen Männer für ihre Rückständigkeit und Schwäche attackieren, greifen konservative Geistliche den moralzersetzenden Habitus der saudischen Frau an, die sich gegen die traditionelle Gesellschaftsstruktur auflehne.

Mehr als die Hälfte aller Universitätsabsolventen ist weiblich. Der Staat fördert jedoch nur Frauenberufe, die im »Einklang mit der Natur der Frau stehen«, wie das Arbeitsgesetz von 2005 festlegt (Art. 149). Das schließt alle Studiengänge aus, in denen während der Ausbildung oder der anschließenden Berufstätigkeit Kontakt zu Männern besteht. Dennoch werden schrittweise Berufsverbote für Frauen aufgehoben. War es vor Jahren noch undenkbar, dass Frauen im Supermarkt kassieren oder im Krankenhaus Männer behandeln, ist dies mittlerweile die Regel. Vor allem der 2015 verstorbene König Abdullah hatte sich für die Integration von Frauen in den Arbeits- und Bildungsmarkt stark gemacht. Immerhin hatte er die größte Frauenuniversität der Welt in der Nähe von Riad bauen lassen – mit eigener U-Bahn. Auch hatte er 2011 beschlossen, dass Frauen zum ersten Mal das aktive und passive Wahlrecht bekommen sollten. Im Dezember 2015 löste sein Nachfolger Salman dieses Versprechen bei den Kommunalwahlen ein, so dass am Ende neunzehn Frauen in die Gemeinderäte gewählt wurden – eine Sensation, zumal die Kandidatinnen im Vorfeld nicht direkt zu männlichen Wählern sprechen und keine Fotos von ihnen auf den Wahlplakaten veröffentlicht werden durften.[64] Graswurzelinitiativen organisierten Internetkampagnen, durch die sich Wählerinnen darüber informieren konnten, wie sie trotz des Fahrverbots ihr Wahllokal erreichen oder wie sie ihre Männer davon überzeugen, wählen gehen zu dürfen.

Doch diese Öffnungen erfolgen nach klaren Regeln, um die Deutungshoheit des Königshauses nicht zu verletzen. Nur der König, also der oberste Mann an der Spitze der saudischen Hierarchie, darf über die Rechte der Frauen bestimmen. Es liegt in seinem Ermessen, Frauenuniversitäten zu eröffnen, Berufsverbote zu kippen und wirtschaftliche Partizipation zuzulassen. Genderpolitik ist wie jeder andere Bereich in Saudi-Arabien demnach eine Aufgabe des Herrschers. Deswegen sind Unternehmen wie GloWork auf politische Flankierung angewiesen. Im Jahr 2011 gegründet, ist GloWork das neue Leuchtturmprojekt Saudi-Arabiens, um Frauen in den Arbeitsmarkt zu integrieren. Das Unternehmen organisiert Jobbörsen und Arbeitsmessen, startet PR-Kampagnen und bietet E-Learning-Seminare an. Gegründet wurde GloWork von dem saudischen Start-up-Unternehmer Khalid al-Khudair, der als neuer Shootingstar gilt und sagt: »Natürlich benötigen wir die Unterstützung der Politik. Ansonsten könnten wir nicht effektiv arbeiten. Aber wir werden nicht direkt von der Regierung gefördert, sondern sind ein privates Unternehmen.«[65] Die auffälligen rosafarbenen Plakate und Broschüren von GloWork sind mittlerweile landesweit bekannt. Bislang soll das Unternehmen 27 000 Frauen auf dem Weg in den Arbeitsmarkt unterstützt haben.[66] Initiativen wie GloWork sind dringend notwendig. Denn trotz aller Bemühungen ist es dem Staat bislang kaum gelungen, Frauen Jobs zu verschaffen. Von den 6,8 Millionen arbeitsfähigen Frauen arbeiten nur 18 %. Die offizielle Arbeitslosenrate bei saudischen Frauen lag zwischen 2010 und 2014 bei durchschnittlich 21,3 %.[67] Das liegt auch daran, dass viele Frauen auf teure Chauffeure oder männliche Verwandte angewiesen sind, um zum Arbeitsplatz zu kommen. Allein die Kosten für einen Fahrer betragen im Monat um die 400 US-Dollar – für viele Familien oder alleinlebende Frauen schlichtweg zu viel. Noch fehlen öffentliche Verkehrssysteme und Shuttle-Services, die Frauen mobiler machen würden. Doch der Bau von U-Bahnen in Großstädten wie Riad oder von Industriezentren, in denen ausschließlich Frauen Spielzeug, Schmuck oder medizinische Geräte herstellen sollen, soll diese Probleme lindern.[68] So stieg die allgemeine Erwerbsquote von Frauen zwischen 1992 und 2013 von 5,6 auf 17,2 %[69], und seit 2010 hat sich die Zahl der weiblichen Erwerbstätigen gar um 48 % erhöht.[70] Waren 2005 nur 470 000 Frauen beruflich tätig, hat sich diese Zahl bis 2016 fast vervierfacht.[71]

Es sind kleine Schritte in die richtige Richtung, doch diese Erfolge reichen nicht aus, um Frauen dauerhaft gleichberechtigt am Arbeitsleben teilnehmen zu lassen. Die meisten arbeiten noch immer in klassischen Berufen als Lehrerinnen, Erzieherinnen oder Krankenschwestern. Hinzu kommt, dass Frauen trotz – oder gerade wegen – ihrer exzellenten Ausbildung keinen Job finden, weil ihre Kenntnisse auf dem weiterhin wenig industrialisierten Markt kaum benötigt werden. Deswegen versucht das Arbeitsministerium im Auftrag des Königshauses vor allem im Einzelhandel Berufe für Frauen zu schaffen und hat 2012 das »Women-in-Retail«-Programm initiiert. Es soll dabei helfen, vor allem die Zahl der saudischen Verkäuferinnen im Kosmetik-, Dessous- und Modegeschäft zu erhöhen. Bis dahin war es nur ausländischen Männern erlaubt gewesen, in Dessousgeschäften als Verkäufer zu arbeiten – ein Indikator für die absurde Realität im Königreich.[72] Die langfristigen Auswirkungen solcher Maßnahmen sind jedoch zu hinterfragen. Zwar betont das Arbeitsministerium, dass sich auch aufgrund dieser Programme die Zahl der weiblichen Arbeitnehmer im Privatsektor von 2010 bis 2014 fast versiebenfacht habe[73], doch mussten seit der Einführung des Gesetzes 40 % der Dessousläden schließen, da sie keine qualifizierten weiblichen Arbeitskräfte finden konnten oder die Shops nicht über Damenumkleiden für das Personal verfügten.[74]

Der prominente Prinz und einflussreiche Unternehmer al-Walid ibn Talal Al Saud zum Beispiel beschäftigt in seinem Unternehmen nur unverschleierte Frauen.[75] Er lässt sich dafür als moderater Aufklärer und Förderer der Gleichberechtigung feiern. Prinz Talal gilt mit einem Privatvermögen von fast 26 Mrd. US-Dollar als weltweit reichster Araber. In seinem Hochglanz-Büro in Riad werden die Gäste von unverschleierten Frauen im Hosenanzug empfangen und durch die beeindruckende Fotogalerie geführt, die ihn mit den großen Staatsführern der Welt zeigt – darunter auch Bundeskanzlerin Angela Merkel. Viele in Saudi-Arabien sehen in Talal allerdings keinen Förderer der Emanzipation, sondern nur einen Selbstdarsteller, dessen Engagement für die saudischen Frauen eher dazu dient, das eigene Image zu pflegen, als wirklich etwas zu ändern.

Staatliche »Reformen von oben«, die die rechtliche, soziale und berufliche Stellung der Frau ohne Frage verbessert haben, resultieren jedoch stets aus anderweitigen politischen Interessen. Erstens steht die saudische Wirtschaft vor großen ökonomischen Herausforderungen und benötigt daher das Humankapital der saudischen Frauen. Es ergibt aus wirtschaftlichen Gesichtspunkten schlichtweg keinen Sinn, Millionen von Frauen im In- oder Ausland studieren zu lassen, um ihnen dann zu verbieten, einer Arbeit nachzugehen. Und zweitens kann das Herrscherhaus durch eine moderate Frauenpolitik sein Image aufpolieren. Vor allem Abdullah spielte diese Karte brillant: Er ließ sich mit saudischen Geschäftsfrauen ohne Vollverschleierung fotografieren und richtete einen nationalen

Dialog ein, in dem brisante gesellschaftliche Themen diskutiert und weibliche Vertreter aus Wirtschaft, Medien und Kultur zugelassen wurden.[76] 2012 ließ er weibliche Athleten zum ersten Mal zu den Olympischen Spielen nach London reisen – wenn auch verschleiert.[77] Bei den Olympischen Spielen 2016 in Rio de Janeiro nahmen vier saudische Sportlerinnen teil.[78] 30 von 150 Mitgliedern des Pseudoparlaments sind weiblich.[79] Diese werden allerdings nicht gewählt, sondern vom König ernannt, und sind daher auf dessen Unterstützung angewiesen. Dieses Schicksal traf auch Nura bint Abdullah al-Fayez: Sie war im Februar 2009 von Abdullah zur stellvertretenden Ministerin für Bildung und Erziehung ernannt worden – zum ersten Mal in der Geschichte Saudi-Arabiens erhielt eine Frau einen hochrangigen politischen Posten. Auf der *Forbes*-Liste der einflussreichsten arabischen Frauen in Regierungspositionen landete sie auf Platz 7. Allerdings entließ sie der neue König Salman im April 2015 wieder.[80] »Nur weil sie eine Frau ist«, kommentierte eine saudische Journalistin im Gespräch mit mir.[81]

Mittlerweile genießen auch einige Predigerinnen (*da'iyyas*) wie Ruqayya al-Muharib oder Nawal al-Eid hohes Ansehen bei der saudischen Netzgemeinde, und ihre Unterstützer auf Twitter steigen täglich – darunter auch viele Männer.[82] 2011 wurde al-Muharib ermächtigt, eigenständige Fatwas zu erlassen. Al-Eid gilt als religiöser Shootingstar. Sie tritt in Talkshows auf und hat über eine Million Follower bei Twitter.[83] Allerdings vertreten beide häufig sehr konservative Werte und setzen sich für die Geschlechtertrennung ein. Sie wollen verhindern, dass Frauen zum Beispiel in den Handelskammern oder in der Privatwirtschaft mit Männern zusammenarbeiten und dadurch moralisch verdorben und verwestlicht werden.[84]

Genderpolitik in Saudi-Arabien ist also immer ein Ringen um die Grenzen des Möglichen und abhängig von den Interessen des Herrschers. Dabei verschieben sich diese Grenzen immer mehr zu Gunsten der Frauen, ohne die Geschlechterordnung grundsätzlich in Frage zu stellen.[85] Einerseits wollen die Frauen dies in der Regel selbst nicht, weil sie sich als Teil der Gesellschaft sehen und nicht als Außenseiter und Friedensstörer diffamiert werden wollen. Andererseits muss das Königshaus ausbalancieren, welche Zugeständnisse es gegenüber den Frauen, aber auch gegenüber den konservativen Eliten macht. Die Wahhabiten sehen in der zunehmenden Integration der Frauen einen inakzeptablen Frevel, der die soziale und moralische Integrität der Gesellschaft untergrabe. Dabei predigen sie wortreich von der Frau als »islamisch reinem Geschöpf«, welches geschützt werden müsse, fürchten aber insgeheim die Macht der Frauen.

Der Staat muss diesen Balanceakt moderieren und kontrollieren. Das gelingt ihm nicht immer. Nach dem Ausbruch der arabischen Aufstände 2011 schwappten Forderungen nach mehr Frauenrechten auch nach Saudi-Arabien. Vor allem das Fahrverbot wurde heiß diskutiert. So ließ sich die Frauenaktivistin und Computerspezialistin Manal al-Scharif beim Autofahren filmen und äußerte sich in einem YouTube-Video kritisch zu den Geschlechterverhältnissen im Königreich.[86] Die junge Frau, die ihre Führerscheinprüfung in den USA abgelegt hatte, wurde so zu einer Leitfigur des feministischen Aktivismus in Saudi-Arabien. Dies ging dem Königshaus zu weit: Manal wurde für fünfzehn Tage inhaftiert.[87] Bereits 1990 hatten 47 Frauen in Riad durch öffentliches Autofahren das Fahrverbot kritisiert. Doch dieser Protest blieb ein Strohfeuer. So wurden einige Lehrerinnen, die sich am Protest beteiligt hatten, daraufhin gefeuert.[88] Manal al-Scharifs Aktion fand hingegen Nachahmer und inspirierte andere saudische Aktivistinnen, die vor allem im Internet aktiv wurden. Facebook-Seiten wie *Saudi Women Revolution* oder *Women2Drive* sowie der *Saudiwoman's Weblog* von Eman al-Nafdschan entwickelten sich zu Sprachrohren einer saudischen Emanzipationsbewegung. Auch der Roman »Girls of Riyadh« aus dem Jahr 2005 von Radscha' al-Sanea über das Leben junger saudischer Frauen erregte weltweit Aufmerksamkeit.[89] Die Autorin schildert darin in ungewöhnlicher

Offenheit die alltäglichen Probleme saudischer Frauen, was Fragen der Sexualität, Partnerfindung oder Freizeitgestaltung betrifft. »Girls of Riyadh« wurde so das saudische »Sex and the City«. Solange diese Frauen jedoch das Königshaus nicht attackieren, lässt dieses eine solche Debatte zu, weil es weiß, dass es die Frauen braucht – als Konsumentinnen, aber auch als Arbeitskräfte. Und vor allem als treue Untertaninnen.

Die Unterdrückung der schiitischen Minderheit

Die Legitimation des Königshauses und seine Allianz mit den wahhabitischen Gelehrten beruhen nicht zuletzt auf der gemeinsamen Ablehnung der Schiiten. Der ultrakonservative sunnitische Wahhabismus sieht in den Schiiten Ketzer und Abtrünnige des wahren Islams und verdächtigt sie, mit dem verhassten Iran zu kooperieren. Diese »Schianoia«[90] hängt mit den historischen Wurzeln des Wahhabismus und dem modernen Konflikt mit Iran zusammen. Die Schiiten dienen als dringend benötigtes Feindbild für die saudische Obrigkeit, um die Loyalität ihrer sunnitischen Untertanen zu sichern.

Diese antischiitische Staatsideologie der Ausgrenzung richtet sich jedoch nicht allein gegen den schiitischen Iran und seine Verbündeten, sondern auch gegen einen beträchtlichen Teil der eigenen Bevölkerung: Immerhin drei bis fünf Millionen Menschen, also 10 bis 15 % der saudischen Bevölkerung, sind schiitischer Konfession.[91] Die Mehrheit von ihnen lebt in der ölreichen Ostprovinz. Seit Jahrzehnten werden sie diskriminiert, so dass sie als »Untertanen zweiter Klasse« oder »die anderen Saudis«[92] bezeichnet werden können. Sie sind die Buhmänner der Nation, die für Missstände und Fehlentwicklungen verantwortlich gemacht werden und denen vom Regime immer wieder vorgeworfen wird, mit dem feindlichen Iran unter einer Decke zu stecken. Sie leiden darunter, nicht im vollen Umfang in das staatliche Wohlfahrtssystem integriert zu sein. Das Gesundheits- und Bildungssystem in der Ostprovinz sind deutlich schlechter ausgebaut als im Rest des Landes. In der Regel wird den Schiiten eine Laufbahn im Staatsdienst verwehrt. Obwohl die meisten von ihnen in der strategisch äußerst bedeutsamen Ölindustrie arbeiten, liegen ihre Löhne unter dem nationalen Durchschnitt.[93] Sie bleiben also gesellschaftliche Außenseiter. Das führte in der Vergangenheit zu erheblicher Frustration unter den saudischen Schiiten, die immer wieder gewaltsam eskalierte. Bereits in den 1950er Jahren brachen bei Streiks schiitischer Ölarbeiter Proteste aus, die von den Sicherheitskräften brutal niedergeschlagen wurden. Gleiches wiederholte sich 1979, als schiitische Demonstranten in der Ostprovinz Unruhen auslösten. Damals ließen sie sich von der Iranischen Revolution inspirieren und hofften auf eine Verbesserung ihrer Situation. Doch diese Hoffnung trog. Nach dem Ausbruch der arabischen Aufstände 2011 kam es erneut zu Massenprotesten. Wieder fühlten sich die schiitischen Aktivisten vom saudischen Sozialvertrag ausgeschlossen. Und wieder wurden sie als Marionetten Irans denunziert.[94]

Doch eine Verbindung zu Iran lehnen die meisten schiitischen Demonstranten strikt ab: Anstatt sich am schiitischen Nachbarn zu orientieren, wollen sie lieber integraler Teil der saudischen Nation werden. Sie wünschen sich eine Zukunft als gleichberechtigte Staatsangehörige. Umso frustrierter und desillusionierter reagieren sie auf die Vorwürfe der saudischen Obrigkeit, iranische Vasallen zu sein. Dies mündet zunehmend in gewaltbereite Proteste: Immer wieder kommt es seit 2011 zu Zusammenstößen zwischen Sicherheitskräften und schiitischen Demonstranten. 2012 wurden sechzehn Aktivisten getötet.[95] Dabei spielten die konfessionellen Unterschiede bei den schiitischen Demonstranten zu Beginn nur eine untergeordnete Rolle. So kooperierten junge schiitische Aktivisten sogar mit Sunniten, weil beide Gruppen mehr wirtschaftliche Teilhabe und politische Rechte einforderten. Sunniten kommunizierten mit Schiiten über soziale Netzwerke, erarbeiteten gemeinsame Petitionen und organisierten über Blogs, Facebook und Twitter Demonstrationen. Diese Zusammenarbeit endete abrupt, als der Staat begann, erneut die konfessionelle Karte zu spielen, indem er alle Schiiten als »Agenten Irans« und »schiitische Aufwiegler« verteufelte und so einen Keil zwischen Sunniten und Schiiten trieb.

An die Spitze der schiitischen Bewegung stellte sich der Prediger Nimr al-Nimr. Während die alten Recken der schiitischen Bewegung von der jungen Generation als zahnlose Tiger wahrgenommen werden, die sich vom Staat kaufen lassen und die eigene Sache verraten haben, inspirierte al-Nimr viele saudische Schiiten durch seine kämpferische Provokation des Königshauses.[96] In seinen Predigten forderte er immer wieder umfassende Reformen, ließ kein gutes Haar am saudischen Königshaus und feierte sogar den Tod des Kronprinzen und Innenministers Naif, der besonders hart gegen die Schiiten vorgegangen war.[97] Diese Schmähung brachte das Fass zum Überlaufen: Al-Nimr wurde im November 2012 von saudischen Sicherheitskräften festgenommen. Im Oktober 2014 wurde er noch unter dem alten König Abdullah zum Tode verurteilt. Als dann das Urteil am 2. Januar 2016 auf Befehl des neuen Königs Salman vollstreckt worden war, brachen erneut Unruhen in der Ostprovinz aus. International entzündete sich massive Kritik am Vorgehen Salmans, hatten doch viele damit gerechnet, dass er al-Nimr begnadigen würde, um in Zeiten des Tumults die Situation zu entspannen. Vor allem die iranische Führung tobte wegen der Exekution al-Nimrs. Auch der Neffe al-Nimrs, Ali Muhammad al-Nimr, wurde 2012 als 17-Jähriger inhaftiert und später zum Tode verurteilt. Seitdem sitzt er im Gefängnis.[98]

Salman wollte ein klares Zeichen an die saudischen Schiiten sowie an Iran senden, dass er nicht bereit ist, Kompromisse einzugehen, wenn man seine Herrschaft herausfordert. Gleichzeitig sollte das Vorgehen die schiitische Bewegung kriminalisieren und damit delegitimieren, um sich den Rückhalt der sunnitisch-wahhabitischen Gelehrten zu sichern. Dabei kann sich jedoch der Vorwurf des Regimes, die saudischen Schiiten würden durch Iran kontrolliert, als selbsterfüllende Prophezeiung erweisen: Je stärker den saudischen Schiiten eine Allianz mit dem Erzrivalen nachgesagt wird, desto eher könnten sie diese Alternative als letzten Ausweg tatsächlich in Betracht ziehen. Mit einer solchen schianoiden Politik schwächt das Regime langfristig also nicht nur die Position der saudischen Schiiten, sondern auch die gesellschaftliche Einheit.

Die Außenpolitik

Eine Regionalmacht in der Krise

Machterhalt um jeden Preis

»Wir verteidigen die islamischen Staaten und kooperieren mit unseren arabischen und muslimischen Brüdern, um ihre Länder zu schützen und ihre Unabhängigkeit zu sichern.«[1] So beschreibt der neue König Salman die außenpolitischen Interessen Saudi-Arabiens. Zwar klingen Salmans Worte selbstlos, doch in Wirklichkeit verfolgt das saudische Königshaus eine von Eigeninteressen bestimmte Außenpolitik, die Macht und Einfluss Saudi-Arabiens sichern soll. Denn die saudische Führung ist sich bewusst, dass sie nur überleben kann, wenn sie ihre Position in der gesamten Region des Nahen und Mittleren Ostens behauptet und ausbaut.[2] Deshalb ruht die saudische Außenpolitik seit Generationen auf vier Pfeilern:

- Die **Bewahrung der eigenen Stabilität und der inneren Sicherheit** ist dabei die oberste Prämisse.[3] Eine strategische Außenpolitik, die Konflikte und Unruhe vermeidet, ist das nachhaltigste Mittel, um im eigenen Land Ruhe und Sicherheit zu gewährleisten. Diesem Dogma ordnet das Königshaus in der Regel seine Außenpolitik unter. Damit will es sich und seine Untertanen schützen.[4]

■ **Das Königreich strebt nach regionalem Einfluss.** Es sieht sich als führende Kraft auf der arabischen Halbinsel und in der gesamten Region und will diese Stellung bewahren, ausbauen und gegen Konkurrenten, wie zum Beispiel Iran, verteidigen. Daraus erwächst ein Führungsanspruch, den Saudi-Arabien mit politischen, wirtschaftlichen, aber auch militärischen Mitteln zu verteidigen bereit ist. Als bevölkerungsreichstes arabisches Land am Golf mischt es sich in regionale Krisenherde wie Syrien oder den Jemen ein, um seine Stellung als Führungsmacht zu beweisen und die Zukunft in der arabischen Welt nach eigenen Vorstellungen mitzugestalten.

■ Daneben definiert sich Saudi-Arabien als **religiöse Führungsmacht in der islamischen Welt.** Die saudische Führung will unter allen Umständen ihre Stellung als »Hüter der beiden Heiligen Stätten« ausbauen.[5] Wie die innen- werden auch die außenpolitischen Entscheidungen zumeist damit legitimiert, im Sinne der gesamtmuslimischen und -arabischen Interessen zu handeln und Solidarität gegenüber den Glaubensbrüdern zu zeigen. Saudi-Arabien präsentiert sich gern, in den Worten König Salmans, als »Retter in der Not«, als verantwortungsbewusster Leuchtturm, der den von Krisen geplagten »Brüdern« den rechten Weg zeigt und ihnen eine Schulter zum Anlehnen bietet. Der saudische Wahhabismus soll in der ganzen Welt verbreitet werden und dient dem Königshaus als wichtigste Legitimation seiner strategischen Interessen.[6] Dadurch hofft das Königreich, in der islamischen Welt als unentbehrlich wahrgenommen zu werden.

■ Schließlich will das Königshaus die **Interessen der saudischen Wirtschaft** bewahren. Dazu zählen insbesondere die einflussreichen Konglomerate und alteingesessenen Händlerfamilien.[7] In den letzten Jahren hat sich die Bedeutung Saudi-Arabiens als globale und regionale Wirtschaftsmacht nochmals deutlich gesteigert. Längst exportiert das König-reich nicht nur Öl, sondern ist in der Industrie, dem Touris-mus, der Landwirtschaft und auf dem Immobilienmarkt ak-tiv. Milliardenschwere Global Player wie Saudi ARAMCO, die Bin Laden Group oder die Zamil-Gruppe dominieren mit ihren Investitionen und Handelsbeziehungen den Markt. Vor allem strategisch wichtige Märkte wie zum Beispiel Ägypten spielen für die saudische Wirtschaft eine entschei-dende Rolle. Dort sind saudische Unternehmer seit Ende des 19. Jahrhunderts vertreten, eng mit den »fetten Katzen«, der Wirtschaftselite Ägyptens, vernetzt und daher sehr an der Stabilität des ägyptischen Marktes interessiert.[8] Deshalb will die saudische Außenpolitik die Absatzmärkte der eigenen Wirtschaftselite schützen, indem Märkte wie Ägypten stabil beziehungsweise offen für saudische Geschäftsaktivitäten gehalten werden.[9] Droht, wie nach 2011, eine Gefahr für die saudischen Wirtschaftsinteressen, schreitet die Politik – oftmals auch auf Druck der Unternehmen – ein.[10]

Der saudische Politikwissenschaftler Saud al-Tamamy be-schreibt den Wandel der saudischen Außenpolitik als einen Prozess: Sie habe sich mittlerweile aus ihrer »Oase« befreit und den Anforderungen einer multipolaren Welt angepasst.[11] In der Tat: Saudi-Arabien muss sich in einer globalisierten Welt be-haupten und seine Interessen vertreten. Um diese politischen, wirtschaftlichen und religiösen Interessen zu wahren, setzt das Königshaus auf eine Strategie von Kooperation, Koordination und Kooption gegenüber seinen Nachbarn.[12] So agiert es selten auf eigene Faust. Stattdessen sucht es den Schulterschluss mit regionalen und internationalen Partnern wie Ägypten und den USA, um mit deren Unterstützung gemeinsame Interessen zu pflegen, eigene Ziele durchzusetzen und als »ehrlicher Makler« Konflikte zu moderieren.[13] Durch politische Unterstützung, umfassende Entwicklungshilfe, Investitionen und Handels-bündnisse stärkt Saudi-Arabien seinen Einfluss in Partnerländern wie Ägypten und/oder kooperiert mit ihnen in den Bereichen Handel, Energie und Bildung wie im Falle der USA. Im Ergebnis entstanden Allianzen, die auf wirtschaftlichen wie auch auf geostrategischen Interessen beruhen. Mit Ägypten und den USA teilte man beispielsweise jahrzehntelang das Ziel, Sicherheit und Stabilität in der Region zu bewahren, Absatzmärkte und Energielieferungen gegen Konkurrenten zu schützen und gemeinsam gegen solche vorzugehen.

Diese Politik beruht neben zwischenstaatlicher Kooperation auch auf umfassender Koordination. So wurden zum Beispiel mit Ägypten gemeinsame militärische Übungen durchgeführt.[14] Die USA wurden zum wichtigsten Waffenlieferanten der Saudis, auch existieren diplomatische Gesprächskanäle auf oberster politischer Ebene mit Washington und man arbeitet im geheimdienstlichen Bereich eng zusammen. Treten jedoch Unstimmigkeiten zwischen Saudi-Arabien und seinen regionalen Partnern auf, weil diese die Interessen des Königshauses gefährden, setzt Saudi-Arabien auf seine bewährte Zuckerbrot-und-Peitsche-Strategie. Diese beruht auf Liebesentzug, wenn sich Verbündete nicht den saudischen Interessen beugen wollen, was dazu führen kann, dass das Königreich zum Beispiel seine umfassende Entwicklungskooperation in Asien oder das Wirtschaftsengagement in Nordafrika drastisch reduziert oder gar streicht.[15] Vor allem durch den strategischen Einsatz seiner Entwicklungshilfe gelingt es Saudi-Arabien, sich selbst als großzügigen Gönner darzustellen, der in Zeiten der Not seinen Freunden beisteht, ohne direkte Bedingungen zu stellen.[16] Langfristig erkauft man sich durch diese Unterstützung jedoch sehr wohl die Loyalität von ausländischen Klienten und Regierungen.[17] So entstand über die Jahre eine Kombination aus Druck- und Anreizpolitik, die den außenpolitischen Interessen des Königreichs dient und Partner langfristig kooptiert. Mit dieser Strategie ist Saudi-Arabien zum wichtigsten Akteur in der arabischen Welt aufgestiegen. Doch dieser Status ist seit 2011 in Gefahr.

Die »Arabischen Aufstände«: Furcht vor dem Chaos

Die »Arabischen Aufstände«, die im Dezember 2010 begannen, schockten das saudische Königshaus.[18] Während in Nordafrika und in Europa die Öffentlichkeit mit Euphorie und großen Erwartungen auf die Umbrüche in Tunesien und Ägypten reagierte, fürchtete Riad den Zusammenbruch der regionalen Ordnung, zumal mit Hosni Mubarak in Ägypten und Zine el-Abidine Ben Ali in Tunesien zwei enge Verbündete der saudischen Herrscher gestürzt worden waren.[19] Ben Ali, der tunesische Despot, der im Januar 2011 vom wütenden Mob aus dem Amt gejagt worden war, fand Asyl in Saudi-Arabien.[20] Als Abdullah vom Sturz seines langjährigen ägyptischen Buddys Hosni Mubarak hörte, soll der kranke Greis getobt[21] und 2012 der neuen ägyptischen Regierung vier Mrd. US-Dollar geboten haben, sollte sie Mubarak ausreisen lassen – ohne Erfolg.[22] Beide Diktatoren waren für die Saudis die Verkörperung außenpolitischer Stabilität gewesen. Dies galt insbesondere für Mubarak. Er hatte weder den saudischen Führungsanspruch in der Region in Frage gestellt, noch sich gegen strategische Interessen der Saudis gewandt. Mit ihm hatte Saudi-Arabien kooperiert, sich koordiniert und ihn am Ende kooptiert. Mubarak hatte sich als enger Verbündeter im Kampf gegen den politischen Islam erwiesen, indem er die Muslimbrüder verfolgte, die für das Königshaus eine direkte Bedrohung seiner politischen und ideologischen Ambitionen darstellten[23] und daher bekämpft werden mussten – nicht nur im eigenen Land, sondern überall. Das hatte Mubarak jahrzehntelang im saudischen Sinne getan.

Doch mit Mubaraks und Ben Alis Sturz begann der Siegeszug der politischen Islamisten. In Ägypten gewannen ebendiese Muslimbrüder die Wahlen, die von Mubarak noch unterdrückt worden waren. Mit Muhammad Mursi wurde gar ein Muslimbruder Präsident.[24] In Tunesien ging mit der *Ennahda* eine den Muslimbrüdern ideologisch nahestehende Partei als

Wahlsieger hervor.[25] Und auch im Jemen, dessen Präsident im Zuge der arabischen Aufstände gestürzt worden war, wurde mit der *Islah*-Partei der jemenitische Ableger der Muslimbrüder Teil der neuen Regierung. Es schien, als würde sich in der arabischen Welt eine von den Muslimbrüdern dominierte islamistische Regierungsform durchsetzen. Im Westen bejubelte man diese Entwicklungen als Sieg der Demokratie über die Diktatur und als Aufbruch der arabischen Gesellschaften in eine neue Ära der Freiheit, der Menschenrechte und der Partizipation. Doch in Saudi-Arabien rieb man sich verwundert die Augen ob dieses Enthusiasmus. König Abdullah fürchtete, eine von den Muslimbrüdern ausgelöste Welle des republikanischen Islamismus könnte die monarchische Herrschaft der Al Saud hinwegspülen. Im März 2014 wurden die Muslimbrüder zur terroristischen Vereinigung erklärt und verboten.[26]

Die Furcht vor diesem möglichen Horrorszenario bestimmte die saudische Politik zwischen 2011 und 2014.[27] Dementsprechend trat Saudi-Arabien rasch als treibende Kraft der Gegenrevolution auf[28] und verfolgte eine von »Ikhwanoia« geleitete Außenpolitik.[29] Die *Ikhwan al-Muslimun*, die Muslimbrüder, galten dem saudischen Königshaus als gravierendes Risiko für das eigene Überleben. Immerhin hätte ein Erfolg der Muslimbrüder die saudische Deutungshoheit in der Region beeinträchtigen und ein neues, volksnahes Modell der islamistischen Herrschaft schaffen können. Diese Besorgnis bekam vor allem Muhammad Mursi in Ägypten zu spüren. Hatte Saudi-Arabien während der Ägide Mubaraks noch bereitwillig Aufbauhilfe in Form von zinslosen Darlehen und kostenlosen Energielieferungen in Milliardenhöhe geleistet, um die marode Wirtschaft Ägyptens und damit das Regime zu stützen, stellte Abdullah nach dem Wahlsieg Mursis alle finanziellen Hilfen ein.[30] In den politischen Beziehungen herrschte Eiszeit.[31] Und als Mursi im Februar 2012 zwei iranischen Kriegsschiffen zum ersten Mal seit der Iranischen Revolution von 1979 erlaubte, den Suezkanal zu passieren, war Ägyptens neuer Präsident endgültig zur

Persona non grata in Saudi-Arabien geworden.[32] Als hätte es nicht schon gereicht, dass Mursi als Muslimbruder die Strahlkraft des saudischen Modells herausgefordert hatte, biederte er sich nun auch noch den Iranern, den saudischen Erzrivalen, an. Dies konnte die saudische Führung unter Abdullah nicht akzeptieren, weshalb sie Mursis vorsichtigen Annäherungsversuchen die kalte Schulter zeigte. Mursi war sehr wohl bewusst, dass ohne die saudische Unterstützung die wirtschaftliche Krise in Ägypten existenzielle Ausmaße annehmen und damit auch seine politische Zukunft gefährden könnte, und er versuchte daher mehrmals, das Vertrauen des saudischen Königs zu gewinnen – jedoch erfolglos.[33]

Als im Juni 2013 das ägyptische Militär unter General Abd al-Fattah as-Sisi Mursi stürzte, soll der Putsch direkt vom saudischen Königshaus vorbereitet worden sein.[34] Es kann nicht belegt werden, ob diese Spekulation der Wahrheit entspricht, ausgeschlossen werden sollte eine direkte Einbindung der saudischen Führung in die Couppläne des ägyptischen Militärs aber nicht. Diese Vermutung wird immer wieder mit den engen persönlichen Beziehungen as-Sisis zu Saudi-Arabien begründet; so diente er als militärischer Generalattaché an der ägyptischen Botschaft in Riad.[35] »Seitdem verfügt as-Sisi über ein sehr enges persönliches Verhältnis zu Saudi-Arabien«, betonte der politische Referent an der ägyptischen Botschaft in Riad im persönlichen Gespräch.[36] Dementsprechend huldigte as-Sisi 2014 dem damaligen saudischen König als dem »Großen der Araber«.[37] Und nach as-Sisis Wahl zum ägyptischen Präsidenten im Juni 2014 gab Abdullah die Komplimente artig zurück, indem er sagte: »Ägypten zu bedrohen, ist gleichzusetzen mit einer Bedrohung gegen den Islam, gegen alle Araber und gegen Saudi-Arabien.«[38]

Viele halten den neuen Machthaber am Nil deswegen für eine saudische Marionette. Zwischen Juni 2013 und Juli 2014 ließ er etwa 3500 Muslimbrüder töten und mehr als 25 000 inhaftieren, darunter auch Mursi.[39] Damit verfolgte as-Sisi durchaus seine eigene Agenda, erfüllte jedoch auch die Erwartungen des saudischen »Bruders«. König Abdullah dankte es ihm mit der Wiederaufnahme der finanziellen Hilfe. Nach Mursis Sturz flossen insgesamt fünf Mrd. US-Dollar an die ägyptische Zentralbank.[40] Es wird gemunkelt, dass die direkten Zahlungen an das Militär sogar bis zu dreißig Mrd. US-Dollar betrugen – doch offizielle Statistiken existieren nicht.[41] Eines jedoch scheint gewiss zu sein: Ohne die saudische Finanzhilfe hätte der ägyptische Staat vor der Pleite gestanden, denn Ägypten war in eine desaströse Wirtschaftskrise geschlittert. Auch dank der saudischen Petrodollars erholten sich die ägyptischen Währungsreserven vorsichtig, die innerhalb von zwei Jahren von 36 Mrd. US-Dollar im Januar 2011 auf 15 Mrd. US-Dollar gefallen waren.[42] Der Sturz Mursis war aus saudischer Sicht aber auch ein Signal an die eigene Wirtschaft, dass sich das Königshaus um ihre Interessen auf dem ägyptischen Markt sorgte. Immerhin war Saudi-Arabien 2015 mit einem Handelsvolumen von 3,3 Mrd. US-Dollar nach den Emiraten der zweitwichtigste Partner aus der Golfregion.[43] Über 3200 saudische Unternehmen sind in Ägypten vor allem im Hotelgewerbe, im Finanzgeschäft, in der Stahlindustrie und der Landwirtschaft tätig.[44] 2014 betrug der saudische Anteil 27 % aller arabischen Investitionen in Ägypten.[45]

Viele Ägypter lehnen das enge Bündnis mit dem saudischen Regime jedoch ab. Sie sehen in den Saudis unzivilisierte und verbohrte Banausen, die einen Islam predigen, der nicht den moderaten und liberalen ägyptischen Vorstellungen entspricht. Ein ägyptischer Journalist fällt denn auch ein vernichtendes Urteil über die Saudis: »Das sind doch alles zurückgebliebene Beduinen. Die haben schlichtweg keine Kultur.«[46] Vor allem die Vertreter der städtischen Elite in Ägypten fürchten den wachsenden Einfluss der saudischen Wahhabiten und sehen ihre ägyptische Hochkultur bedroht.[47] 55 % der Ägypter waren 2013 der Meinung, Saudi-Arabien bestimme maßgeblich die Geschicke in ihrer Heimat.[48] »Mittlerweile können wir ohne saudische Hilfe nicht mehr überleben – das ist beschämend für uns Ägypter«, wettert ein ägyptischer Geschäftsmann in Kairo.[49] So eng die politischen Bindungen beider Regierungen auch sein mögen – der ägyptische Stolz verbietet es, die saudischen Emporkömmlinge zu lieben. Stattdessen werden sie als notwendiges Übel geduldet.

Doch die Meinung der Bevölkerung kümmert weder die saudischen noch die ägyptischen Machthaber. Ägypten ist heute wieder einer der engsten Verbündeten Saudi-Arabiens. Das ägyptische Militär geht weiterhin rigoros gegen die Muslimbrüder vor,[50] und as-Sisi regiert als neuer Pharao,[51] als Mubarak 2.0, mit eiserner Hand: Oppositionelle werden verfolgt, Kritiker mundtot gemacht. Die Hoffnungen nach dem Sturz Mubaraks sind krasser Ernüchterung und Desillusionierung gewichen. Es herrscht eine Atmosphäre der Angst, der Unzufriedenheit und der Unterdrückung. Das Ergebnis ist eine Diktatur, die in vielen Bereichen sogar noch repressiver ist als unter Mubarak.[52] Dazu hat Saudi-Arabiens Politik einen entscheidenden Beitrag geleistet, indem es mit allen Mitteln versuchte, die Friedhofsruhe von vor 2011 wiederherzustellen.[53]

Rivalität mit Iran

Obwohl die Gefahr der Muslimbrüder im saudischen Sinne gebannt werden konnte, gleicht die gesamte Region einem Kartenhaus, das dabei ist, in sich zusammenzufallen: In Syrien herrscht seit 2011 ein blutiger Bürgerkrieg. Das Terrornetzwerk des »Islamischen Staates« sorgt in Syrien und im Irak für Angst und Schrecken.[54] Das Flüchtlingsproblem ist außer Kontrolle geraten, bringt Aufnahmeländer wie die Türkei, Jordanien und den Libanon an den Rand der Belastbarkeit und hat längst auch Europa und damit Deutschland erreicht.[55] In Bahrain kam es 2011 zu Aufständen der schiitischen Mehrheit gegen das sunnitische Königshaus, und an der Südspitze der arabischen Halbinsel, im Jemen, einem von Hunger und Armut gebeutelten Land, tobt ein Konflikt um Macht und Einfluss.

Saudi-Arabien beobachtet all diese Krisenherde mit wachsender Sorge – und hat den Schuldigen längst ausgemacht: den ewigen Rivalen Iran. Aus saudischer Perspektive trägt insbesondere Iran die Verantwortung für die fragile Lage in Syrien, in Bahrain, im Jemen und im Irak. Bereits 2013 beschrieb der ehemalige Geheimdienstchef und Botschafter in Washington, der Sohn des verstorbenen Königs Faisal, Turki al-Faisal, die Rolle Irans in der Region mit folgenden Worten: »Die destabilisierenden und sich einmischenden Bestrebungen der iranischen Führer in den beiden Ländern mit schiitischer Bevölkerungsmehrheit, Irak und Bahrain, sowie in den Ländern mit signifikanten schiitischen Minderheiten wie Syrien, Jemen, Kuwait und Libanon müssen beendet werden. Saudi-Arabien wird deswegen Gegenmaßnahmen gegen diese Politik Irans in anderen Ländern ergreifen, weil Iran nicht das Recht hat, sich in die internen Angelegenheiten anderer Länder einzumischen. [...] Sie sollen andere genauso behandeln, wie sie selbst behandelt werden wollen. Wir, das Königreich, erwarten von ihnen, dass sie so handeln, wie sie predigen.«[56]

Damit skizzierte al-Faisal, der heute als Leiter des »König-Faisal-Zentrums für Forschung und Islamische Studien« arbeitet und zu einem der prominentesten Meinungsmacher in Saudi-Arabien geworden ist, ohne noch politische Verantwortung innezuhaben, die saudische Haltung gegenüber Iran in den Jahrzehnten seit der Iranischen Revolution 1979: Sie ist geprägt von tiefem Misstrauen, Furcht und Zorn.[57] Oder, um es mit den Worten eines saudischen Journalisten zu sagen: »Jegliches Böse in der Region hat seinen Ursprung in Iran.«[58] Dieses Misstrauen, das immer wieder in paranoiden Hass, eine Art »Iranoia«[59] bzw. eine Iran-Obsession abgleitet, hat zwei wesentliche Gründe:

1. Die ideologisch-religiöse Rivalität. Saudi-Arabien versteht sich als Vorreiter der sunnitischen Muslime, während Iran seit der Revolution 1979 den Anspruch erhebt, die politische und religiöse Führungsmacht aller Schiiten sowie generell aller Muslime zu sein.[60] Vor allem das Credo Ayatollah Ruhollah Khomeinis nach dem erfolgreichen Sturz des Schahs 1979, die schiitische, dezidiert antimonarchische Revolution exportieren zu wollen, forderte die sunnitischen Monarchien wie Saudi-Arabien direkt heraus.[61] Der missionarische Eifer in den Gründungsjahren der Islamischen Republik Iran und deren unmittelbare Bestrebungen, eine schiitische Theologie unter iranischer Führung in der Region zu verbreiten, haben in Saudi-Arabien chronische Bauchschmerzen ausgelöst, da die wahhabitisch-sunnitischen Saudis die Schiiten verachten und ihnen ganz generell absprechen, Muslime zu sein. Sie sehen den Kampf gegen Iran auch als Kampf der Glaubensrichtungen, als Gut gegen Böse, Hell gegen Dunkel. Dabei nehmen sich die Saudis als die *good guys* wahr, die sich seit der Iranischen Revolution gegen den aggressiven und eroberungswütigen schiitischen Iran wehren müssen. Iran, so die saudische Wahrnehmung, will nicht nur Saudi-Arabien erobern, sondern die gesamte sunnitische Welt unterjochen. Diese »Iranoia« prägt das Denken vieler Saudis und ist Teil des öffentlichen Diskurses geworden.

Der konfessionelle Konflikt erwächst aus dem Führungsanspruch, den beide Staaten verfolgen. Das führt zu der grotesken Situation, dass sich die saudische und die iranische Führung zwar zutiefst verachten und die Glaubensauffassung des jeweils anderen strikt ablehnen. Gleichzeitig sind sich beide Staatsgebilde aber deutlich ähnlicher, als es die Rivalen jemals zugestehen würden. So verfügt Iran ebenso wie Saudi-Arabien über eine einflussreiche Geistlichkeit, die integraler Bestandteil des politischen Systems ist und die Entscheidungen der Herrscher legitimieren muss. In Iran kann der jeweilige Präsident ohne die Unterstützung der schiitischen Mullahs und anderer einflussreicher Akteure, etwa der Revolutionsgarden, nicht nachhaltig regieren. Ähnlich ist es in Saudi-Arabien, wo der König bei umstrittenen Entscheidungen die Legitimation der wahhabitischen Gelehrten benötigt, wenngleich diese in den letzten Jahrzehnten an Bedeutung eingebüßt haben.[62] In beiden Staatssystemen spielt das religiöse Sendungsbewusstsein eine dominante Rolle, wenngleich sich die politischen Machtverhältnisse deutlich voneinander unterscheiden.

Diese konfessionelle Dimension des Konflikts hat sich vor allem seit dem Ausbruch der arabischen Aufstände 2011 nochmals intensiviert. Die Rivalität zwischen dem schiitischen Iran und dem sunnitisch-wahhabitischen Saudi-Arabien wird als Glaubenskrieg der Worte geführt. Mit allen verfügbaren Mitteln versuchen Saudi-Arabien und Iran seitdem, die Überlegenheit der eigenen Glaubensdoktrin zu betonen und damit die religiöse Verdorbenheit des Rivalen hervorzuheben. Schiitische wie wahhabitische Kleriker attackieren in ihren Schriften, auf ihren Online-Portalen und während der Freitagspredigt in den Moscheen jeweils die »frevelhaften« Sunniten oder die »ungläubigen« Schiiten, dämonisieren das saudische Königshaus als »Agenten des Westens« beziehungsweise die Iraner als »korrupte Safawiden«.[63]

Anstatt das explosive Klima zu beruhigen, treiben beide Seiten die Eskalation immer weiter voran – mit verheerenden Folgen: Im Januar 2016 ließ Saudi-Arabien den saudischschiitischen Prediger Nimr al-Nimr exekutieren, was zu hysterischer Empörung in Iran führte. Infolgedessen stürmten aufgebrachte Demonstranten die saudische Botschaft in der iranischen Hauptstadt Teheran. Riad reagierte umgehend und brach die diplomatischen Beziehungen zu Iran ab. Beide Seiten beschuldigten sich, die Situation angeheizt zu haben.[64] Im Mai 2016 beschloss die saudische Regierung, iranische Pilger in diesem Jahr von der Hadsch nach Mekka auszuschließen – für Iran ein weiterer Affront, während die saudische Seite Iran für die gescheiterten Verhandlungen über die Wallfahrt verantwortlich machte.[65]

Im September 2015 war es zu einer verheerenden Massenpanik in Mekka während der alljährlichen Hadsch gekommen, woraufhin die saudische Führung reflexartig iranische Pilger für den Ausbruch der Katastrophe verantwortlich machte, bei der etwa 2400 Menschen den Tod gefunden haben sollen, darunter vermutlich mehr als 460 Iraner.[66] Es kursierten aber auch Videos im Internet, die angeblich einen Limousinenkonvoi des saudischen Königssohns Muhammad bin Salman zeigen, der die Zufahrtswege zu den Pilgerstätten verstopft und dadurch die Massenpanik ausgelöst haben soll. Es ist nicht auszuschließen, dass beide Darstellungen jeglicher Grundlage entbehren und vermutlich nur dazu dienten, das bereits frostige Klima zwischen den Rivalen noch weiter abzukühlen und die Öffentlichkeit zu instrumentalisieren – gegenseitige Schuldzuweisungen als alltägliches Mittel der Politik.

Im September 2016 vergifteten Aussagen des iranischen Revolutionsführers Ali Khamenei und des obersten Geistlichen Saudi-Arabiens, Großmufti Abdulaziz Al Sheikh, das Verhältnis zusätzlich. Bezug nehmend auf den Unwillen der Saudis, die Hadsch-Katastrophe aufzuklären, hatte Khamenei mit unverhohlener Aggressivität erklärt, die saudische Führung habe Iraner »ermordet«. Er sprach der saudischen Regierung schlichtweg die Fähigkeit ab, für die Pilger sorgen zu können[67]: »Die herzlosen und mordlüsternen Saudis schlossen die Verletzten mit den Toten in Containern ein, anstatt sie medizinisch zu versorgen oder wenigstens ihren Durst zu stillen.«[68] Beweise legte er keine vor, und die Replik des saudischen Großmuftis ließ nicht lange auf sich warten, der schlichtweg erklärte, Iraner seien keine Muslime.[69] Und schließlich sagte der ehemalige saudische Geheimdienstchef Turki al-Faisal iranischen Oppositionellen der äußerst umstrittenen »Volksmudschahidin« bei einem Treffen in Paris seine offene Unterstützung zu.[70] Er soll sogar den Sturz des iranischen Regimes als Ziel genannt haben – vor hochrangigen europäischen und US-amerikanischen Gästen.[71]

Die Propagandamaschinerie der Provokation und Aggression läuft auf beiden Seiten also auf Hochtouren. Und so wird die zwischen Iran und Saudi-Arabien ausgetragene Rivalität in der Öffentlichkeit zumeist als Glaubenskonflikt verstanden.[77] Die einfache Formel lautet: die Schiiten, unterstützt von Iran, gegen die von Saudi-Arabien hofierten Sunniten. Doch dies ist nur die halbe Wahrheit, denn beide Seiten verstehen es meisterhaft, die religiöse Karte für politische Zwecke auszuspielen.

2. Die politisch-geostrategische Rivalität. Zwar sollte der schiitisch-sunnitische Konflikt nicht unterschätzt werden, doch die eigentliche, treibende Kraft der iranisch-saudischen Rivalität speist sich aus knallharten politischen und geostrategischen Interessen. Beide Staaten verstehen sich nicht nur als religiöse, sondern auch als politische Führungsmächte. Die Schwergewichte sehen sich als Nummer eins in der Region und dulden keinen Rivalen neben sich. Sie wollen Macht. Und sie wollen diese Macht nicht mit anderen teilen – und schon gar nicht mit dem verhassten Kontrahenten.

Das war jedoch nicht immer so: Vor der Iranischen Revolution beruhte das Verhältnis zwar nicht auf vertrauensvoller, aber zumindest auf friedlicher Koexistenz. Iran unter dem Schah und Saudi-Arabien galten in der »Twin Pillars Policy« des damaligen US-Präsidenten Richard Nixon (reg. 1969 bis 1974) als die zwei Pfeiler im Nahen und Mittleren Osten gegen den Erzfeind Sowjetunion während des Kalten Krieges.[73] Doch während Saudi-Arabien nach dem Sturz des Schahs 1979 weiterhin ein enger Verbündeter der USA blieb, zerbrachen mit der 444-tägigen Geiselnahme in der US-amerikanischen Botschaft in Teheran von November 1979 bis Januar 1981 die angespannten amerikanisch-iranischen Beziehungen endgültig, und Iran wurde in der Folgezeit zum »Schurkenstaat« und Teil der »Achse des Bösen«.[74]

Jedoch trugen nicht zuletzt die USA, der engste Verbündete der Saudis, maßgeblich dazu bei, dass der Einfluss Irans in der arabischen Welt wuchs, was der saudischen Regierung zunehmend den Angstschweiß auf die Stirn treibt. Dieser Prozess begann 2003. Damals stürzten die USA und ihre Verbündeten den irakischen Diktator Saddam Hussein. Davon profitierte Iran: Hatte Saddam als sunnitischer Despot in einem mehrheitlich schiitischen Land über Jahrzehnte die Speerspitze gegen den iranischen Hegemonialanspruch gebildet, führte sein Sturz zur politischen Machtübernahme der Schiiten unter Premierminister Nuri al-Maliki, den die Saudis als »Marionette Irans« wahrnahmen.[75] Schleichend habe sich Iran den Irak einverleibt und zu einer iranischen Provinz werden lassen, so die saudische Lesart. Schuld daran seien die Amerikaner, die den Irak den Iranern auf einem Silbertablett präsentiert hätten. Turki al-Faisal nannte den iranischen Einfluss im Irak gar eine »Besetzung«, die als »inakzeptabel« abgelehnt werden müsse.[76] Darüber hinaus unterstützte Iran seine arabischen Verbündeten wie die libanesische Hisbollah und Syriens Präsidenten Baschar al-Assad. Saudi-Arabien fühlte sich somit bereits damals von iranisch dominierten Feinden eingekreist und belagert.

Nach 2011 hat sich der iranisch-saudische Konflikt nochmals dramatisch verschärft. Zwar erscheint eine direkte militärische Konfrontation unwahrscheinlich, weil beide Seiten die verheerenden Folgen eines Krieges fürchten, doch gleichzeitig fechten Iran und Saudi-Arabien ihre Rivalität an drei verschiedenen Fronten aus.

In **Syrien** tobt eine brutale Schlacht um die Vormachtstellung Irans oder Saudi-Arabiens. Das Land versinkt seit Beginn des blutigen Bürgerkriegs im Jahr 2011 in Chaos und Anarchie. Dabei hat sich das Bündnis zwischen dem syrischen Präsidenten Baschar al-Assad und Iran zu einem faustischen Pakt entwickelt. Iran will neben der Hisbollah im Libanon seinen einzigen Verbündeten in der arabischen Welt nicht fallen lassen und unterstützt ihn gemeinsam mit Russland im Kampf gegen die unterschiedlichen Rebellengruppen mit aller Vehemenz. Saudi-Arabien hingegen hofiert eigene Verbündete im Kampf gegen al-Assad, denn wichtigstes Ziel der Saudis ist es, den syrischen Diktator zu stürzen. So sagte der saudische Außenminister Adel al-Dschubair über die Zukunft al-Assads: »Der Ausgang in Syrien ist vorherbestimmt. Baschar al-Assad wird es in der Zukunft nicht mehr geben. Es kann sich um drei Monate handeln, um sechs Monate oder um drei Jahre – aber er wird nicht mehr Verantwortung für Syrien tragen. Punktum. Ein Mann, der 300 000 Menschen ermordet, zwölf Millionen vertrieben und ein Land zerstört hat, wird in Syrien keine Zukunft haben.«[77]

Diese Prophezeiung hat sich jedoch bislang nicht erfüllt, denn die Zukunft al-Assads hängt an der Unterstützung Irans und Russlands – und diese ist ungebrochen. Saudi-Arabien geht es also nicht allein um das Schicksal al-Assads, sondern um den Einfluss Irans in Syrien. Dieser soll zurückgedrängt werden, um Iran zu schwächen.[78] Denn was für Iran schlecht ist, ist gut für Saudi-Arabien, so die einfache saudische Formel. Dafür paktierten die Saudis zu Beginn des Bürgerkriegs mit der Freien Syrischen Armee, die sich gegen die Regierungstruppen stellte,[79] und belieferten diese ab 2013 mit Luftabwehrraketen und panzerbrechenden Waffen.[80] In Form von politischer Flankierung, geheimdienstlichen Aktivitäten und verdeckten Waffenlieferungen wurden ab 2013 auch sunnitische militante Gruppierungen wie *Dschaisch al-Islam* (»Armee des Islams«) aufgerüstet, um al-Assad den Garaus zu machen.[81] Dabei entpuppte sich vor allem der damalige saudische Geheimdienstchef Bandar bin Sultan als Drahtzieher. Er koordinierte die Hilfe an die Dschihadisten, wollte sie zu Marionetten seiner Anti-Assad-Strategie machen und heizte damit den Konflikt gefährlich an.[82] Mittlerweile ist die Situation in Syrien katastrophal und unübersichtlich. Vor allem durch den rasanten Aufstieg des IS ist der saudischen Führung bewusst geworden, dass sich Bandars Taktik zu einem Bumerang entwickelt hat. Denn nun bedrohen die Dschihadisten nicht mehr nur al-Assads Regime, sondern auch direkt das saudische Königshaus.

Vermutlich wurde Bandar bin Sultan auch deswegen im April 2014 von seinen Pflichten entbunden.[83]

Im Sommer 2016 scheint es so, als habe das saudische Königshaus seine direkte und offizielle Unterstützung für militante Dschihadisten in Syrien aufgegeben. Stattdessen versucht der neue König Salman, auf internationaler Bühne gegen al-Assad und damit gegen Iran vorzugehen. So überraschten die Saudis im Februar 2016 mit der Ankündigung, eigene Bodentruppen nach Syrien zu schicken, sollten auch die USA Soldaten entsenden.[84] Dabei handelte es sich allerdings eher um einen PR-Trick als um eine echte Absicht, da ja nur Truppen stationiert werden sollten, wenn die USA in Vorleistung gingen. Doch eine Bodeninvasion von US-Truppen hatte US-Präsident Barack Obama stets abgelehnt.

Beide Seiten, Iran und Saudi-Arabien, tragen mit ihrer Politik massiv dazu bei, dass die Chancen auf ein Ende des Bürgerkriegs gegen null tendieren. Dazu zählt auch das Beharren Saudi-Arabiens auf seiner Maximalforderung – dem Sturz Baschar al-Assads. Doch für das saudische Königshaus ist eine Abkehr von dieser Forderung nicht zu rechtfertigen. Immerhin würde man damit die Ansprüche Irans in Syrien indirekt akzeptieren und die eigene Position schwächen. Dementsprechend wird eine »The-Winner-Takes-It-All«-Strategie fortgesetzt, bei der die eine Seite nur dann gewinnen kann, wenn die andere verliert. Dieses Vorgehen verhindert realpolitische Lösungen, worunter vor allem die malträtierte syrische Zivilbevölkerung leidet.[85]

In **Bahrain** zeigte sich 2011, dass Saudi-Arabien sogar bereit ist, mit eigener militärischer Präsenz gegen den angeblichen Einfluss Irans in der Region vorzugehen.[86] Der Inselstaat, der vor der Ostküste des Königreichs liegt, wird in Saudi-Arabien eher als eigene Provinz denn als eigenständige Nation wahrgenommen. Die sunnitische Dynastie Bahrains ist eine Herrscherfamilie von saudischen Gnaden. Ohne die Unterstützung der Al Saud könnte die Macht der Al Khalifa mit Emir Hamad bin Isa Al Khalifa an der Spitze ins Wanken geraten, da sie als sunnitische Herrscher über eine schiitische Bevölkerungsmehrheit regieren.[87] Als 2011 soziale Proteste unter der bahrainischen Bevölkerung ausbrachen, wobei inspiriert durch die Demonstrationen in Tunesien und Ägypten bessere wirtschaftliche Perspektiven und politische Freiheiten gefordert wurden, denunzierte die sunnitische Regierung die Aufständischen als schiitische Vasallen Irans.[88] Schnell wurden deren legitime Forderungen und der Protest selbst als iranisch beeinflusster Aufstand der schiitischen Mehrheit gegen die sunnitische Minderheit hochgespielt.

Zwar konnte nie einwandfrei belegt werden, dass iranische Akteure gezielt die Demonstranten unterstützt hatten, um den prosaudischen Emir zu stürzen, doch für den damaligen saudischen König Abdullah spielten Beweise keine Rolle. Für ihn hatte Iran versucht, einen engen saudischen Verbündeten zu entmachten. Dies musste unter allen Umständen verhindert werden. In der Folge wurden saudische und emiratische Truppen in den Inselstaat verlegt, um die Niederschlagung der Aufstände zu unterstützen.[89] Zwar heißt es, dass saudische Truppen nicht direkt in die Repression durch die Regierungseinheiten eingegriffen hätten, doch ihre Präsenz war ein eindeutiges Signal an die bahrainischen Demonstranten, sich nicht gegen die saudischen Interessen aufzulehnen. Immerhin fürchteten die saudischen Herrscher, dass der Protest der bahrainischen Schiiten auch auf die nahe gelegene Ostprovinz übergreift, wo die Mehrheit der saudischen Schiiten lebt. Außerdem hatte das saudische Königshaus 1981, kurz nach der Iranischen Revolution, mit Schrecken einen Putschversuch in Bahrain beobachten müssen, für den eine von Iran gesteuerte militante Gruppierung verantwortlich gewesen sein soll. Damals sollte offenbar der bahrainische Emir getötet und das Eiland von iranischen Truppen besetzt werden.[90]

Hielt sich das saudische Militär in Bahrain noch zurück und fungierte eher als Abschreckungswaffe und zögern die Saudis bislang in Syrien, direkt militärisch einzugreifen, so agiert Saudi-Arabien im **Jemen** dagegen deutlich aggressiver. Die beiden Staaten teilen sich eine 1600 Kilometer lange Grenze. Saudi-Arabien betrachtet den Jemen aufgrund seiner katastrophalen wirtschaftlichen Lage, der heterogenen Bevölkerung und der fragilen politischen Situation als ständigen Unruheherd, der kontrolliert werden muss. Ähnlich wie Bahrain sieht die saudische Führung in ihrem südlichen Nachbarn keinen unabhängigen Staat, sondern einen Hinterhof, der sauber gehalten werden muss, um die strahlende saudische Fassade nicht zu beschmutzen. Deswegen versucht die saudische Führung seit Jahren, den Jemen nicht zur Ruhe kommen zu lassen, indem das jemenitische Chaos nach saudischen Vorstellungen gesteuert und gelenkt wird. Auch durch die gezielte saudische Destabilisierung ist der Jemen zu einem Pulverfass geworden, in dem Armut und Terror gedeihen. Doch diese Strategie schlug in den letzten Jahren fehl: Mittlerweile hat die saudische Führung die Kontrolle über ihre jemenitischen Lakaien verloren.[91] Deswegen ist der Jemen für die Saudis heute eine Zeitbombe, die auch das eigene Territorium bedroht.

Durch die Ablösung des seit 1978 herrschenden jemenitischen Despoten Ali Abdullah Saleh im Jahr 2012, der eng von Saudi-Arabien unterstützt worden war, geriet der Einfluss der Saudis auf die politischen Geschicke des Jemens ins Wanken. Zwar gelang es ihnen unter dem damaligen König Abdullah noch, einen Deal einzufädeln, die »Initiative des Golf-Kooperationsrates«, die den Stellvertreter Salehs, Abd Rabbuh Mansur Hadi, als neuen Präsidenten vorsah und Saleh offiziell entmachtete.[92] Doch die Situation beruhigte sich nicht. Stattdessen kam es zu gewalttätigen Unruhen in der jemenitischen Provinz Sa'da an der Grenze zu Saudi-Arabien, der Herzregion der Huthis.[93] Bei ihnen handelt es sich um eine jemenitische Rebellengruppe[94], die zur schiitischen Konfession der Zaiditen gehört und sich vom Verhandlungsprozess des Golf-Kooperationsrates ausgeschlossen fühlte. Als sie sich mit dem ehemaligen Präsidenten Saleh verbündete und im September 2014 die Hauptstadt Sanaa besetzte, eskalierte die Lage. Die Truppen des geschwächten neuen Präsidenten Hadi hatten der geballten Kraft der Huthis nichts entgegenzusetzen und wurden immer weiter zurückgedrängt. In der Folge marschierten die Huthis gen Süden und eroberten unter anderem die strategisch bedeutende Hafenstadt Aden.

In der Zwischenzeit war in Saudi-Arabien der greise König Abdullah im Januar 2015 verstorben und von seinem Halbbruder Salman beerbt worden. Dieser sah in dem Aufstand der schiitischen Huthis eine direkte Sicherheitsbedrohung Saudi-Arabiens und begann daraufhin im März 2015 mit der Operation »Sturm der Entschlossenheit« (*amaliyyat asifat al-hazm*) eine militärische Intervention, die sich zwar in erster Linie gegen die Huthi-Saleh-Allianz, aber indirekt ebenso gegen Iran richtet. Denn für die Saudis sind die Huthis Agenten Irans und fungieren als die Erfüllungsgehilfen Teherans, um die saudische Stabilität zu untergraben. Sie sollen von Iran mit Waffen ausgerüstet und von iranischen Eliteeinheiten ausgebildet worden sein, um Saudi-Arabien direkt anzugreifen. Dass zwischen der zaiditischen Islam-Auslegung der Huthis und der vorherrschenden zwölfer-schiitischen Lehrmeinung in Iran gravierende theologische Unterschiede bestehen, interessiert die saudische Führung nicht. Getrieben von »Iranoia« und »Schianoia«, sieht sie im militärischen Vorgehen der Huthis eine iranisch gelenkte Operation, die mit allen Mitteln aufgehalten werden muss. Doch auch wenn die Saudis das Gegenteil behaupten: Es existieren bis heute keine eindeutigen Beweise, dass Iran die Huthis direkt mit Waffen unterstützt oder finanziert.[95] Teheran hat vor der Einnahme Sanaas sogar gewarnt.[96] Die Kooperation zwischen Huthis und Iran ist eher marginal, ein Erfüllungsgehilfe Teherans sind die Huthis keineswegs.

Die militärische Intervention der Saudis im Jemen hat jedoch bislang nicht zum gewünschten Erfolg geführt. Ganz im Gegenteil: Die wenigen Erfolge wie die Rückeroberung Adens wurden nicht durch saudische Luftschläge, sondern maßgeblich durch lokale Kräfte mit Hilfe emiratischer Bodentruppen errungen.[97] Gleichzeitig verursacht der bisher nur aus der Luft geführte Krieg massive Kosten, die den gebeutelten Haushalt der Saudis weiter belasten. Konservative Schätzungen beziffern die Kriegskosten auf 175 Mio. US-Dollar im Monat,[98] während andere Experten von horrenden Ausgaben in Höhe von 200 Mio. US-Dollar am Tag oder sechs Mrd. US-Dollar im Monat ausgehen.[99] In Zeiten des niedrigen Ölpreises sind solche Summen selbst für Saudi-Arabien keine »Peanuts«.

Zwar gilt offene Kritik am Jemen-Krieg als Verrat an der nationalen Einheit und am neuen Königshaus, doch hinter vorgehaltener Hand sprechen einige saudische Intellektuelle längst von einer »Katastrophe« und einem »Fass ohne Boden«.[100] Militärisch lässt sich der Konflikt ohne den Einsatz von Bodentruppen nicht gewinnen, zumal die Huthis über hervorragende Ortskenntnisse in dem gebirgigen, unwegsamen und widrigen Gelände verfügen und Saudi-Arabien kaum auf lokale Unterstützer zurückgreifen kann. Bisher ist zudem überhaupt nicht ersichtlich, welche Exit-Strategie die Saudis verfolgen. Zu Beginn tönten saudische Militärs, der Krieg werde innerhalb einer Woche beendet sein, doch nun dauert er seit März 2015 an, ohne dass ein Sieg in Sicht wäre. Die Saudis haben bisher gezögert, ihre Elitetruppen an die jemenitische Grenze zu verlegen, und kein saudischer Soldat kämpft auf jemenitischem Boden. Die Furcht vor einer vernichtenden Niederlage und vor demoralisierenden Bildern von gefallenen Soldaten in Blechsärgen lässt die saudische Führung zögern. Also bleibt nur eine diplomatische Lösung, doch die ist bislang eine Illusion. Die Saudis fürchten, die Huthis könnten am Ende am Verhandlungstisch triumphieren, was für die saudische Führung eine inakzeptable Schmach bedeuten würde. Gleichzeitig verweigern die Huthis diplomatische Kompromisse. Die Fronten sind verhärtet. Deswegen scheiterten erste Friedensverhandlungen in Kuwait nach 115 Tagen zähen Ringens, und so ist der Jemen-Krieg zu einem Desaster auf humanitärer, wirtschaftlicher, politischer und militärischer Ebene geworden.

Hinzu kommt der massive Imageverlust auf internationalem Parkett. Galt Saudi-Arabien vor Beginn der Intervention noch als verlässlicher und zurückhaltender Akteur, der größere militärische Aktionen vermeidet, ist das Königreich nun quasi über Nacht zum Kriegstreiber geworden. Und je länger der Krieg dauert, desto vernichtender wird die Kritik in internationalen Medien und von ausländischen Politikern. Denn die Auswirkungen des Krieges sind verheerend: Millionen Jemeniten sind auf der Flucht, die Zahl der Toten betrug 2015 laut »Ärzte ohne Grenzen« 2500[101], davon ein Drittel Zivilbevölkerung. Die Versorgungslage mit Medikamenten und Lebensmitteln ist katastrophal. Immer wieder soll die Luftwaffe der durch Saudi-Arabien geführten Militärallianz Krankenhäuser, Flüchtlingslager und internationale Hilfsorganisationen unter Feuer genommen und Frauen, Kranke und Kinder getötet haben.[102] Die von den Saudis unterstützte jemenitische Regierung behauptet hingegen, die Huthis würden gezielt Kindersoldaten einsetzen und Krankenhäuser besetzen, um damit zivile Opfer zu provozieren.[103] Doch bedauerlicherweise ist auch im Jemen – wie auf vielen anderen Schlachtfeldern der Welt – die Wahrheit das erste Opfer des Krieges.

Auch wenn die saudische Intervention die Krise nicht ausgelöst hat, so trug sie doch zu ihrer Eskalation bei, unter anderem durch die Blockade von Häfen, über die der Jemen seine Nahrungsmittel und Medikamente einführt. Sogar mit dem engen Verbündeten Ägypten kam es wegen der Jemen-Intervention fast zum Zerwürfnis, da as-Sisi sich weigerte, zusätzliche ägyptische Truppen auf Bitten Saudi-Arabiens in den Jemen zu verlegen. Ägypten wollte nicht für saudische Interessen in den Krieg ziehen.[104] Noch erstaunlicher war die Weigerung Pakistans, den Saudis militärisch zur Seite zu stehen. Immerhin zeigte es sich in der Vergangenheit immer wieder als willfährige Marionette Saudi-Arabiens. Doch im April 2015 entschied das pakistanische Parlament unter großem Medienecho, der Bitte der Saudis nicht zu entsprechen und keine eigenen Soldaten in den Jemen zu entsenden.[105] Selbst für pakistanische Journalisten ein historischer Akt und vielleicht sogar der Beginn einer neuen Ära in den saudisch-pakistanischen Beziehungen.[106]

Je stärker die Kritik am saudischen Vorgehen wurde, desto mehr bemühten sich die Saudis, diesen Vorwürfen entgegenzutreten. So wurde im Mai 2015 das King Salman Center for Humanitarian Relief and Rehabilitation gegründet, das als staatliche Hilfsorganisation die kriegsgeplagte jemenitische Bevölkerung unterstützen soll. Bis November 2015 wurden 409 Mio. US-Dollar ausgegeben, um die medizinische Versorgung von Flüchtlingen zu verbessern oder um Luftbrücken einzurichten, mit denen Nahrungsmittel und Kleidung in den Jemen transportiert wurden. Das King Salman Center ist mittlerweile zu einem anerkannten Partner des UN-Flüchtlingshilfswerks (UNHCR) geworden und arbeitet mit anderen UN-Organisationen eng zusammen. Doch obwohl das Zentrum wichtige Hilfe für den Jemen koordiniert, hat das Engagement einen bitteren Beigeschmack. »Diese Organisation existiert nur, weil Saudi-Arabien jemanden benötigt, der die Scherben aufkehrt, den die saudischen Bomben verursacht haben«, berichtet ein jemenitischer Journalist.[107] Und damit nicht genug: Die Saudis fordern, über das Zentrum die gesamte UN-Hilfe zu koordinieren. Damit könnten sie problemlos kontrollieren, wer Hilfsleistungen erhält und wer nicht.

Zuallererst geht es dem saudischen König Salman darum, das Feindbild Iran zu pflegen, weshalb er den Krieg gegen die Huthis als notwendige Selbstverteidigung begründet, um die »iranische Bedrohung« aufzuhalten. Diese Haltung brachte der amtierende Außenminister Adel al-Dschubair in einem Interview mit der *Frankfurter Allgemeinen Zeitung* zum Ausdruck: »Wir haben den Krieg im Jemen nicht gewollt, wir sind dazu gezwungen worden. Eine radikale Miliz [die Huthis, Anmerkung des Verfassers], die mit Iran und der Hizbullah alliiert ist, übernimmt ein Land, ballistische Raketen und eine Luftwaffe. Das war eine direkte Bedrohung für das Königreich Saudi-Arabien.«[108] Ähnlich wie al-Dschubair argumentiert auch der saudische Kommentator Faisal al-Schammeri und trifft damit perfekt den Ton der saudischen Staatspropaganda: »Würden beispielsweise die Vereinigten Staaten anders handeln, wenn Mexiko plötzlich einen ähnlichen Weg wie der Jemen einschlagen würde, indem es beginnt, tödliche Raketen an der gemeinsamen Grenze zu stationieren, und nicht-staatliche Akteure mit Waffen ausstattet, die nicht nur die legitime Sicherheit der USA, sondern auch ihrer im Grenzgebiet lebenden Bürger bedrohen würden?«[109]

Doch die Jemen-Intervention als reine Verteidigungsmaßnahme zu deklarieren, greift zu kurz. Zwar sind bereits erste Huthi-Raketen auf saudischem Territorium eingeschlagen, doch ist dies als Reaktion auf die saudische Aggression und die iranoide Haltung der Saudis gegenüber den Huthis zu werten. Der Jemen-Feldzug soll das verunsicherte saudische Volk stattdessen hinter dem neuen Regenten vereinen, eine Wagenburgmentalität erzeugen und den Kampf gegen die Huthis und ihren angeblichen Patron Iran zur nationalen Pflicht werden lassen. So will Salman seine eigene Person und vor allem seinen Sohn Muhammad bin Salman, den neuen Verteidigungsminister und stellvertretenden Thronfolger, ins rechte Licht rücken. In Zeiten der Krise sollen der König und sein Sohn als kompromisslose Anführer erscheinen, die ohne Rücksicht gegen Feinde der nationalen Einheit vorgehen.

Salman hat mit dem Jemen-Krieg allerdings einen riskanten Weg eingeschlagen. Erstens verknüpft er sein eigenes Schicksal und das seines Sohnes mit einem diplomatischen oder militärischen Erfolg. Offizielles Ziel der saudischen Führung ist es, ihrem Klienten, Präsident Hadi, wieder an die Macht zu verhelfen. Muss sie dabei jedoch Kompromisse eingehen, könnte sie ihr Gesicht verlieren. Zweitens bedeutet das Abenteuer im Jemen eine Zeitenwende in der saudischen Außenpolitik. Vermieden es die saudischen Herrscher in der Vergangenheit, einen direkten Krieg vom Zaun zu brechen, so ist Salman bereit, Gewalt als politisches Mittel zu gebrauchen. Das ist ein Ritt auf der Rasierklinge. Mittlerweile gilt, möglichst unbeschadet aus dem Minenfeld Jemen herauszukommen. Doch eine Strategie ist nicht zu erkennen. Das könnte dem Renommee von Vater und Sohn schaden und sie als Versager und Weichlinge in der öffentlichen Wahrnehmung erscheinen lassen. Weiterhin würde im Fall eines saudischen Misserfolgs Iran mit an Sicherheit grenzender Wahrscheinlichkeit diese Niederlage propagandistisch ausschlachten. Nicht zuletzt droht im Jemen eine dauerhafte Flüchtlingskatastrophe, die irgendwann auch Saudi-Arabien erreichen könnte. Immerhin bleibt Hunderttausenden Jemeniten nur die Möglichkeit, auf dem Landweg in den Oman oder nach Saudi-Arabien zu fliehen. Dies will das Königreich unter allen Umständen vermeiden, wird doch die Aufnahme von Flüchtlingen grundsätzlich als Gefährdung der eigenen Stabilität wahrgenommen.

Saudi-Arabien und der »Islamische Staat« – Zwei Seiten derselben Medaille?

Hauptprofiteur des saudisch-iranischen Konfliktes ist der »Islamische Staat«: Im Windschatten dieses Kräftemessens hat er in Syrien und im Irak das entstandene Machtvakuum genutzt und sich zu einer ernstzunehmenden Gefahr für die saudische Stabilität entwickelt.[110] Eigentlich müssten Iran und Saudi-Arabien ein gemeinsames Interesse daran haben, vereint gegen den IS vorzugehen. Doch durch ihren Hegemonialkonflikt wird dies verhindert. Dabei ist ein dauerhafter Sieg gegen den IS ohne die intensive Mithilfe der beiden wichtigsten Regionalmächte illusorisch – nicht unbedingt auf militärischer, sondern vor allem auf ideologischer Ebene.

Saudi-Arabien ist mittlerweile selbst ins Fadenkreuz der Dschihadisten um ihren selbsternannten Kalifen Abu Bakr al-Baghdadi geraten. Er fordert den Sturz des Königshauses, bezeichnet die Königsfamilie als »den Kopf der Schlange«, als vom Glauben abgefallene Frevler und dekadente Kapitalisten.[111] Für den IS ist das saudische Königshaus nicht mehr als eine vom Luxus verwöhnte Perversion der islamischen Führung, die es fälschlicherweise für sich in Anspruch nimmt. Dafür müsse es bekämpft werden. Lange Zeit hat das saudische Königshaus diese Gefahr unterschätzt. Anstatt das militärische Vorgehen im Irak gegen den IS zu intensivieren und zusätzliche Kampf-flieger und Soldaten an die verschiedenen Fronten zu verlegen, schickte man lieber seine Truppen an die jemenitische Grenze. Aus saudischer Perspektive hat der Kampf gegen Iran in Syrien und im Jemen oberste Priorität: »Wenn al-Assad und die Hu-this entmachtet sind, wird sich das Problem des Islamischen Staates von alleine lösen«, versuchte mir ein saudischer Jour-nalist zu erklären.[112]

Doch diese Logik ist ein Trugschluss: Immerhin haben At-tentäter, die im Auftrag des IS handelten, zwischen November 2014 und Juni 2016 bereits 26 Anschläge auf saudischem Terri-torium verübt.[113] Sie richten sich zumeist gegen saudische Schi-iten, aber seit einiger Zeit werden auch zunehmend Sicherheits-kräfte attackiert. Nach US-amerikanischen Schätzungen hatten sich bereits im Oktober 2015 mehr als 2200 saudische Kämpfer dem IS angeschlossen. Damit stellen saudische Dschihadisten das zweitgrößte Kontingent nach den Tunesiern.[114] Und die Angst wächst: Im Juli 2016 gelang es IS-Dschihadisten zum ersten Mal, fast zeitgleich Anschläge auf das US-Konsulat in Dschidda, in der Ostprovinz und auf das Grab des Propheten Muhammad in der heiligen Stadt Medina zu verüben – und das auch noch am letzten Tag des Fastenmonats Ramadan. Auch wenn sich die Opferzahl in Grenzen hielt, bedeuteten diese Anschläge einen enormen Prestigeerfolg für die Dschihadisten. Für die überragende Mehrheit der Muslime waren sie jedoch ein Schock: Mittlerweile machen die Terroristen nicht mehr Halt vor religiösen Heiligtümern und sind in der Lage, sensible Ziele anzugreifen.[115] Der saudische König reagierte mit martialischen Worten und sprach davon, diejenigen »mit eiserner Faust« zu besiegen, die die Herzen der saudischen Jugend irreführen wollen.[116]

Doch Worte reichen nicht, es müssen auch Taten folgen. Immerhin ist der König für die Sicherheit der Gläubigen verantwortlich – dieser Verantwortung ist er nicht nachgekommen. Das beschädigt nicht nur das weltweite Vertrauen in Salman, sondern in das gesamte Königshaus. Das wiederum spielt dem IS in die Hände: Er kann die saudische Monarchie als unfähig darstellen und damit noch mehr Sympathien erlangen. Insbesondere saudische junge Männer sehen im IS ein attraktives Gegenmodell zum als korrupt und verwestlicht wahrgenommenen eigenen Königshaus. Zweifelsohne handelt es sich (noch) um eine verschwindend geringe Minderheit, doch die radikale Propaganda der IS-Ideologen zieht zunehmend saudische Männer an, da sie darin die Chance sehen, ihre erzkonservativen Islam-Vorstellungen auszuleben und für das Idealbild eines frühislamischen Kalifats zu kämpfen. Gleichzeitig fühlen sie sich in ihrer eigenen Gesellschaft zunehmend als Außenseiter. Konfrontiert mit wachsender Perspektivlosigkeit, steigt ihre Frustration, die ein Ventil benötigt. Als dieses Ventil dient nicht selten der bewaffnete dschihadistische Kampf.

Vor allem die zunehmende Bedeutung der Frauen in der saudischen Gesellschaft ist vielen Männern ein Dorn im Auge. Sie fürchten das Ende der männerdominierten Hierarchie und empfinden sich selbst als Verlierer dieser Entwicklung. Die einstmals allmächtigen Männer, die Politik, Alltag und Wirtschaft dominierten, werden schrittweise von den Frauen herausgefordert und verlieren damit soziale Reputation und familiären Respekt. Hier spielt ohne Frage auch die Tabuisierung von Sex in der saudischen Gesellschaft eine Rolle. So erscheint der IS als Macho-Paradies, in dem ein Mann noch tun darf, was er will – mit der Waffe und mit den Frauen. Der Reiz des IS kann deshalb auch als Kehrseite des gravierenden sozialen Wandels innerhalb der saudischen Gesellschaft gesehen werden.

Gleichzeitig fußt die Attraktivität der IS-Ideologie aber auch auf ihrer Nähe zum saudischen Wahhabismus. Der moderne Dschihadismus beruft sich in vielen seiner Vorstellungen auf die Lehren Muhammad Ibn Abd al-Wahhabs. Wie dieser predigen die Chefideologen des IS die Rückkehr zum reinen Islam, wie er unter dem Propheten Muhammad und seinen Nachfolgern existiert haben soll. Es geht ihnen darum, die Verdorbenheit der Moderne zu überwinden. Auch deswegen sei es kein Zufall, dass das öffentliche Leben im IS sehr dem im Saudi-Arabien vergangener Tage ähnelt, schreibt der Islamwissenschaftler und IS-Experte Guido Steinberg.[117] In diesem Weltbild finden »Ungläubige« wie Schiiten oder Christen keinen Platz. Wie im Wahhabismus werden sie zu Vogelfreien erklärt. Hier besteht eine deutliche Parallele zum saudischen Anti-Schiismus. Demzufolge sehen viele saudische Dschihadisten im IS die gereinigte Version des wahhabitischen Staatsmodells. Der IS proklamiere die echten und unverfälschten Vorstellungen des Wahhabismus. Das saudische Königshaus hingegen habe den ursprünglichen Pfad der Tugend längst verlassen und sei vom wahren Islam abgefallen.

Viele saudische Geistliche lehnen deswegen den IS auch nur halbherzig ab. Zwar missfallen ihnen die Gewaltexzesse, die Hinrichtungen und die enthemmte Brutalität der Dschihadisten. Doch die Motive und Argumente des IS sind ihnen häufig vertraut. Wahhabiten wie Dschihadisten beziehen sich auf dieselben Schriften und Denker, noch immer wird im saudischen Schul- und Erziehungssystem der Hass auf Schiiten gelehrt, puristische und intolerante Prediger verfügen über hohe Popularitätswerte und finden im Internet ein ideales Forum, um ihre mittelalterlichen Lehren zu verbreiten.[118] »Die rigide Interpretation des islamischen Rechts, die strikten Verhaltensvorschriften, ihre Durchsetzung mit Hilfe einer Religionspolizei […]

und die deutliche Abgrenzung von allen – auch sunnitischen – Andersgläubigen entsprechen [...] so sehr dem wahhabitischen Vorbild, dass es nicht erstaunlich ist, dass fast ausschließlich saudi-arabische Freiwillige des IS [...] als Richter der neuen Schariagerichte in Raqqa wirken«, schlussfolgert Steinberg.[119]

Diese Situation stellt das saudische Königshaus vor ein Dilemma: Da es auf die Allianz mit den wahhabitischen Religionsgelehrten angewiesen ist, muss es die latenten Sympathien der Geistlichen für den IS oftmals zähneknirschend in Kauf nehmen, um sie nicht gegen sich aufzubringen. Gleichzeitig ist der saudischen Regierung bewusst, wie gefährlich der IS für die eigene Sicherheit geworden ist. Es geht nicht zuletzt darum, wer die Unterstützung der Menschen im Kampf um die »richtige« Islam-Auslegung gewinnt. Immerhin versteht sich das saudische Königshaus als religiöses Vorbild der sunnitischen Welt und darf sich diese Stellung nicht durch den IS streitig machen lassen. Auch deswegen versucht es, mit aller Vehemenz gegen den Dschihadismus vorzugehen.

Dabei spielt die historische Erfahrung ebenfalls eine Rolle. Denn bereits nach dem 11. September 2001, zwischen 2003 und 2006, hatte eine Terrorwelle das Land erschüttert. Damals hatten Anhänger al-Qaidas mehrere Anschläge im Königreich verübt, die die saudische Führung aus ihrer Lethargie im Kampf gegen den militanten Islam geweckt hatten. Mit drastischen Repressionsmaßnahmen waren die dschihadistischen Zellen im Land ausgetrocknet und Hunderte von Terroristen verhaftet worden. Vor allem der massive Druck der USA nach 9/11 hatte dazu geführt, dass Saudi-Arabien seine laschen Kontrollen der religiösen Stiftungen verschärfte, von denen viele in Verdacht geraten waren, dschihadistische Bewegungen finanziell unterstützt oder Kontakte zu al-Qaida unterhalten zu haben. Saudische Wohlfahrtsinstitutionen dürfen seitdem nicht mehr unbeaufsichtigt Geld ins Ausland transferieren oder in den Moscheen Spenden sammeln. Zum ersten Mal kam es zu großflächigen Kooperationen von Ermittlungs- und Steuerbehörden in Saudi-Arabien mit ihren Kollegen in den USA, Frankreich, Italien, Kanada oder Australien, um Finanztransfers zu überwachen und illegale Aktivitäten aufzudecken.[120] Dieses Vorgehen erwies sich als erfolgreich, so dass der dschihadistische Spuk beendet werden konnte.

Doch heute steht das Gespenst des dschihadistischen Terrors wieder vor der saudischen Tür. Dagegen geht die neue Führung mit aller Macht vor: Unter Salman wurden 2015 158 Menschen hingerichtet – ein trauriger historischer Höchstwert.[121] Und 2016 könnte dieser Rekord gebrochen werden: Allein zwischen Januar und Juli 2016 wurden über hundert Todesurteile vollstreckt. Fast die Hälfte der Hingerichteten waren Terrorverdächtige.[122] Mehr als 5000 mutmaßliche Terroristen wurden verhaftet.[123] Gemeinsam mit Iran und Pakistan ist Saudi-Arabien für 89 % der weltweiten Exekutionen verantwortlich.[124] Die Hinrichtungswelle im Januar 2016, bei der auch der Schiitenprediger Nimr al-Nimr und drei weitere schiitische Aktivisten exekutiert worden waren, galt eigentlich den 43 ebenfalls hingerichteten sunnitischen Dschihadisten. Damit wollte man auch ein Signal ans Ausland senden, dass die saudische Regierung vor der dschihadistischen Bedrohung keineswegs die Augen verschließt, sondern das Problem mit aller Härte angeht. Und gegenüber dem wahhabitischen Klerus war es ein Zeichen der Besänftigung, dass nicht nur gegen sunnitische Dschihadisten, sondern eben auch gegen die verachteten Schiiten vorgegangen wird.

Doch die saudischen Führer können den Dschihadismus zwar sicherheitspolitisch bekämpfen, haben seiner Ausstrahlung auf Sympathisanten aber wenig entgegenzusetzen. Und so beschränken sich die Gegenmaßnahmen vor allem auf Repression und Druck. 2014 wurde ein neues Anti-Terror-Gesetz erlassen, das jedwede staatsfeindliche Aktivität unter Strafe stellt. Heute erscheint es als sehr unwahrscheinlich, dass hochrangige Mitglieder des Königshauses direkt dschihadistische Gruppierungen logistisch oder finanziell unterstützen. Allerdings ist es den saudischen Sicherheitsbehörden noch immer nicht gelungen, die Finanzströme zu kontrollieren, so dass vermutlich nach wie vor wohlhabende Geschäftsleute, religiöse Stiftungen oder Privatpersonen mit intransparenten Geldspenden dem IS und anderen Dschihadisten in der ganzen Welt unter die Arme greifen.

Gleichzeitig wird der Anti-Terror-Kampf aber auch instrumentalisiert, um stillschweigend andere Feinde auszulöschen. So kritisieren Menschenrechtsorganisationen, dass moderate und liberale Oppositionelle mit der fadenscheinigen Begründung, terroristische Aktivitäten geplant zu haben, inhaftiert worden seien. In den saudischen Gefängnissen herrschen zumeist katastrophale Haftbedingungen, die Insassen werden isoliert und dürfen keine anwaltliche Hilfe in Anspruch nehmen. Oft wird ihnen monatelang der Kontakt zu ihren Familien verwehrt. Raif Badawi ist ein Beispiel dafür, doch bei weitem kein Einzelfall. Auch die Initiative Saudi-Arabiens im Dezember 2015, eine sogenannte Anti-Terror-Allianz ins Leben zu rufen[125], zu der 39 islamische Staaten gehören, dient eher als Schutzwall gegen den schiitischen Iran denn dem Kampf gegen den IS.[126] Schließlich ist Iran selbst, aber auch sein enger Verbündeter, der schiitisch regierte Irak, nicht Teil dieser Vereinigung von ausschließlich sunnitischen Staaten. Und so ist diese Anti-Terror-Allianz eigentlich eine Anti-Iran-Allianz, um ein Bollwerk gegen den Erzrivalen zu errichten. Auch hier dominiert also die saudische »Iranoia«, die ein konsequenteres Vorgehen gegen den IS verhindert.

Saudi-Arabien und die USA: Ungeliebte Partnerschaft

Saudi-Arabien und die USA unterhalten seit mehr als siebzig Jahren sehr ambivalente Beziehungen, die durch ein ständiges Auf und Ab geprägt sind. Beide Staaten sind aufeinander angewiesen, obwohl sie unterschiedlicher nicht sein könnten. Verstehen sich die USA als Führungsmacht der freien westlichen Welt, so sind der repressive Umgang mit Minderheiten und Oppositionellen sowie die intolerante Islam-Auslegung des Wahhabismus in Saudi-Arabien das Gegenteil der postulierten US-amerikanischen Werte von Freiheit, Gleichheit und Selbstbestimmung. Dennoch hat sich zwischen beiden Mächten ein ungleiches Schicksalsbündnis entwickelt, das bis zum heutigen Tag die Machtverhältnisse in der Region bestimmt.

Zurück geht dieses Bündnis auf eine Begegnung an einem sonnigen Valentinstag im Jahr 1945. Damals trafen sich der Staatsgründer Saudi-Arabiens, Abdulaziz Ibn Saud, und der damalige US-Präsident Franklin D. Roosevelt auf dem Flugzeugträger USS Quincy, um die Weichen für eine gemeinsame Zukunft zu stellen. Die Bilder des lachenden US-Präsidenten und des saudischen Regenten gingen um die Welt; ein Augenzeuge nannte die beiden sogar »Zwillinge« – so gut hätten sie sich verstanden.[127] Dieser Tag gilt als Geburtsstunde des saudisch-amerikanischen Paktes, doch die eigentlichen Wurzeln reichen bis in die 1930er Jahre zurück, als Ibn Saud entschied, die ersten Ölkonzessionen an US-amerikanische Ölfirmen zu vergeben. Er fürchtete, dass der Einfluss der beiden Kolonialmächte Großbritannien und Frankreich, die nach dem Ersten Weltkrieg einen Großteil des osmanischen Erbes in der arabischen Welt unter sich aufgeteilt hatten, weiter anwächst, wenn er ihnen die Erlaubnis erteilen würde, Öl in Saudi-Arabien zu fördern.

Die USA hingegen waren nicht als Kolonialmacht in der Region in Erscheinung getreten. Demzufolge sah Ibn Saud in ihnen das kleinere Übel, zumal er auf die Sachkenntnis der amerikanischen Bohrspezialisten angewiesen war, um sein neu gegründetes Reich vor der Pleite zu bewahren. Während der 1940er und 1950er Jahre drängten Tausende von US-amerikanischen Erdölexperten in den kargen Osten des Landes und schufen dort ein Abziehbild des US-Lebensstils. Lebte der

Rest des Landes noch hauptsächlich von beduinischem Handel und Viehzucht, wuchs unter US-amerikanischer Kontrolle mit der Ölfirma ARAMCO ein Megakonzern heran, der auf seinem Areal eine kleine Kopie des US-amerikanischen Alltags etablierte: Automobile, Radios, Fast Food und Basketball wurden Teil der saudischen Realität und veränderten die Lebenswirklichkeit der saudischen Gesellschaft. Für viele Saudis waren hellhäutige Amerikaner die ersten Ausländer, die sie je zu Gesicht bekommen hatten, und die fremdartige amerikanische Präsenz war ein Kulturschock.

Heute ist der »American Way of Life« Teil des saudischen Alltags. Wie an fast jedem anderen Ort der Welt prägen US-amerikanische Automarken, McDonald's oder Starbucks die Hochglanz-Shoppingmalls in den saudischen Metropolen. Eine ganze Generation von saudischen Studierenden absolvierte in Princeton, an der UCLA oder dem MIT ihr Studium, viele Familien verbringen regelmäßig ihren Urlaub in den USA, und längst investiert die wohlhabende saudische Geschäftselite in US-amerikanische Firmen, Immobilien und Finanzmärkte. Auf der anderen Seite sind die USA wichtigster Handelspartner Saudi-Arabiens geworden. Denn das schwarze Gold bildet seit Jahrzehnten den Kitt zwischen beiden Staaten. Saudi-Arabien fungierte als wichtigster Öllieferant für die USA, so dass beide Seiten voneinander profitierten und sich ein gegenseitiges Abhängigkeitsverhältnis herausbildete.

Diese Abhängigkeit beruht jedoch nicht allein auf gemeinsamen wirtschaftlichen, sondern auch politischen Interessen. Insbesondere nach der Iranischen Revolution von 1979 brauchten Amerikaner wie Saudis einander als verlässliche Verbündete, um ihre Position gegen den revolutionären Iran und den US-amerikanischen Kontrahenten Sowjetunion zu sichern. Die Saudis fungierten für die USA als idealer Partner: Einerseits lieferten sie beständig Öl, ohne an den Märkten für eine aggressive Preispolitik zu sorgen, andererseits kam der Iran-Hass der Saudis auch den USA entgegen, die aufgrund der Geiselnahme in der US-Botschaft in Teheran die diplomatischen Beziehungen zu ihrem einstigen Verbündeten abgebrochen hatten.[128] Darüber hinaus war Saudi-Arabien für die USA ein vertrauenswürdiger Partner im Kalten Krieg, sah das Königreich in den sowjetischen Bestrebungen, sozialistische und kommunistische Kräfte im Nahen Osten zu fördern, doch eine Bedrohung der eigenen Monarchie.

Nicht zuletzt aus diesem Grund unterstützten die USA und Saudi-Arabien die *Mudschahidin* (»heiligen Krieger«) im Kampf gegen die sowjetische Invasion in Afghanistan in den 1980er Jahren. Auch Osama bin Laden, damals noch saudischer Staatsbürger, wurde mit dem Wissen der US-amerikanischen Geheimdienste durch die saudische Regierung unterstützt, da er die sogenannten »arabischen Afghanen« zu *Mudschahidin* für den Kampf gegen die ungläubige Sowjetunion in seinen Lagern ausbilden ließ.[129] Viele von ihnen wurden sogar vom saudischen Regime im eigenen Land rekrutiert und nach Afghanistan geschickt – auch weil in ihnen potenzielle Unruhestifter gesehen wurden, die die saudische Führung loswerden wollte. Damals galt bin Laden als kontrollierbarer Handlanger der saudisch-amerikanischen Interessen, ehe er zum meistgesuchten Terroristen der Welt wurde und den USA sowie dem saudischen Königshaus den Krieg erklärte. So hatten die USA und die Saudis mit ihrer Unterstützung für bin Laden ungewollt die Grundlage für die Entstehung von al-Qaida und damit 9/11 gelegt.

Auch nach dem Ende des Kalten Krieges hielt die saudisch-amerikanische Allianz: Während des Golfkrieges 1990 wurde den USA vom saudischen König Fahd sogar erlaubt, Truppen im Königreich zu stationieren. Das diente einerseits dem Schutz Saudi-Arabiens vor den irakischen Truppen Saddam Husseins, andererseits der Sicherung der US-amerikanischen Vorherrschaft am Golf. Allerdings zeigten sich nach den Anschlägen vom 11. September 2001 erste ernsthafte Risse in der saudisch-amerikanischen Partnerschaft: Der Umstand, dass fast alle Attentäter aus Saudi-Arabien stammten und sich mit

Osama bin Laden ein gebürtiger Saudi als Drahtzieher bekannt hatte, wenngleich ihm 1994 die saudische Staatsangehörigkeit entzogen worden war, schreckte die US-Regierung auf. Auf einmal wurden in den USA kritische Fragen gestellt, mit wem man da eigentlich kooperierte. Hatten die USA etwa mit dazu beigetragen, den Terrorismus direkt zu fördern, indem sie die Saudis nicht stärker in die Schranken gewiesen hatten? Kooperierten die USA mit einem Förderer des islamistischen Terrorismus?

So wurde in der US-Politik kontrovers diskutiert, welche verheerende Rolle der saudische Export des Wahhabismus in der Welt spielte. 650 Hinterbliebene von Opfern der Anschläge erhoben eine Sammelklage gegen saudische Wohlfahrtsorganisationen, Stiftungen und Privatpersonen und beschuldigten diese, den Terrorismus unterstützt und damit den 11. September heraufbeschworen zu haben. In einem 900-seitigen Bericht, den eine vom US-Kongress eingesetzte Kommission zur »Untersuchung der Aktivitäten der Geheimdienste vor und nach den Terroranschlägen am 11. September 2001« vorlegte, finden sich Verweise auf Verbindungen zwischen Mitgliedern des saudischen Königshauses und al-Qaida. Zwar betont der Bericht, keine Beweise für die Mittäterschaft Saudi-Arabiens gefunden zu haben.[130] Doch wurden 29 bislang geschwärzte Seiten des Berichts mittlerweile für die Öffentlichkeit freigegeben, in denen die dubiose Rolle hochrangiger Mitglieder des saudischen Königshauses bei der Unterstützung der Attentäter explizit erwähnt wird.[131] So sagt der Bericht: »Einige der Attentäter vom 11. September standen während ihres Aufenthaltes in den USA in Kontakt mit Einzelpersonen, die unter Umständen Kontakt mit der saudischen Regierung hatten, und erhielten Unterstützung von ihnen.«[132] Doch nach wie vor streitet die saudische Regierung eine direkte Beteiligung an den Anschlägen ab.

Der Druck, der damals von Seiten der USA auf Saudi-Arabien aufgebaut wurde, war enorm: Saudische Investitionen in den USA wurden gestoppt; vor allem die renommierte Baufirma des Bin-Laden-Clans, die Osamas Vater gegründet und die in den USA milliardenschwere Projekte durchgeführt hatte, geriet ins Fadenkreuz der Anschuldigungen. Zwar hatte sich die Familie längst von ihrem »schwarzen Schaf« distanziert, doch das interessierte die aufgebrachte und verängstigte US-amerikanische Öffentlichkeit nur wenig.[133]

Erst jetzt wurde dem saudischen Königshaus klar, dass diplomatische Worthülsen und halbherzige Beteuerungen, die Attentäter des 11. September hätten keinerlei Verbindung zu Saudi-Arabien gehabt, das zerrüttete Image nicht wiederherstellen konnten. Es musste gehandelt werden. Das Königshaus reagierte mit einem kompromisslosen Vorgehen gegen umstrittene Stiftungen und terrorverdächtige Organisationen, verschärfte die Kontrollen der Finanztransfers und startete eine Verhaftungswelle. Diese Maßnahmen wurden noch ausgeweitet, als 2003 die Anschläge von al-Qaida im eigenen Land begannen. Zu lange hatten die saudischen Behörden und die politische Elite weggeschaut, wenn es um das dschihadistische Potenzial innerhalb der eigenen Gesellschaft gegangen war, nun zahlte man dafür einen blutigen Preis. Auch aufgrund dieser Maßnahmen gelang es dem Königshaus, das Verhältnis zu den USA wieder zu verbessern.

Nach dem Ausbruch der arabischen Aufstände 2011 sollte es jedoch erneut in eine schwere Krise geraten, da sich zum einen US-Präsident Barack Obama weigerte, Partei für den saudischen Verbündeten Hosni Mubarak zu ergreifen, stattdessen mit den ägyptischen Demonstranten sympathisierte und die jährlichen 1,5 Mrd. US-Dollar Militärhilfe strich.[134] Zum anderen sorgte das halbherzige Vorgehen der USA gegen den syrischen Despoten Baschar al-Assad in Riad für Kopfschütteln. Man verstand nicht, warum der engste arabische Verbündete Irans von den USA nicht konsequent bekämpft wurde, und sah dies als weiteren Vertrauensbruch. Als dann auch noch die internationale Gemeinschaft unter Führung der USA begann, mit Iran über eine Lösung des Atomkonflikts zu verhandeln, fühlten sich die saudischen Herrscher endgültig in die Defensive gedrängt. Der sogenannte »Joint Comprehensive Plan of Action« (JCPoA) zwischen Iran und den P5+1-Mächten[135] vom 14. Juli 2015 leitete ein Ende der iranischen Isolation ein und soll alle Wirtschaftssanktionen mittelfristig aufheben.[136]

Aus saudischer Perspektive gleicht dieser Deal jedoch einem unentschuldbaren Verrat. Dies machte der saudische Außenminister Adel al-Dschubair deutlich: »Saudi-Arabien wird es dem Iran nicht erlauben, unsere Sicherheit oder die unserer Partner zu unterminieren. Wir werden solche Versuche zurückschlagen. […] Die wichtigste Frage ist, ob der Iran nach den Regeln des internationalen Systems leben oder ein revolutionärer Staat bleiben will, der auf Expansion und die Missachtung des Völkerrechts ausgerichtet ist. Am Ende wollen wir einen Iran, der daran arbeitet, Probleme so zu lösen, dass die Menschen in Frieden leben können. Aber dies wird gewaltige Veränderungen in der iranischen Politik und im iranischen Verhalten erfordern.«[137] Und Turki al-Faisal griff vor allem die USA und Europa massiv an: »Bedauerlicherweise schauten die internationale Gemeinschaft und besonders unsere traditionellen Verbündeten in den USA und Europa weg, wenn es um die iranische Einflussnahme in anderen Ländern ging, nur um den Nukleardeal abzuschließen.«[138]

Aus saudischer Sicht hatten die Iraner die gesamte Welt – und vor allem die USA – an der Nase herumgeführt. Die Saudis hingegen glaubten den Iranern kein Wort. Stattdessen präsentieren sie sich als Mahner, die auf die möglichen Gefahren eines iranischen Wortbruchs hinweisen. Insbesondere die US-amerikanische Administration unter Präsident Obama galt der saudischen Führung als Hauptverantwortlicher des Nuklearabkommens. Die USA hätten sich von Iran über den Tisch ziehen lassen und im Gegenzug das Vertrauen der Saudis aufs Spiel gesetzt, heißt es. Die Einladung Obamas, das angespannte Verhältnis bei einem Treffen in Camp David mit den anderen Führern der Golfstaaten zu entkrampfen, schlug Salman im

Mai 2015 aus und entsandte stattdessen seinen Kronprinzen Muhammad bin Naif – ein diplomatischer Nackenschlag für die Bemühungen Obamas, die arabischen Golfstaaten und vor allem Saudi-Arabien zu beruhigen und von den Vorteilen des Atomdeals zu überzeugen.[139] Hinzu kommt das Vorgehen Salmans im Jemen seit März 2015, in das die USA nur kurz vor Beginn der Operation eingeweiht worden waren, so dass sie keine Gelegenheit hatten, ihre Bedenken hinsichtlich der Militäroffensive kundzutun. Denn die USA sehen den Krieg der Saudis gegen die Huthis als zusätzlichen Destabilisierungsfaktor, lassen sie aber widerwillig gewähren und unterstützen sie gemeinsam mit Großbritannien sogar mit Waffenlieferungen, um ihnen mit Blick auf den iranischen Atomdeal entgegenzukommen.

Ein wenig scheint es, als reagiere Salman auf den US-amerikanischen Liebesentzug mit dem Trotz des großen Bruders, der nach der Geburt eines Geschwisterkindes um seine Stellung als Lieblingssohn bangt und deswegen auf sein Recht als »Erstgeborener« pocht. Salman will allen beweisen, dass er keineswegs eine Schachfigur der Amerikaner ist, sondern eine autonome Außenpolitik betreiben kann, die nicht zwingend mit den Zielen der USA übereinstimmen muss. Dies sieht man im Jemen, und dies zeigen auch die Versuche, das Verhältnis zu Russland oder China auf politischer Ebene weiter zu intensivieren sowie multilaterale Allianzen mit muslimischen Ländern zu bilden.[140]

Dass sich Salmans Haltung nach der Wahl eines neuen US-Präsidenten im November 2016 ändern wird, ist jedoch wahrscheinlich, schließlich fokussieren sich viele antiamerikanische Animositäten auf die Person Obamas. Im Mai 2016 sorgte ein Artikel über den Präsidenten im Magazin *The Atlantic* im Königreich für Aufsehen, in dem der Autor ein Gespräch zwischen Obama und dem neuseeländischen Premierminister schildert. Darin antwortet Obama auf die Bemerkung seines Kollegen, dass die Saudis doch die Freunde der USA seien, süffisant: »Es ist kompliziert.«[141] Als Obama auch noch die Funktion Saudi-Arabiens als Stabilisator in der Region in Frage stellte und das Königreich als »Trittbrettfahrer« bezeichnete, ließ die Kritik von saudischen Kommentatoren nicht lange auf sich warten. So äußerte sich Turki al-Faisal in der saudischen, englischsprachigen Tageszeitung *Arab News* überaus deutlich: »Sie beschuldigen uns, konfessionelle Zwietracht in Syrien, dem Jemen und dem Irak zu säen. [...] Nein, Herr Obama. Wir sind nicht die Trittbrettfahrer, als die Sie uns bezeichnen. Wir stehen an der Spitze, und wir akzeptieren unsere Fehler und korrigieren diese.«[142] Hochrangige Mitglieder des Königshauses vermieden zwar jeglichen Kommentar, doch es ist anzunehmen, dass die Kritik von Turki al-Faisal in einem regierungsnahen Blatt mit der politischen Führung abgesprochen war.

Dennoch ist es unwahrscheinlich, dass die »strategische Allianz«[143] zwischen den USA und Saudi-Arabien in naher Zukunft zerbrechen wird. Beide Seiten brauchen sich in politischer und wirtschaftlicher Hinsicht, so dass sie trotz aller Komplikationen und Missverständnisse auch in Zukunft nicht aufeinander verzichten werden – ob sie wollen oder nicht.

Das Königshaus

Das Aussterben der alten Garde

Der Konflikt um die Nachfolgeregelung

Das saudische Königshaus ist für Außenstehende ein Mysterium: Niemand weiß tatsächlich, was im inneren Zirkel vor sich geht, nach welchen Kriterien politische Entscheidungen getroffen werden und welches Familienmitglied über echten Einfluss verfügt. Die eigentliche Macht konzentriert sich auf einen kleinen Kreis von Auserwählten, etwa ein Dutzend Personen, auch wenn die Königsfamilie insgesamt 5000 bis 10 000 männliche Mitglieder zählt.[1] Auch wenn sie nach außen immer den Eindruck vermittelt, mit einer Stimme zu sprechen, und Familienrivalitäten zumeist nicht an die Öffentlichkeit dringen, so besteht sie doch aus vielen unterschiedlichen Strömungen, Zweigen und Gruppierungen. Eine homogene Einheit, ein unerschütterliches Team bildete sie nie.

Unter westlichen Politikberatern ist es schon fast zu einem Sport geworden, über aktuelle Zerwürfnisse in der Königsfamilie zu spekulieren und ihr nahendes Ende zu prophezeien. Gerüchte werden begierig aufgesogen und angeblich vertrauliche Quellen anonym zitiert, um je nach politischer Lage den Sturz des Königshauses, ein drohendes Machtvakuum oder einen inneren Familienzwist vorauszusagen. Dass diese Analysen zumeist eher den Charakter von Spekulationen haben, erwies sich in der Vergangenheit häufig als wahr. Denn: »Die meisten Mitglieder der Königsfamilie wissen genauso wenig wie Außenstehende. Und diejenigen, die über internes Wissen verfügen, halten ihre Karten verdeckt. Die, die berichten, wissen eigentlich nichts. Und die, die mehr wissen, reden nicht.«[2]

Ohne Zweifel ist die Königsfamilie der wichtigste Akteur im saudischen Staat, bei dem alle Fäden zusammenlaufen.[3] Dabei beruft sie sich auf ihre Abstammung und ihr Bündnis mit den Religionsgelehrten, um weitgehend akzeptiert zu werden.[4] Saudi-Arabien ist nach der Herrscherfamilie der Al Saud benannt. Gemeinsam mit dem Haschemitischen Königreich Jordanien ist es das einzige Land der Welt, das den Familiennamen explizit im offiziellen Landesnamen trägt. Dies symbolisiert die omnipräsente Bedeutung der Saud-Familie in der Geschichte, der Gegenwart und der Zukunft des Königreiches. Aufgrund der Öleinnahmen ist es ihr gelungen, zu einer Art »Superstamm«[5] zu werden.

Doch auch dieser »Superstamm« steht vor fundamentalen Herausforderungen. Saudi-Arabiens Bevölkerung ist eine der jüngsten in der Region. Umso absurder wirkt die Tatsache, dass die Elite des Königshauses zur Riege der alten Greise gehört und einen »Club der Senioren« bildet. Der amtierende König Salman ist mit achtzig Jahren einer dieser Dinosaurier, die das Land seit seiner Gründung 1932 regieren. Sein Vorgänger, König Abdullah, übernahm mit 81 Jahren offiziell im Jahr 2005 den Thron von seinem ein Jahr älteren Bruder Fahd, der seit einem Schlaganfall im Jahr 1995 regierungsunfähig war. Seitdem hatte Abdullah die Amtsgeschäfte geführt.

Somit besteht die akute Gefahr, keine Kontinuität auf dem Thron gewährleisten zu können, da die legitimen Könige einer nach dem anderen sterben. Die biologische Uhr der Söhne des Staatsgründers Ibn Saud läuft ab. Das zeigte sich besonders in den letzten Jahren. Während Abdullahs Herrschaft starb 2011 zuerst Kronprinz Sultan, sein Halbbruder, den der König als Nachfolger erkoren hatte. Sultan war zum Zeitpunkt seines

Todes bereits 83 Jahre alt. Als Sultans Nachfolger wurde Naif, ein weiterer Halbbruder Abdullahs, ernannt. Doch auch Naif war zur Zeit seines Amtsantrittes als Kronprinz bereits fast achtzig Jahre alt und starb im Jahr 2012. Beide designierten Könige hatten den amtierenden Monarchen Abdullah somit nicht überlebt.

Die Überalterung der saudischen Königsriege hängt mit der Nachfolgeregelung zusammen, die Staatsgründer Ibn Saud proklamiert hatte. Er bestimmte vor seinem Tode 1953, dass der Thron unter seinen Söhnen, die von ihm als seine einzig rechtmäßigen Nachfolger bestimmt wurden, nur von Bruder zu Bruder oder von Halbbruder zu Halbbruder weitergegeben werden dürfe. Diese horizontale Thronfolge sollte dem Respekt vor dem Alter Rechnung tragen und keinen seiner Söhne benachteiligen. Eine dynastische Regelung, bei der der Thron vom Vater auf den Sohn übergeht, wurde dadurch ausgeschlossen. Mit dieser Entscheidung verfestigte Ibn Saud die kontinuierliche Überalterung des Königshauses, da eine generationenübergreifende Verjüngung nicht stattfinden konnte. Mit einer Ausnahme: Er selbst hatte seinen Sohn Saud als Nachfolger bestimmt.

Abdullah hatte 2006 versucht, dieser Entwicklung entgegenzuwirken, indem er den sogenannten »Treuerat« (*bayat al-baya*) ins Leben rief. Dieser Rat sollte die Nachfolgeregelung institutionalisieren und für die Enkelgeneration öffnen. Im Falle des Ablebens eines Königs sollten die Ratsmitglieder in geheimer Wahl den Nachfolger bestimmen dürfen.[6] Der Rat umfasste bei seiner Gründung fünfzehn Söhne des Staatsgründers und neunzehn seiner Enkel.[7] Allerdings scheute Abdullah das Risiko, diesen Rat tatsächlich über die Nachfolge entscheiden zu lassen. Das hätte die traditionelle Hierarchie der Thronfolger geändert, so dass ältere Vertreter aus der ersten Generation zugunsten eines Enkels übergangen werden konnten, was ihre soziale Stellung unterminiert hätte. Als »primus inter pares«[8] muss der saudische König eben auch darauf bedacht sein, Kompromisse herzustellen und persönliche Eitelkeiten zu berücksichtigen. »Konsens« (*idschma*) und »Konsultation« (*schura*) sind die Zauberwörter, mit denen innerhalb der Familie sowie im Einklang mit den Religionsgelehrten und anderen einflussreichen Akteuren die Einheit gewahrt bleiben soll.[9]

Zum engsten Machtzirkel zählte in der Vergangenheit eine kleine Auswahl von besonders einflussreichen Prinzen aus der direkten Nachfolge des Staatsgründers, die jedoch unterschiedlichen Familienzweigen angehören. Dabei beruht die Stellung der einzelnen Clans auf ihrer Abstammung, die auf Vater Ibn Saud und auf die jeweiligen Mütter seiner Söhne zurückgeht. Je wichtiger die soziale Position und die familiäre Abstammung der Mutter ist oder war, desto höher ist in der Regel auch die Reputation des betreffenden Sohnes.[10] Die Frauen nehmen somit auch in der Frage der Macht eine wichtigere Rolle ein, als man vermuten würde, und sind nicht selten politische Strippenzieherinnen im Hintergrund. So gelten die Söhne Ibn Sauds, die er mit Hussa bint Ahmed Al Sudairi, einer seiner vermutlich 22 Ehefrauen, bekam, als besonders einflussreich. Sie werden als »Sudairi-Sieben« bezeichnet. Zu ihnen gehör(t)en

- der ehemalige König Fahd (reg. 1982–2005, gest. 2005);

- der ehemalige Verteidigungsminister (1962–2011) und Kronprinz (2005–2011) Sultan (gest. 2011);

- der ehemalige stellvertretende Verteidigungsminister Abdulrahman (1978–2011);

- der ehemalige stellvertretende Verteidigungsminister Turki (1968–1978);

- der ehemalige stellvertretende Innenminister Ahmed (1978–2012), der im Anschluss auch ein halbes Jahr als Innenminister fungierte;

- Naif, von 1975 bis 2012 Innenminister und von 2011 bis zu seinem Tode am 16. Juni 2012 vom damaligen König Abdullah als Thronfolger designiert;

- der amtierende König Salman (geb. ca. 1942), zuvor Gouverneur der Provinz Riad (1963–2011), Verteidigungsminister (2011–2015) und Kronprinz (2012–2015).

Die Sudairi-Sieben haben in der Vergangenheit saudische Politik maßgeblich bestimmt. Ihr Einfluss und ihre Macht prägten die Entscheidungen der Königsfamilie in den letzten Jahren, und ihnen ist es gelungen, sich innerfamiliärer Konkurrenz zu erwehren.[11] Heute leben von ihnen noch der jetzige König Salman sowie Ahmed, Abdulrahman und Turki.

Der Bruderstreit: Rivalitäten innerhalb der Königsfamilie

Die saudische Wissenschaftlerin Madawi al-Rasheed beschreibt die Königsfamilie als »kopflosen Stamm«, in dem unterschiedliche Fraktionen um Macht und Einfluss ringen.[12] Diese königlichen Ränkespiele hatten in den 1960er Jahren sogar die Existenz des Königreiches bedroht. Damals herrschte Saud, der Sohn des Staatsgründers, als erster König nach dem Tod seines Vaters. Sauds Bruder Faisal machte ihm jedoch den Thron streitig und warf ihm vor, mit den Ressourcen des Landes verschwenderisch umzugehen, im Luxus zu schwelgen und sich bestechen zu lassen. In der Tat geriet das saudische Reich unter Sauds Ägide in eine bedrohliche wirtschaftliche und politische Schieflage. Ihm gelang es nicht, den gewachsenen innenpolitischen und internationalen Verantwortlichkeiten gerecht zu werden und das Land in die Moderne zu führen. Noch immer behandelte der König die Staatseinnahmen als persönliches Einkommen. Effiziente und unabhängige Institutionen existierten nicht. Unter seiner Ägide verdoppelten sich die Staatsschulden auf 480 Mio. US-Dollar;[13] wenige Jahre nach dem Tod des Gründers stand Saudi-Arabien vor dem finanziellen Ruin.[14]

Im Grunde regierte Saud wie sein Vater im Stile eines Stammesführers.[15] Dass Saudi-Arabien dringend eine effiziente Verwaltung, ein gut ausgebildetes Beamtentum, eine wirtschaftliche und außenpolitische Strategie sowie eine Trennung zwischen königlichem Hofstaat und nationalem Haushalt benötigte, realisierte Saud zu spät. Sein Rivale Faisal hingegen sah sich selbst als Modernisierer des Königreichs. Sein Bruder stand dieser Vision im Wege und sollte daher gestürzt werden. In dem Bruderstreit, der sich von 1953 bis 1964 hinzog und die Entwicklung des Landes über Jahre lähmte, gewann Faisal schließlich die Oberhand. Er konnte Saud mit der Unterstützung einflussreicher Verwandter den Thron entreißen. Während sich dieser nur auf eine kleine Schar von Anhängern verlassen konnte, zu der vor allem seine Söhne und einige Stammesführer gehörten, wurde Faisal von älteren Prinzen unterstützt, die hinter seinem Modernisierungskurs standen.

Doch daneben rang auch eine Gruppe um Einfluss, die als »freie Prinzen« bezeichnet wurde. An ihrer Spitze stand mit Prinz Talal bin Abdulaziz ebenfalls ein Sohn des Staatsgründers und Halbbruder von Saud und damit ein Mitglied der Königsfamilie, der bis 1955 als Kommunikationsminister gedient hatte. Er rüttelte sogar an den Festen der saudischen Herrschaft, indem er eine konstitutionelle Monarchie forderte. Dass diese Forderung aus dem Kreis der Königsfamilie erhoben wurde, erstaunt umso mehr und zeigt, wie heterogen die Mitglieder der Al Saud agierten. Talals Ziel war es, Saudi-Arabien in Ansätzen zu demokratisieren und zu liberalisieren. Doch sein Vorhaben scheiterte am Widerstand der traditionellen Flügel seiner Familie. 1962 musste er sich ins ägyptische und später ins libanesische Exil begeben.[16] Es gelang ihm nie, sein Ziel einer konstitutionellen Monarchie zu verwirklichen.[17] Die Situation im Königreich drohte dennoch zu eskalieren und die Königsfamilie endgültig in ein Pro-Saud- und ein Pro-Faisal-Lager zu spalten. Einige Oppositionelle planten sogar, mehrere Mitglieder des Königshauses zu ermorden.[18]

Als sich Saud aufgrund seiner schlechten gesundheitlichen Verfassung 1962 für medizinische Untersuchungen in den USA aufhielt, ergriff sein Rivale Faisal die Gelegenheit, um ein neues Kabinett ohne Sauds Söhne einzuberufen und einen Zehn-Punkte-Plan zu erlassen.[19] Dieser sah vor, ein Grundgesetz einzuführen, die Sklaverei abzuschaffen, einen Gerichtshof zu gründen[20] sowie das Bildungs- und Gesundheitssystem zu reformieren.[21] Daraufhin wurde 1962 tatsächlich die Sklaverei abgeschafft.[22] Als Saud zurückkehrte, hatte er jegliche Fürsprecher verloren und war vollends isoliert. Er verbarrikadierte sich mit einigen seiner Söhne im Königspalast, ehe 68 Prinzen per Dekret Faisal zum neuen König krönen und Saud absetzen ließen.[23] 1964 musste Saud das Königreich in Richtung Griechenland verlassen, wo er fünf Jahre später starb. Faisal hatte den Machtkampf endgültig gewonnen.[24]

Dieser Palastputsch dient der Königsfamilie bis heute als mahnendes Beispiel, wie familiäre Uneinigkeit die Stabilität des Königreiches gefährden kann. Damals drohten die Herrschaft der Al Saud und die Einheit des Staates zu zerbrechen. Die Wiederholung eines Konflikts nach dem Beispiel Saud versus Faisal gilt es daher unter allen Umständen zu vermeiden. Der Al Saud ist bewusst, dass ohne die innerfamiliäre Einheit eine Korrosion der Machtverhältnisse im eigenen Land und zunehmende Instabilität drohen könnten. Dies wollen die Machthaber verhindern, so dass sie bestrebt sind, gegensätzliche Partikularinteressen innerhalb des Königshauses zugunsten des politischen Überlebens auszugleichen.

König Salman: Politik in Zeiten der Krise

Der neue König Salman übernahm als rechtmäßig designierter Nachfolger seines verstorbenen Vorgängers und Halbbruders Abdullah die Amtsgeschäfte im Januar 2015 und hat seitdem einen fundamentalen Kurswechsel in der saudischen Politik eingeleitet. Dabei galt er zu Beginn seiner Regentschaft als Übergangsmonarch, dem aufgrund seines hohen Alters, seiner gebrechlichen Gesundheit und seiner angeblichen Demenz die Fähigkeit abgesprochen wurde, das Königreich in Zeiten der Krise zu regieren. Er ist vermutlich der letzte Sohn des Staatsgründers, der Letzte der »alten Garde«, der den Thron innehaben wird. Doch Salman entpuppte sich als Monarch, der mit eiserner Hand führen und sich als unumstrittener Anführer behaupten will. Zwar betonte er in seiner Antrittsrede, dass er die Politik seines Vorgängers fortsetzen wolle.[25] Das Fazit nach fast zwei Jahren Regierungszeit zeigt allerdings, dass Salman versucht, das Königreich grundlegend neu zu gestalten.

Dabei beschreitet er einen riskanten Weg, der Saudi-Arabien mittelfristig schwächen könnte. Im Gegensatz zu seinem Vorgänger Abdullah regiert Salman eher mit dem Vorschlaghammer. Abdullah war bestrebt gewesen, die mannigfaltigen Konflikte im Inneren und Äußeren mit einer vorsichtigen und pragmatischen Politik der Scheckbuchdiplomatie zu lösen. Gerierte sich Abdullah noch als vorsichtiger Modernisierer, so spielen politische Reformen unter Salman nur eine geringe Rolle. Für ihn hat die nationale Sicherheit höchste Bedeutung, politischer Wandel wird hingegen als Risiko abgelehnt. Je näher die regionalen Krisen rücken, desto kompromissloser und rigider agiert er. Salman schreckt weder davor zurück, althergebrachte Strategien in der Außen- und Innenpolitik neu zu definieren, noch die Personalpolitik grundlegend zu ändern. So tauschte er langjährige Technokraten in der Administration aus und gestaltete sein Kabinett mehrmals um. Seine Befürworter feiern diese Schritte als notwendige Verjüngung und Professionalisierung im Entscheidungsapparat, seine Kritiker sehen darin den Versuch, seinen Clan zu stärken und mögliche interne Rivalen um den Thron zu schwächen.

Seit Januar 2015 verfolgt Salman in der Außenpolitik einen Kurs der Aggression, der Intervention und der militärischen Gewalt, was sich vor allem beim Vorgehen im Jemen zeigt. In der Innenpolitik wird alles dem Ziel untergeordnet, Saudi-Arabien als »Insel der Stabilität«[26] zu bewahren – koste es, was es wolle. Zivile Opposition wird unterdrückt, die vorsichtige Reformpolitik Abdullahs ist Makulatur, die Zahl der Hinrichtungen stieg auf ein neues Rekordhoch. Der von Abdullah eingeführte Nationale Dialog, in dem Männer und Frauen, Sunniten und Schiiten zusammentrafen, findet unter Salman nicht mehr statt. Die noch von Abdullah zugesagten Gemeinderatswahlen, bei denen zum ersten Mal auch Frauen zur Wahl standen, führte Salman im Dezember 2015 eher widerwillig durch. Wirtschaftspolitisch werden ambitionierte Ziele wie die »Vision 2030« aus dem Frühjahr 2016 formuliert, die einem in- und ausländischen Publikum als wegweisende Reformen verkauft werden. Ob jedoch die grundlegenden Strukturprobleme des saudischen Staates tatsächlich angegangen werden, muss man bezweifeln. Zwar soll sich die saudische Wirtschaft vom Erdöl unabhängig machen, doch eine erfolgreiche Transformation vom Rentierstaat zur produktiven und kreativen Industrienation ist noch nicht zu erkennen (siehe Kapitel »Die Wirtschaft«). Und politische Reformen werden mit keinem Wort erwähnt.

Muhammad bin Salman: Der Königssohn als Wunderkind?

Bei all diesen Kursänderungen ist jedoch fraglich, welchen Einfluss der alte Salman tatsächlich noch ausübt. Auch hier rätseln externe Beobachter wieder über das innerfamiliäre Ränkespiel und weisen darauf hin, dass nicht der König, sondern eigentlich dessen Sohn Muhammad bin Salman die Strippen im Königreich zieht. Ob das stimmt, bleibt unklar. Eindeutig ist jedoch, dass der Königssohn Muhammad in Rekordzeit zu einem der einflussreichsten Köpfe der saudischen Politik aufgestiegen ist. Von seinem Vater wurde er zum stellvertretenden Thronfolger ernannt und damit als zukünftiger König auserkoren. Interessanterweise überging Salman seine älteren Söhne Abdulaziz, der stellvertretender Ölminister war, Faisal, den Gouverneur von Medina, und Sultan, den amtierenden Tourismusminister und ersten arabischen Astronauten.[27] Während seine Halbbrüder in den USA studierten, absolvierte Muhammad sein Jurastudium ausschließlich an der King Saud University in Riad und verfügt über keine Auslandserfahrung – sehr ungewöhnlich für einen Vertreter der jüngeren saudischen Generation.[28]

MbS, wie er genannt wird, wirkt mit seinen einunddreißig Jahren eher wie ein schüchterner und etwas unbeholfener Streber. Doch der Schein trügt: Er hält mittlerweile die Fäden des saudischen Machtsystems in seinen jungen Händen. Sein Vater ernannte ihn bereits im März 2015 zum neuen Verteidigungsminister. Damit ist MbS weltweit einer der jüngsten Minister auf diesem Posten und verantwortet als Oberbefehlshaber der Armee die Jemen-Intervention. Wer jedoch glaubt, dass ein blutjunger Anfänger, der weder eine militärische Ausbildung genossen hat noch über verteidigungspolitische Erfahrung verfügt, mit dieser immensen Verantwortung ausgelastet sein könnte, der irrt. Denn neben seinen Ämtern als Vize-Thronfolger und Verteidigungsminister leitet MbS auch den neu gegründeten saudischen Rat für wirtschaftliche und entwicklungspolitische Angelegenheiten (*madschlis asch-schu'un al-iqti-sadiyya wa-l-tanmiyya as-sa'udi*), der die Wirtschaftsreformpolitik umsetzen soll.[29] Und ganz nach dem Motto »Die Welt ist nicht genug« fungiert Muhammad auch noch als geschäftsführender Vorstand der allmächtigen Ölfirma Saudi ARAMCO. Deswegen gilt er als neues »Wunderkind«[30], als »Superman« der saudischen Politik. Er ist das junge, frische und dynamische Gesicht des »neuen« Saudi-Arabiens. Sein Vater soll zwölf Söhne von drei Ehefrauen haben, und Muhammad ist der älteste Sohn seiner dritten Frau.

Ob MbS tatsächlich den saudischen Thron besteigen wird, ist jedoch nicht gesichert. Vor ihm rangiert noch der direkte Thronfolger, Muhammad bin Naif, MbN genannt. MbN ist der Sohn des verstorbenen Innenministers Prinz Naif, der zu den Sudairis gehörte und als kompromissloser Hardliner im Kampf gegen den dschihadistischen Terror galt. MbN soll als neuer Innenminister in Naifs Fußstapfen treten. Er gehört zwar auch zur Enkelgeneration, ist aber mit seinen etwa 56 Jahren fast doppelt so alt wie MbS. Auch er genießt Sympathien, überlebte er doch 2009 den Selbstmordanschlag eines Dschihadisten, der sich in seinem Büro in die Luft sprengen wollte.[31] Seitdem gilt MbN in der saudischen Propaganda als Symbolfigur für den blutigen, aber auch opferbereiten Kampf des Königshauses gegen den Terrorismus. Doch ganz gleich, wer Salmans Nachfolger wird: Klar ist, dass nach dessen Tod zum ersten Mal in der saudischen Geschichte ein Vertreter der Enkelgeneration den Thron besteigen wird. Was Abdullah noch vermieden hatte, realisiert also Salman – ein längst überfälliger und unausweichlicher Schritt.

Im Scheinwerferlicht steht allerdings ausschließlich der junge Königssohn MbS. Ihm ist es vorbehalten, der Weltpresse die saudische Reformagenda vorzustellen, er erklärt in ausführlichen Interviews westlichen Zeitungen die Außenpolitik. MbS hier, MbS da, MbS überall. Es sieht so aus, als werde Saudi-Arabien schon jetzt von einem unerfahrenen Newcomer geführt, der als »Schattenkönig« die Regierungsgeschäfte übernommen hat. Sein Vater Salman scheint damit sein Erbe sichern zu wollen. Die Strategie ist klar: MbS soll als frischer, hungriger und junger König Saudi-Arabien durch eine Phase der regionalen Instabilität, der wirtschaftlichen Krise und der innenpolitischen Unruhen steuern. Dafür muss er als zukünftiger Anführer und dynamischer Regent ins rechte Licht gerückt werden, indem er schon jetzt mit umfassender Verantwortung im politischen wie im wirtschaftlichen Bereich ausgestattet wird.

Dass diese Politik nicht nur auf Gegenliebe innerhalb der Al Saud stößt, erscheint bei der heterogenen innerfamiliären Interessenlage nicht verwunderlich. Im September 2015 drangen zwei Briefe an die Öffentlichkeit, von denen einer in der britischen Tageszeitung *The Guardian* veröffentlicht wurde. Darin forderten angeblich führende Mitglieder des Königshauses Unverfrorenes: So sollte nicht nur der König zurücktreten, sondern auch MbN und MbS. Die anonymen Autoren warfen dem königlichen Triumvirat vor, das Land ins Chaos zu führen. Die Jemen-Politik wurde als desaströs bezeichnet, die verantwortlichen Herrscher wurden heftig kritisiert. So heißt es in einem der Briefe, der einem Enkel des Staatsgründers zugeschrieben wird: »Der König ist in schlechter Verfassung. In Wirklichkeit herrscht sein Sohn über das Königreich. [...] Ein Großteil der zweiten Generation ist sehr besorgt.« Der Putsch müsse kommen, sonst werde »unser Land im Desaster enden«.[32] Weiterhin forderten die Verfasser ein familiäres Notfalltreffen, um »die Situation zu diskutieren und alles zu tun, um das Land zu retten«.[33] So befürchten einige Beobachter einen fundamentalen Riss innerhalb der Königsfamilie, der »aus der geeinten Faust fünf einzelne Finger« werden lasse.[34]

In Saudi-Arabien streiten viele Beobachter die Authentizität dieser Briefe vehement ab, doch eines lässt sich nicht ignorieren: In der saudischen Bevölkerung wird heiß und kontrovers über die neue Führung diskutiert, und die Meinungen gehen durchaus auseinander. Zwar respektieren die meisten Saudis den neuen politischen Kurs Salmans und ziehen seine Entscheidungen zumindest offiziell nicht in Zweifel, doch sein Sohn MbS wird deutlich argwöhnischer beurteilt. Während seine Unterstützer seine Jugend und seinen Ehrgeiz feiern, schlägt ihm von Kritikern aufgrund seiner mangelnden Erfahrung und seiner Impulsivität Skepsis entgegen. Doch die äußert sich nicht öffentlich, sondern allenfalls hinter vorgehaltener Hand in privaten Gesprächen. Offen würde es niemand wagen, den König und seinen Sohn zu kritisieren. In den saudischen Medien werden beide als entschlussfreudige Kapitäne gepriesen, die den saudischen Tanker durch stürmische See manövrieren. Sie gelten als Garant für Sicherheit und Ruhe im Königreich.

Das gilt jedoch nicht für die gesamte Königsfamilie. Viele Mitglieder des Königshauses genießen keineswegs das Wohlwollen ihrer Untertanen. Dazu trägt auch eine Person namens Mujtahid bei. Dieser unterhält einen Twitter-Account, auf dem er anonym Insider-Wissen aus der Königsfamilie streut und somit immer wieder für Skandale sorgt. Seine Storys von ausschweifenden Partys der Prinzen mit Prostituierten und Alkohol oder seine Berichte über Korruption am Hof sorgen für kontroversen Gesprächsstoff. Mujtahid ist einer der beliebtesten Twitterer in der Zwitscher-Hochburg Saudi-Arabien: Im Mai 2016 hatte er über 1,5 Millionen Follower.[35] Und er wählt klare Worte: »In der Öffentlichkeit gab es einen enormen Wandel, um mehr politische Verantwortung, Aufklärung und Tabubrüche zu erreichen. Doch die Regierung ist nur noch korrupter und arroganter geworden.« Mujtahid sieht es daher als seine Pflicht an, die Wahrheit zu enthüllen, um den Leuten die Möglichkeit zu geben, sich eine eigene Meinung zu bilden, wie er sagt.[36] Niemand weiß, wer sich hinter dem Pseudonym verbirgt, niemand weiß, woher er seine Informationen bezieht. Doch da von Seiten des Königshauses keine Dementis zu hören sind, glauben viele an die Echtheit seiner Tweets und halten ihn selbst für ein Mitglied der Königsfamilie. Manche vermuten sogar, er sei vom Königshaus eingesetzt worden, um der Öffentlichkeit harmlose Geschichtchen zu liefern, damit sie sich über die wahren Ausmaße der Korruption in der Königsfamilie nicht den Kopf zerbreche.[37] Wie dem auch sei: Das Königshaus muss akzeptieren, dass es eine öffentliche Diskussion nicht mehr gänzlich vermeiden kann.

Die Wirtschaft

Vertreibung aus dem Erdöl-Paradies

Das Öl als Fluch und Segen

»Durch unsere Adern fließt schwarzes Blut«, betont ein saudischer Unternehmer in pathetischen Worten. »Ohne das Öl wären wir nichts. Es hat aus uns Beduinen eine moderne Gesellschaft gemacht und ist Teil unserer Identität, unserer Seele und unseres Selbstverständnisses.«[1]

Ohne Öl geht in Saudi-Arabien in der Tat gar nichts. Es war und ist die Triebfeder des wirtschaftlichen Aufschwungs. Das Königreich verfügt mit fast 16 % über die zweitgrößten Ölressourcen der Welt nach Venezuela und ist der wichtigste Erdölexporteur.[2] 90 % des Staatshaushaltes und 85 % aller Exporteinnahmen werden aus den Erdölverkäufen bestritten.[3] Der Erdölsektor allein umfasst etwa 40 % des gesamten Bruttoinlandsprodukts (BIP).[4] Mehr als 10 Mio. Barrel[5] pumpt das Königreich jeden Tag durch Pipelines mit einer Gesamtlänge von fast 5000 Kilometern[6] – das entspricht etwa der Entfernung zwischen Berlin und der saudischen Hauptstadt Riad. Zwischen 1938, dem Beginn der kommerziellen Ölförderung, und 1973 stiegen die Öleinnahmen um das 8500-Fache[7], womit der Aufbau des saudischen Staates rasant beschleunigt wurde. Auch andere wichtige Branchen der saudischen Wirtschaft, wie die Petrochemie, die Aluminium- und Stahlproduktion sowie die

Wasserentsalzung, sind auf das Erdöl als Energiequelle angewiesen. Was in Saudi-Arabien entschieden wird, hat fundamentale Auswirkungen auf den internationalen Ölmarkt. Innerhalb der OPEC, der Vereinigung der wichtigsten ölexportierenden Länder, nimmt Saudi-Arabien traditionell eine, wenn nicht sogar *die* Führungsrolle ein.

Ohne das Öl wäre der gesellschaftliche Fortschritt undenkbar gewesen. Aufgrund der gestiegenen Öleinnahmen verdoppelte sich das BIP pro Kopf von 12000 US-Dollar im Jahr 1990 auf 24000 US-Dollar 2014.[8] Es ist mit 750 Mrd. US-Dollar größer als das von Schweden oder der Schweiz[9] und das größte im Nahen und Mittleren Osten.[10] Die durchschnittlichen Einnahmen pro Haushalt erhöhten sich von 2100 US-Dollar im Jahr 2003 auf 3600 US-Dollar im Jahr 2013. In den 2000er Jahren kletterte Saudi-Arabien auf den 19. Rang der stärksten Volkswirtschaften der Welt. Vor allem die Investitionen in die Infrastruktur, die Bildung und den Gesundheitssektor schossen in schwindelerregende Höhen. Mittlerweile beträgt der Bildungshaushalt etwa ein Viertel aller Staatsausgaben und wird nur vom Militärhaushalt übertroffen. Mit gewissem Erfolg: Betrug die Schulzeit 1980 nur etwa sechs Jahre im Durchschnitt, stieg sie bis 2011 auf knapp vierzehn Jahre.[11] Die Ausgaben für die Gesundheitsversorgung liegen auf Rang 4 des Staatsbudgets.[12] In Riad und Dschidda entstehen öffentliche U-Bahnsysteme, und in den letzten Jahren wurden hochmoderne Universitäten und Krankenhäuser errichtet. Inzwischen genießen viele Saudis den Luxus eines eigenen SUVs, einer Klimaanlage oder eines Eigenheims mit Kindermädchen und Gärtner. Während sich viele ältere Saudis in den 1970er und 1980er Jahren noch dunkel an ihre Jugendzeit erinnerten, in der sie als Perlenfischer oder Bauern hatten arbeiten müssen, lebt die Kinder- und Enkelgeneration in Saus und Braus.

Doch das Öl ist auch eine »fragwürdige Segnung«[13], da das gesamte Staatssystem von seinem Verkauf abhängig ist. Dadurch sprudelten die Einnahmen und ermöglichten es den Herrschern, ein Wohlfahrtssystem für ihre Bevölkerung aufzubauen, in dem staatliche Dienstleistungen kostenlos zur Verfügung gestellt werden. Von kostenloser Universitätsausbildung und medizinischer Versorgung über Benzinsubventionen, Gehaltserhöhungen und billigen Strom bis hin zur Steuerbefreiung – das saudische Königshaus agiert als Rundumversorger, der seinem Volk all diese Leistungen kostenlos zur Verfügung stellt. So spendierte der damalige König Abdullah insgesamt 130 Mrd. US-Dollar nach dem Ausbruch der arabischen Aufstände, um die Gehälter für Angestellte im öffentlichen Dienst um 15 % zu erhöhen und 500 000 Wohnungen bauen zu lassen. Damit sollten Unruhen vermieden werden.[14] 2015 folgte König Salman dem Vorbild seines Vorgängers, indem er Gehaltserhöhungen für Staatsbeamte, Stipendien für Studierende und den Ausbau der Wasser- und Stromversorgung für insgesamt etwa 32 Mrd. US-Dollar anordnete.[15] Mit dieser Verteilungspolitik gelingt es dem Königshaus seit Jahrzehnten, einflussreiche Stammesführer und Handelsfamilien eng an sich zu binden.

Je mehr die Bevölkerung von solchen kostenlosen Dienstleistungen profitierte, desto mehr verlangte das Regime dafür absolute Königstreue. »Keine politische Teilhabe ohne Besteuerung«[16] lautet die klassische Überlebensstrategie von »Rentierstaaten«, zu denen auch die kleineren Golfstaaten wie Katar oder die Emirate gehören, die ebenfalls über immense Öl- oder Gasvorkommen verfügen. Diese Volkswirtschaften müssen nicht über eine produktive Wirtschaft Einnahmen generieren, sondern beziehen sie aus »Renten«, zumeist natürlichen Ressourcen, die nur ausgebeutet werden müssen. In Saudi-Arabien ist es das Öl.[17]

Jahrzehntelang ging diese Strategie auf: Das Öl sprudelte, die Einnahmen stiegen, und das Königshaus hatte genug Ressourcen zur Verfügung, um sich diese Politik leisten zu können. Doch schnell gerieten die staatlichen Annehmlichkeiten zur

Selbstverständlichkeit. Die Mehrheit der Bevölkerung erwartet, am Ölreichtum beteiligt zu werden.[18] Sie sieht das Öl als »ihren« rechtmäßigen Besitz an. Das Öl ist ein Geschenk, das jedem Saudi zusteht und vom Staat gerecht verteilt werden muss.[19] Der Saudi-Arabien-Kenner Guido Steinberg nennt dieses Phänomen »Subventionsmentalität«.[20] Zu dieser Erwartungshaltung trug die Regierung maßgeblich bei, indem die Verteilung der Rohstoffeinnahmen zum wichtigsten Mittel der Machtsicherung wurde. Damit schuf man jedoch eine Berufsauffassung, die von Verantwortungslosigkeit, Ineffizienz und Korruption geprägt ist und die von der bereits beschriebenen *Mudir*-Mentalität befördert wird.[21] Jeder wollte einen Teil des Ölkuchens abbekommen, doch nur die wenigsten waren bereit, dafür hart zu arbeiten. Stattdessen strebten viele Saudis nach einer Tätigkeit im öffentlichen Dienst, die angenehme Arbeitszeiten, hohe Gehälter und geringe Verantwortung versprach. Es entstand ein aufgeblähter und ineffizienter Verwaltungsapparat, in den möglichst viele saudische Arbeitnehmer integriert werden sollten. Neben dem Öl spielt kaum ein anderer Sektor überhaupt eine signifikante Rolle bei den Exporten oder der Produktion.[22]

Der öffentliche Dienst ist und bleibt somit der wichtigste Arbeitgeber für saudische Staatsangehörige, während die Privatwirtschaft ein kümmerliches Schattendasein fristet. Obwohl Saudi-Arabien vor allem durch den Beitritt zur Welthandelsorganisation 2005 oder durch die Gründung der Investitionsbehörde Saudi Arabian General Investment Authority (SAGIA) im Jahr 2000 wichtige Maßnahmen ergriff, um private Investoren anzulocken, bleibt es für ausländische Unternehmen ein schwieriger Markt. Ihre Vertreter murren über das langwierige und komplexe Markteintrittsprocedere, da gut ausgebildete, motivierte und bezahlbare saudische Arbeitnehmer fehlen und die saudischen Behörden inkompetent sind. Investoren müssen sich in die Abhängigkeit eines saudischen Partners begeben, der in der Regel nur als nationaler Lizenzgeber auftritt und sich dafür fürstlich bezahlen lässt, ohne ansonsten aktiv tätig zu werden. Die Investoren aus Deutschland, den USA oder China sind auf die persönlichen Netzwerke solcher Kontaktpersonen angewiesen, sonst scheitern sie an der saudischen Bürokratie.

Dieses gängige Vorgehen hat dazu geführt, dass viele Saudis ausschließlich mit der Vergabe solcher Lizenzen gutes Geld verdienen und außer ihrer saudischen Nationalität und guten Kontakten in die staatlichen Behörden keine weiteren Fähigkeiten in die Geschäftsentwicklung einbringen. Auch deswegen beschäftigen die meisten ausländischen Privatunternehmen günstige und besser geschulte Arbeitskräfte aus dem Ausland. Saudis sind schlichtweg zu bequem, zu teuer und zu schlecht ausgebildet – wenngleich massiv in den Bildungssektor investiert wurde. Viele saudische Arbeitnehmer sind es nicht gewohnt, den tagtäglichen Druck auf dem hart umkämpften Markt auszuhalten, Verantwortung zu übernehmen und Überstunden zu machen. Darum beträgt der Anteil von saudischen Arbeitnehmern im Privatsektor nur etwa 10 %, der Rest stammt aus dem Ausland.

Der Arbeitsmarkt: Notwendige »Saudisierung«

Dieses vom Erdöl abhängige System eines aufgeblähten öffentlichen Dienstes und einer unterentwickelten Privatwirtschaft ist zum Scheitern verurteilt.[23] Der Staat kann den arbeitssuchenden jungen saudischen Männern und Frauen im öffentlichen Dienst keinen gut dotierten und bequemen Arbeitsplatz mehr anbieten, da die Kapazitäten längst erreicht sind: Die saudische Bevölkerung ist zwischen 1980 und 2015 um 200 % gewachsen. Heute leben etwa dreißig Millionen Menschen im Königreich, ein Drittel davon stammt aus dem Ausland. Und die saudische Bevölkerung wächst mit 2,2 % pro Jahr[24] weiterhin rasant: Zwei

Drittel der Bevölkerung sind unter dreißig Jahre. Es ist die Jugend, die die Zukunft des Landes bestimmen wird, doch für viele ist diese Zukunft äußerst unsicher. Denn sie finden keine Arbeit. Fast 12 % der saudischen Bevölkerung sind offiziell arbeitslos, darunter vor allem Frauen.[25] Die Jugendarbeitslosigkeit bei den 20- bis 24-Jährigen liegt sogar bei bis zu 40 %. Bis 2020 könnten 2,5 Millionen Saudis arbeitslos sein.[26] Und bis 2030 müssen etwa 4,5 Millionen neue Arbeitnehmer in den Markt integriert werden. Jedes Jahr drängen 250 000 bis 300 000 Universitätsabsolventen auf den Arbeitsmarkt.[27]

Mittlerweile sind zwar viele der Berufsanfänger deutlich besser ausgebildet als ihre Eltern, verfügen über die notwendigen Sprachkenntnisse und die erforderlichen Auslandserfahrungen, um in der Privatwirtschaft Karriere machen zu können, doch die ausländische Konkurrenz verlangt in der Regel weniger Gehalt und ist leistungsbereiter. Saudische Angestellte verdienen im Durchschnitt dreimal so viel wie die Gastarbeiter.[28] Außerdem studieren immer noch zu viele junge Saudis Religions- oder Geisteswissenschaften, obwohl die meisten damit keinen Job finden. Es ist der Regierung bislang nicht gelungen, das Bildungssystem an die Anforderungen des Arbeitsmarktes anzupassen. Ingenieure statt Imame wäre also die Lösung.

Daher ist es ein Mythos, dass in Saudi-Arabien keine Armut existiert: Mehr als ein Drittel der Bevölkerung verdient nicht mehr als 530 US-Dollar im Monat, was im Königreich ein Leben am Existenzminimum bedeutet, wenn man bedenkt, dass allein die durchschnittliche Miete für ein Ein-Zimmer-Appartement in Riad etwa 400 US-Dollar beträgt.[29] Trotzdem will nur jeder fünfte arbeitslose Saudi im Privatsektor arbeiten.[30] In der Vergangenheit konnten viele Familien ihre arbeitslosen Kinder noch versorgen, doch auch diese Möglichkeiten brechen zusehends weg, weil sich der soziale Zusammenhalt auflöst: Immer mehr Kinder ziehen früh in eigene Wohnungen in den Städten, womit eine direkte Unterstützung durch die

Familie kaum noch möglich ist. Früher blieben viele Saudis freiwillig arbeitslos[31], weil sie ohnehin vom Staat versorgt wurden, doch das »saudische Wirtschaftswunder« ist Geschichte. Heute muss jeder um seinen Arbeitsplatz kämpfen und sich harter Konkurrenz erwehren. Es ist eine Zeit der Unsicherheit für die saudische Jugend. Einerseits sehen viele noch immer den luxuriösen Lebensstandard ihrer Eltern als zu erstrebendes Ideal an, andererseits ist ihnen bewusst, dass die Chancen auf ein solches Leben verschwindend gering sind, wenn man nicht zur privilegierten Elite gehört.

Das beeinflusst auch die saudischen Frauen, die sich traditionell um den Haushalt und die Kinder zu kümmern hatten. Doch auch das ändert sich: Immer mehr Frauen drängen auf den Arbeitsmarkt. Sie wollen finanziell unabhängiger von den Männern sein, die häufig nicht mehr die klassische Rolle als existenzsichernder Ernährer einnehmen können. Viele Familien brauchen schlichtweg das Gehalt der Frau, um ihre Lebenskosten decken zu können. Also nehmen die Frauen ihr Schicksal und das ihrer Liebsten selbst in die Hand. 40 % aller Familienunternehmen werden von Frauen geleitet. Auch deswegen, weil sie in der Regel besser ausgebildet sind als Männer. In den letzten Jahren sind einige exzellent ausgestattete Frauenuniversitäten wie die Princess Noura University in Riad entstanden, an denen Frauen Literatur- oder Naturwissenschaften, Informatik oder Medienwissenschaften studieren können. Tausende Studentinnen verbringen einen Teil ihres Studiums im Ausland, ehe sie in ihre Heimat zurückkehren. Dennoch bleiben für die Mehrheit die Berufsaussichten begrenzt, da noch immer die Mehrzahl der Jobs den Männern vorbehalten ist und sie in vielen Berufen aufgrund der Geschlechtertrennung nicht arbeiten dürfen.

Ein weiteres Hindernis sind die vielen ausländischen Arbeitskräfte im Privatsektor. Heute arbeiten dort nur 8,4 Millionen von den dreißig Millionen Einwohnern Saudi-Arabiens. Und nur 1,7 Millionen Arbeitnehmer in diesem Sektor sind Saudis.[32]

Neun von zehn Arbeitnehmern im Privatsektor besitzen nicht die saudische Staatsangehörigkeit, sondern kommen aus den arabischen Nachbarländern, aus Asien, Afrika und Europa. Jedes Jahr drängen über eine Million neue Gastarbeiter aus aller Herren Länder auf den saudischen Arbeitsmarkt.[33] Dieses Problem hat der saudische Staat seit langem erkannt und versucht bereits seit den 1970er Jahren, die Zahl der ausländischen Arbeitsmigranten zu reduzieren und den Arbeitsmarkt zu nationalisieren. Diese »Saudisierungspolitik« (*sa'wada*) hatte bisher jedoch nur marginalen Erfolg. Um die Abhängigkeit von den Arbeitsmigranten zu reduzieren, führte die Regierung 2011 das sogenannte *Nitaqat*-Programm ein:[34] Firmen, die die vorgeschriebenen Quoten zur Beschäftigung von einheimischen Arbeitskräften erfüllen, werden mit Anreizen belohnt, während die Unternehmen, die die Auflagen missachten, keine weiteren Ausländer einstellen dürfen. Offiziell zeigen diese Maßnahmen durchaus Wirkung: So soll sich zwischen Mitte 2011 und Mai 2013 die Zahl der saudischen Arbeitnehmer in der Privatwirtschaft verdoppelt haben und bis Ende 2013 auf 17 % gestiegen sein.[35]

Doch eine Trendwende ist das mit Sicherheit nicht. Denn viele kleinere Unternehmen können die strikten Forderungen der Regierung nicht erfüllen. Sie können sich die höheren Gehälter für saudische Arbeitnehmer nicht leisten, so dass ein Viertel der kleinen Betriebe nach Einführung der strengen Saudisierungsauflagen Pleite ging. Um diese zu umgehen, beschäftigen viele saudische Unternehmen Phantom-Arbeitskräfte, die zwar saudischer Nationalität sind und deswegen dazu beitragen, die Quoten zu erfüllen, selbst aber nicht in der Firma erscheinen müssen und nur geringfügig bezahlt werden. Sie sind nur Arbeitnehmer auf dem Papier, während die eigentliche Arbeit weiterhin von Ausländern verrichtet wird. Auch nehmen Unternehmen lieber drastische Strafzahlungen wegen Verstoßes gegen die Auflagen in Kauf, weil das letztlich günstiger ist, als saudische Arbeitskräfte einzustellen.[36] So handelt es sich oftmals nur um eine »vorgetäuschte Saudisierung« (*sa'awda wahmiah*) oder um »Schattenbeschäftigung«.[37]

Das Heer der Arbeitsmigranten: Moderne Sklaverei?

Und so bleibt die saudische Wirtschaft abhängig von ausländischen Arbeitskräften. Das hat Tradition: Das Heer der Gastarbeiter bildet seit Gründung des modernen Saudi-Arabiens das Rückgrat des wirtschaftlichen Aufschwungs. Die ersten Arbeitsmigranten wurden von Saudi ARAMCO in den 1930er Jahren angeworben. Selbst der Staatsgründer Ibn Saud hatte sich auf die Expertise von ausländischen Beratern verlassen. In den 1950er und 1960er Jahren heuerte der saudische Staat dann vor allem Lehrer und Verwaltungsangestellte aus den benachbarten arabischen Ländern wie Jemen, Ägypten, Libanon und Syrien an, um den personellen Engpass im Bildungs- und Verwaltungssystem zu beheben. Je höher die Einnahmen aus dem Erdölgeschäft und damit die Begehrlichkeiten der saudischen Gesellschaft stiegen, desto mehr ausländische Gastarbeiter wurden benötigt. Sie wurden zur treibenden Kraft beim Aufbau der saudischen Staatsinstitutionen. Sie bestimmten die Lehrpläne der Schulen und Universitäten, entwickelten die Verwaltungsstrukturen und wurden dadurch schnell unersetzlich. Stammte 1964 nur ein Drittel der städtischen Arbeitnehmer aus dem Ausland, waren es Anfang der 1970er Jahre bereits mehr als 70 %.[38] Viele von ihnen holten ihre Familien aus den Heimatländern nach.

Sozial integriert wurden die »Gastarbeiter« jedoch nie; sie sollten nur für maximal drei Jahre im Land bleiben. Kontakt zur saudischen Bevölkerung fand außerhalb der Arbeit kaum statt; Parallelwelten entstanden. Diese Trennung zwischen Saudis und Ausländern war politisch durchaus gewollt. Dem saudischen Königshaus war zwar bewusst, dass die Gastarbeiter unbedingt gebraucht wurden, man sah in ihnen aber auch eine potenzielle Gefahr. Vor allem syrische und ägyptische Migranten verbreiteten die Ideen der Muslimbruderschaft an saudischen Schulen und Universitäten, was den saudischen Herrschern ein Dorn im Auge war. Deswegen begannen sie nach 1973, als die Öleinnahmen rapide stiegen, arabische Gastarbeiter schrittweise durch südasiatische Migranten zu ersetzen.[39] Diese galten als »pflegeleichter«, da sie in der Regel weder politische Ziele verfolgten noch danach strebten, ihre Familien nach Saudi-Arabien zu holen oder die saudische Staatsangehörigkeit zu erlangen. Zwischen 1975 und 1985 stieg die Zahl der Migranten um das Fünffache von 670 000 auf 3,5 Mio.[40] 1985 stammte mehr als ein Drittel aller Migranten in den Golfstaaten aus Indien oder Pakistan.[41] Heute kommen mehr als zwei Drittel aller Arbeitsmigranten aus Asien.[42] Etwa 1,8 Mio. Inder und 1,5 Mio. Pakistaner leben im Königreich, wenngleich die inoffiziellen Zahlen deutlich höher liegen dürften. 60 % aller pakistanischen Migranten gehen nach Saudi-Arabien.[43] In den letzten vierzig Jahren wanderten 4,3 Millionen pakistanische Gastarbeiter in das Königreich aus. Die Emirate liegen mit 2,8 Mio. auf dem zweiten Rang.[44]

Doch für viele wird der ersehnte Traumjob zum Alptraum. Unter menschenunwürdigen Verhältnissen arbeiten sie als Chauffeur, Bauarbeiter oder Kindermädchen in Billiglohnjobs. Menschenrechtsorganisationen kritisieren immer wieder scharf die Lebensverhältnisse asiatischer Arbeitsmigranten als Form der modernen Sklaverei.[45] Ähnlich wie in Katar, wo die Arbeitsbedingungen für ausländische Bauarbeiter auf den Baustellen für die Fußballweltmeisterschaft 2022 in den Fokus der internationalen Kritik geraten sind, leben auch in Saudi-Arabien Tausende Bauarbeiter bei unerträglicher Hitze zusammengepfercht in viel zu kleinen Containern, müssen bis zu zwölf Stunden am Tag arbeiten und erhalten im Krankheitsfall kaum medizinische Versorgung. Immer wieder kommt es zu Unfällen und Todesopfern auf den Baustellen des Königreiches, die selten aufgeklärt oder gar kompensiert werden. Videos von vergewaltigten und malträtierten indonesischen Kindermädchen zirkulieren bei YouTube und lassen die internationale Kritik an Saudi-Arabien zu einem Sturm anschwellen. Schlaf- und Essensentzug, Sieben-Tage-Arbeitswoche und Schläge mit Stöcken oder Steinen sind oftmals der Alltag südasiatischer Arbeitsmigranten. Sie werden von ihren saudischen Arbeitgebern mehr als auszubeutende Arbeitstiere denn als Menschen betrachtet. Während in der kommerziellen Wirtschaft noch gewisse rechtliche Auflagen im Bereich Arbeitsschutz zu erfüllen sind, bewegen sich vor allem asiatische Hausangestellte in einem rechtsfreien Raum und sind vollständig abhängig von ihrem Bürgen oder ihrem Sponsor, dem sogenannten *Kafil*. Im Rahmen dieses Bürgschaftssystems (*kafala*) kommen die meisten Migranten nach Saudi-Arabien. Während seines Aufenthalts ist der Gastarbeiter fast ein Leibeigener seines Arbeitgebers, des Bürgen. Dieser ist befugt, seinem Schützling den Reisepass abzunehmen, sodass er sich nicht mehr legal und frei im Königreich bewegen oder es verlassen kann. Sein Arbeitsplatz und damit seine Zukunft hängen direkt vom Sponsor ab. Ist dieser mit den Leistungen nicht zufrieden, kann er den Arbeitsvertrag meist ohne Fristen und ohne Angabe von Gründen kündigen. Damit erlischt automatisch die Aufenthaltsgenehmigung (*iqama*) des Gastarbeiters, woraufhin dieser das Land verlassen muss.

Um Billiglohnarbeiter aus Asien zu rekrutieren, wendet sich der saudische *Kafil* an eine private Vermittlungsagentur, die auf dem jeweiligen Markt, also zum Beispiel in Pakistan, nach passenden Kandidaten sucht. Diese Agentur vermittelt gegen eine hohe Gebühr asiatische Gastarbeiter, organisiert das Arbeitsvisum und die Flugtickets. Allein in Pakistan existieren derzeit etwa 1800 solcher Agenturen.[46]

Doch bereits hier beginnt der Kreislauf von Ausbeutung und Abzocke. Viele dieser Agenturen verlangen horrende Summen, die der Aspirant aufbringen muss. Ein pakistanischer Gastarbeiter muss im Durchschnitt etwa 4300 US-Dollar bezahlen, um nach Saudi-Arabien emigrieren zu können. Allein für den Visumantrag werden im Schnitt 3500 US-Dollar verlangt,[47] Summen, die er selbst in der Regel nicht aufbringen kann, weshalb er sich das Geld bei Verwandten oder Freunden leihen muss. Damit begibt er sich jedoch in eine dreifache Abhängigkeit: Er steht nicht nur bei der Agentur und seinem zukünftigen Sponsor in der Pflicht, sondern auch bei seinen Verwandten, denen er Geld schuldet. Nach seiner Ankunft in Saudi-Arabien muss er im Durchschnitt die ersten anderthalb Jahre nur dafür arbeiten, seine Schulden zu tilgen, ehe er beginnt, eigenes Geld zu verdienen.

Dieses Rekrutierungssystem öffnet strukturellem Missbrauch Tür und Tor. Längst hat sich eine einflussreiche Mafia entwickelt, die aus dem Geschäft mit den Gastarbeitern lukrativen Profit schlägt. Auf widerwärtigste Weise werden mitunter Gastarbeiter vor ihrer Ausreise gezwungen, Drogen zu schlucken und sie so über die saudische Grenze zu schmuggeln. Ihnen wird weisgemacht, wichtige Medikamente nehmen zu müssen, bevor sie nach Saudi-Arabien reisen; so fungieren sie ohne ihr Wissen als Drogenkuriere. Doch häufig geht das schief: Die saudischen Behörden versuchen mit aller Macht, diesen Schmuggel zu unterbinden, und kontrollieren die ankommenden Gastarbeiter strikt. In der Regel werden solche Kuriere bereits bei der Einreise verhaftet. Da Drogenbesitz in Saudi-Arabien mit der Todesstrafe geahndet wird, droht ihnen ein tragisches Schicksal. Jahrelang sitzen sie in winzigen Zellen im Todestrakt der saudischen Gefängnisse, dürfen keinen Anwalt konsultieren und haben nur selten einen Dolmetscher an ihrer Seite. Die wenigsten beherrschen Arabisch, so dass sie nicht verstehen, was ihnen vorgeworfen wird, und in der ständigen Unsicherheit leben, dass jeder Morgen ihr letzter sein könnte. Kontakt zu ihren Familien dürfen sie nicht aufnehmen. Allein aus Pakistan warten 1200 zum Tode Verurteilte auf ihre Hinrichtung.[48] An öffentlichen Plätzen locken diese Exekutionen Hunderte Schaulustiger an.

Doch selbst wenn die Gastarbeiter nicht als Drogen-
schmuggler missbraucht werden, droht ihnen eine düstere Zukunft. Viele Bürgen erwerben zwar das Recht, Ausländer einzustellen, transferieren diese aber gegen eine Gebühr an andere
saudische Arbeitgeber weiter. Deswegen werden Gastarbeiter,
die vor ihrer Einreise die Zusage erhalten haben, zum Beispiel
als Fahrer in Dschidda zu arbeiten, plötzlich als Bauarbeiter in
der Ostprovinz unter einem neuen Chef eingesetzt. Anlaufstel-
len, um sich zu beschweren, existieren praktisch nicht; Gewerkschaften sind verboten. Eigentlich sind zwar die Botschaften
und Konsulate ihrer jeweiligen Heimatländer zuständig, doch
diese kümmern sich zu wenig um die Sorgen und Probleme
ihrer Landsleute. Dies hat neben dem fehlenden Personal auch
wirtschaftliche Gründe: Immerhin überweisen die Gastarbeiter
jeden Monat viel Geld an ihre Familien in der Heimat.[49] Die
pakistanische Regierung verschließt deswegen in der Regel
beide Augen vor den Arbeitsrechtsverletzungen, da sie keinen
diplomatischen Affront riskieren will.

Die krisengeplagte pakistanische Wirtschaft ist auf Gedeih
und Verderb auf das Geld angewiesen, das die Gastarbeiter in
ihre Heimat überweisen, und Saudi-Arabien ist das wichtigste
Aufnahmeland für pakistanische Migranten. 2015 erhielt Pakistan 18,2 Mrd. US-Dollar an Rücküberweisungen aus aller
Welt. Allein 5,6 Mrd. US-Dollar stammten aus Saudi-Arabien.[50] Damit tragen die Geldtransfers etwa 8 % zum pakistanischen Bruttoinlandsprodukt bei, und die Auswanderer sind
das wichtigste Exportgut. Aus dem Königreich kommen die
meisten Rücküberweisungen, die sich zwischen 2004 und 2012
um sagenhafte 487 % erhöht haben.[51] Insgesamt werden jährlich 36 Mrd. US-Dollar an Rücküberweisungen aus Saudi-Arabien in alle Welt transferiert; nur die USA liegen mit 131 Mrd.
US-Dollar vor dem Königreich.

Trotz dieser alptraumhaften Probleme sehen die meisten
Migranten in der Auswanderung nach Saudi-Arabien weiterhin
ihren Schlüssel zum Glück. In den Herkunftsländern leben sie

in bitterer Armut, finden keine Arbeit und haben kaum Chancen auf einen sozialen Aufstieg. Seit Generationen hilft ihnen Migration deshalb, die familiären Lebensverhältnisse zu verbessern. Vielen gelingt es, mit den Ersparnissen ein kleines Häuschen zu bauen, in die Bildung ihrer Kinder zu investieren, Fernseher und Computer anzuschaffen oder gar die Infrastruktur des Heimatdorfes zu verbessern.[52] Dies gilt vor allem für Pakistan: Im Durchschnitt transferiert jeder pakistanische Gastarbeiter 261 US-Dollar im Monat nach Hause – ein kleines Vermögen für pakistanische Verhältnisse. Auch der Durchschnittslohn liegt in Saudi-Arabien mit 480 US-Dollar fast viermal so hoch wie in Pakistan.[53] So hat sich in den letzten Jahrzehnten eine Mittelschicht der Migrantenfamilien entwickelt, die mehr und mehr Einfluss auf die pakistanische Wirtschaft nimmt. Und die in der Heimat Verbliebenen erwarten von den Auswanderern, dass sie ihrer aller Leben verbessern. Das erzeugt zusätzlichen Druck auf die Migranten, die in Saudi-Arabien nicht den Himmel, sondern die Hölle gefunden haben. Oftmals schämen sie sich, ihrer Familie von ihren verheerenden Lebensumständen zu erzählen. Berichte von Ausbeutung und Knechtschaft könnten als Versagen verstanden werden und die soziale Reputation der Auswanderer beschädigen – zumal ihre Verwandten viel Geld in sie investiert haben. Und so lügen viele Gastarbeiter lieber, anstatt sich Anfeindungen oder gar Spott auszusetzen, und erzählen Märchengeschichten von traumhaften Arbeitsbedingungen, großzügigen Chefs und netten Kollegen, nur um sich und die eigene Familie nicht bloßzustellen.[54]

Dabei sind viele von ihnen längst keine eigentlichen *Gast*arbeiter mehr, die nur für wenige Jahre im Land bleiben. Stattdessen verbringen sie oftmals mehr als zwanzig oder dreißig Jahre im Königreich. So ändern sie nicht nur die Verhältnisse in ihrer alten, sondern auch in ihrer neuen Heimat und tragen zum sozialen Wandel bei. In einer einschlägigen Studie heißt es: »[Migration] wurde zu einem enormen menschlichen Drama, welches Hunderttausende Familien beeinflusste. Ihre Hoffnungen, Träume und Erfahrungen können auch als die Hoffnungen, Träume und Erfahrungen einer ganzen Gesellschaft gesehen werden. [...] Bei einigen wurden die Familienbeziehungen und ihre Traditionen gestärkt, für andere führte die Migration zu einem totalen Bruch mit der Vergangenheit.«[55] Frauen sind jahrelang von ihren Ehemännern getrennt, was die soziale Struktur und das Geschlechterverhältnis herausfordert. Männer kehren mit veränderten moralischen Werten und religiösen Vorstellungen zurück, was in ihrer alten Umgebung zu Konflikten führen kann. Inspiriert durch die intolerante Lesart des Wahhabismus verbieten einige ihren Frauen und Töchtern, sich unverschleiert zu zeigen, und geraten in Widerspruch zu den Lebenskonzepten ihrer Heimatgemeinschaft.[56] Wieder andere werden in der Fremde ihrer Illusionen über Saudi-Arabien beraubt. Anstatt ihre Idealvorstellung des »Hüters der beiden Heiligen Stätten« vorzufinden, erleben sie Fremdenhass, Intoleranz und Ausbeutung. Auch diese Erfahrungen prägen das Miteinander nach ihrer Rückkehr.

Doch die meisten Migranten stilisieren Saudi-Arabien weiterhin zu einer Kombination aus Eldorado, der sagenumwobenen südamerikanischen Stadt aus Gold, und Shangri-La, der mythenhaften, paradiesischen Zuflucht im Himalaya.[57] Denn das Königreich bietet neben den besseren Verdienstmöglichkeiten noch einen zusätzlichen Anreiz: Als sunnitische Vorbildnation spielt es eine omnipräsente Rolle im Leben eines jeden Muslims. Viele wandern auch deswegen nach Saudi-Arabien aus, um nicht nur die Pilgerfahrt, die Hadsch, durchzuführen, sondern auch in dem Land zu leben, in welchem die Geburtsstätten des Islams liegen. Viele bleiben nach der Hadsch illegal im Land und begeben sich auf die Suche nach einer Arbeit auf dem Schwarzmarkt – obwohl die meisten die Gefahren kennen.

Denn die Unsicherheit, täglich abgeschoben werden zu können, bleibt bestehen – ganz gleich, wie lange man schon im Königreich lebt. Deswegen sind asiatische Migranten »Arbeiter auf Zeit, aber für immer«, wie es eine pakistanische Migrationsforscherin formuliert.[58] Auch derzeit fürchten wieder viele um ihre Zukunft: Im Rahmen des *Nitaqat*-Programms wurden 2013 Hunderttausende Gastarbeiter ausgewiesen, die sich angeblich illegal im Land aufhielten. Viele von ihnen mussten tagelang eingepfercht in Baracken ausharren, die speziell für die Abschiebung gebaut wurden. Auch 56 000 Pakistaner mussten in ihre Heimat zurückkehren.[59] Der gefallene Ölpreis vergrößert die Sorgen der Gastarbeiter, da ihre Arbeitsplätze auch an den wirtschaftlichen Aufschwung im Königreich geknüpft sind. Werden Großprojekte gestoppt, weil die finanziellen Mittel fehlen und gespart werden muss, werden sie nicht mehr benötigt und ausgewiesen. Dies geschah bereits während der Wirtschaftskrise in den 1980er Jahren und könnte heute erneut eintreten. Und im Zuge der Kuwait-Invasion durch den Irak wurden zum Beispiel 250 000 jemenitische Gastarbeiter des Landes verwiesen, weil sich die jemenitische Regierung auf die Seite Saddam Husseins gestellt hatte.[60] So werden Gastarbeiter zum politischen Spielball.

Der gefallene Ölpreis: Ein heilsamer Schock?

Saudi-Arabien ist extrem von den schwankenden Ölpreisen am Weltmarkt abhängig. Je höher der Ölpreis, umso schwungvoller floriert die saudische Wirtschaft. Je tiefer jedoch die Ölpreise fallen, umso stärker leidet Saudi-Arabien darunter. Dies zeigte sich vor allem in den 1980er Jahren, in denen Saudi-Arabien auch durch den gefallenen Ölpreis unter einer Rezession litt. Damals sanken die Ölpreise von 35 US-Dollar pro Barrel im Jahr 1980 auf unter zehn US-Dollar im Jahr 1986, wodurch sich die Öleinnahmen im selben Zeitraum von 118 Mrd. US-Dollar auf 14,5 Mrd. US-Dollar reduzierten.[61] Selbst 2005 hatte das Volumen der Staatsausgaben noch nicht wieder das Niveau von 1981 erreicht.

In einer noch schwierigeren Situation befindet sich Saudi-Arabien heute. Der Sturzflug des internationalen Ölpreises von über 100 US-Dollar pro Barrel im Sommer 2013 auf zeitweise weniger als 30 US-Dollar zu Beginn des Jahres 2016 treibt den saudischen Verantwortlichen den Schweiß auf die Stirn.[62] Die wirtschaftlichen Auswirkungen der Ölkrise sind dramatisch: Die Öleinnahmen fielen zwischen 2014 und 2015 von 285 Mrd. auf 165 Mrd. US-Dollar. Das saudische Haushaltsdefizit betrug 2015 15 % und soll 2016 auf 17,8 % des BIP steigen.[63] Dies würde Mindereinnahmen von 87 Mrd. US-Dollar bedeuten, während die Staatsausgaben mit fast 300 Mrd. US-Dollar konstant hoch bleiben. Damit gibt Saudi-Arabien genauso viel Geld aus wie Deutschland – allerdings leben in Deutschland achtzig Millionen Menschen und damit fast dreimal so viele wie in Saudi-Arabien. Die Wirtschaft soll 2016 nur noch um 1,9 % wachsen; 2015 waren es noch 3,4 %.[64]

Um die gesunkenen Einnahmen zu kompensieren, musste die saudische Regierung seit Beginn der Krise auf die enormen ausländischen Devisenreserven zurückgreifen, die Mitte 2014 exorbitante 750 Mrd. US-Dollar betrugen. Doch allein im ersten Jahr der niedrigen Ölpreise mussten etwa hundert Mrd. US-Dollar der Ersparnisse für laufende Kosten verwendet werden. Zwar gehen Schätzungen davon aus, dass die Reserven bis maximal 2020 ausreichen[65], um den niedrigen Ölpreis abzufedern, doch sollte er auch in den kommenden zehn Jahren bei deutlich unter 80 US-Dollar pro Barrel liegen, muss das Königshaus entschieden mehr tun, als sich auf seinen zugegebenermaßen stattlichen Notgroschen zu verlassen.

Dabei hat sich Saudi-Arabien das Problem des gefallenen Ölpreises zum Teil selbst eingebrockt, da dieser auch ein Ergebnis der saudischen Energiepolitik auf der Weltbühne ist. Indem das Königshaus seine Produktion kontinuierlich hochhielt, versuchte es, globalen Konkurrenten ihre Marktanteile abspenstig zu machen. Immerhin ist Saudi-Arabien in der Lage, kostengünstiger als andere zu produzieren, und verfügt somit über einen Wettbewerbsvorteil. Doch vor allem die Schiefergasproduktion in den USA – das »Fracking« – gefährdet die saudische Vormachtstellung am Markt.

Die Ölexporte in die USA sind für die Saudis nicht nur eine wichtige Einnahmequelle, sondern auch ein strategischer Pfeiler der politischen Beziehungen. Jahrelang lieferten sie Öl an die Amerikaner, hielten die Produktionsquoten konstant hoch und vermieden dadurch globale Preisschocks. Dafür erhielten sie von den USA militärischen und politischen Schutz. Doch das Fracking macht die USA zunehmend unabhängiger von Rohstofflieferanten wie Saudi-Arabien und bedroht damit auch den politischen Pakt. Allein zwischen 2010 und 2013 stieg die Schiefergasproduktion in den USA von 1 Mio. Barrel am Tag auf 3,4 Mio. Barrel.[66] 2020 soll sie bei 4,8 Mio. Barrel liegen. Je mehr sie wächst, desto mehr büßt Saudi-Arabien an Marktanteilen in den USA ein. Um dem entgegenzuwirken, erhöhte das Königreich die Anzahl seiner Raffinerien zwischen 2013 und 2015 von 114 auf 155, was die drittgrößte Ausweitung der Kapazitäten in der saudischen Geschichte bedeutete, und pumpte noch mehr billiges Öl auf den Markt.[67] Als Folge gingen 40 % der US-Ölproduzenten pleite, weil sie mit den niedrigen Erdölpreisen am Weltmarkt aufgrund der hohen Förderkosten nicht mehr mithalten konnten.[68] Denn: Noch fallen immense Kosten bei der Förderung des Schiefergases an; Kosten, die zwar durch verbesserte Technologien gedrosselt werden, aber immer noch weit über den Produktionskosten der saudischen Raffinerien liegen.

Doch die Saudis wollten nicht nur die USA schwächen. Vor allem der regionale Rivale Iran sollte in einem knallharten Preiskrieg vom Markt katapultiert werden.[69] Durch die Aufhebung der internationalen Sanktionen in Folge des Atomdeals von 2015 ist es Iran wieder erlaubt, Öl zu exportieren. Um den Rivalen empfindlich zu treffen, ließen die Saudis die Ölpreise rapide fallen, weil ihnen klar war, dass Iran aufgrund der höheren Produktionskosten darunter leiden würde.[70] Die Folge dieser Strategie ist ein Überangebot an Öl, das die Preise niedrig hält. Die saudische Führung ist davon überzeugt, eine längere Phase niedriger Ölpreise durchhalten zu können – im Gegensatz zu ihren Konkurrenten. Doch dies könnte eine verheerende Fehlkalkulation sein. Denn ohne tiefgreifende, strukturelle Reformen droht dem Königreich eine lange Krise, die durch die gefallenen Ölpreise noch verstärkt werden könnte.

Wirtschaftsreformen: Alter Wein in neuen Schläuchen?

Je tiefer der Ölpreis fällt, desto mehr steigt der Druck auf die Königsfamilie, Saudi-Arabien aus seiner Abhängigkeit vom Erdöl zu befreien. Bereits in der Vergangenheit existierte ein direkter Zusammenhang zwischen einer Phase des niedrigen Ölpreises und einer intensivierten Reformpolitik. Doch sobald die Einnahmen aus dem Ölexport wieder stiegen, ließ auch prompt der Reformwille der Herrscher nach und alles verlief wieder nach dem Prinzip »Business as usual«. Das soll sich unter der neuen politischen Führung nicht wiederholen. Sie hat begriffen, dass auf die niedrigen Ölpreise mit umfangreichen Reformen reagiert werden muss, zumal die strukturellen Probleme immer drängender werden. Der stellvertretende Kronprinz und Königssohn Muhammad bin Salman machte im April 2016 denn auch eine klare Ansage: »Binnen zwanzig Jahren werden wir eine Volkswirtschaft oder ein Staat sein, der nicht mehr vom Öl abhängig ist.«[71] Um dies zu schaffen, hat er mit der sogenannten »Vision 2030« eine ambitionierte Reformagenda vorgelegt, die als Grundlage für den nationalen Transformationsplan dienen und dazu beitragen soll, Saudi-Arabien in das Post-Öl-Zeitalter zu führen.

MbS wählt deutliche Worte: »Jeder in Saudi-Arabien ist süchtig nach Öl. Das ist eine besorgniserregende Tatsache, da es die Entwicklung vieler anderer Sektoren […] verhindert hat.

[…] Öl sollte als Investition behandelt werden. Nicht mehr und nicht weniger.«[72] Dies sind in der Tat völlig neue Töne im ölsüchtigen Königreich. Jeder müsse begreifen, dass die fetten Jahre vorbei sind, sagt MbS. Wirtschaftsreformen seien nicht nur die Angelegenheit des Staates, sondern aller. So wird der Reformwille des Einzelnen zur nationalen Pflicht und zum Zeichen der Loyalität zum Königshaus. MbS präsentiert sich als mutiger Architekt des saudischen Reformprogramms. In unzähligen Interviews und Pressekonferenzen erklärt er seine Vision und präsentiert sich als junger, dynamischer Botschafter eines neuen, sich ändernden Saudi-Arabiens. Im Vorwort der »Vision 2030« wählt MbS blumige und von Pathos triefende Worte, um an die Ehre und den Nationalstolz seiner saudischen Untertanen zu appellieren: »Unser wahrer Wohlstand liegt im Ehrgeiz unserer Bevölkerung und im Potenzial der jungen Generation. Sie ist der Stolz unserer Nation und der Architekt unserer Zukunft. […] Unser Volk wird die Welt erneut begeistern.«[73]

Alles soll anders, alles soll besser werden. Ziel ist es, Saudi-Arabien zu einer produktiven und effizienten Industrienation aufzubauen, die Wirtschaft zu diversifizieren und den Ballast des Rentierstaates über Bord zu werfen. Das Bildungssystem soll weiter ausgebaut, der Tourismus gefördert, die Gesundheitsversorgung verbessert werden. Es wird sogar über die Einführung der bislang als unislamisch verbotenen Kinos diskutiert – ein echter Affront für den wahhabitischen Klerus.[74] Bis 2030 soll sich die Wirtschaftsleistung verdoppeln, sollen der Anteil der Privatwirtschaft von 38 % auf 84 % erhöht und die Zahl der Frauen auf dem Arbeitsmarkt verdreifacht werden. 450 000 Arbeitsplätze sollen im Privatsektor entstehen.[75] Die Löhne im öffentlichen Dienst sollen von 45 % der staatlichen Gesamtausgaben bis 2020 auf 40 % gesenkt werden.[76] Die Arbeitslosenquote soll auf 7 % reduziert werden, während der Anteil ausländischer Investitionen von 3,8 % auf 5,7 % steigen soll. Vor allem folgende Bereiche sollen grundlegend reformiert werden:[77]

1. Die Energiepolitik. Hier werden die umfangreichsten Reformen geplant. Ziel ist es, sich endlich aus der Abhängigkeit vom Öl zu befreien: Bis 2030 soll sich der Anteil der Nicht-Öl-exporte an den Gesamtausfuhren von 18 % auf 50 % erhöhen. Dabei schrecken die Herrscher nicht davor zurück, die elementaren Bestandteile des Rentierstaates zur Disposition zu stellen. So wurden Anfang 2016 zum ersten Mal in der saudischen Geschichte umfangreiche Subventionen für Benzin und Strom gestrichen. Die Benzin- und Strompreise stiegen um bis zu 67 %. Jährlich wurden bislang 80 Mrd. US-Dollar, also rund ein Zehntel des BIP, für Subventionen ausgegeben. Die einheimischen Energieversorger müssen für ein Barrel Öl nur lächerliche vier US-Dollar ausgeben, was bei einem internationalen Ölpreis von 60 US-Dollar Einbußen in Höhe von 56 US-Dollar bedeutet. Ein Liter Diesel kostete in Saudi-Arabien im Jahr 2014 nur 14 US-Cent, in den USA dagegen 90 US-Cent. Die Strompreise sind dreimal niedriger als in den USA.[78] So stiegen zwischen 1975 und 1983, in einer Zeit besonders hoher Öleinnahmen, die Staatsausgaben für Energiesubventionen von 25 US-Dollar pro Kopf auf fast 700 US-Dollar.[79] Durch die gekürzten Subventionen könnte der Staat bis 2035 zusätzliche 18 Mrd. US-Dollar im Jahr einsparen.[80]

Bisher führten diese Subventionskürzungen nicht zu Protesten oder Aufständen, wie dies in anderen arabischen Ländern der Fall war. Allerdings sorgen steigende Preise an den Tankstellen selten für Euphorie. Doch auch wenn Proteste ausbleiben sollten, ergibt sich eine ganz praktische Problematik: Durch das Fahrverbot sind viele Frauen auf Fahrer angewiesen, die in der Regel 400 US-Dollar im Monat kosten. Da immer mehr Frauen alleinerziehend und unverheiratet sind, müssen sie neben den Chauffeurkosten nun auch höhere Benzinpreise stemmen. Dies können sich viele saudische Frauen schlichtweg nicht leisten, was ihre Mobilität zusätzlich einschränken wird.

Bislang profitierten vor allem die wohlhabende Mittelklasse und das Heer an Prinzessinnen und Prinzen, weniger die ärmeren Schichten von den Energiesubventionen. Da sich die Höhe der Zuschüsse am Verbrauch maß, waren die größten Energieverschwender auch die größten Profiteure von niedrigen Benzin- und Strompreisen. »Die Reichen konsumieren mehr als zehnmal so viel Strom wie zehn oder zwanzig andere Familien. Dies ist inakzeptabel«, betont MbS und will das ändern: »70 % der Subventionen kommen den Reichen zugute. Das ist nicht statthaft. Diese Gelder sollten an die Durchschnitts- und Niedrigverdiener gehen.«[81] Doch ob es sich die Eliten auf Dauer gefallen lassen, auf diese Annehmlichkeiten zu verzichten, bleibt sehr fraglich.

2. Privatisierungen. Es war eine spektakuläre Nachricht: 5 % des größten Energieunternehmens des Welt, Saudi ARAMCO, sollen bis spätestens 2018 an die Börse gebracht und für ausländische Investoren geöffnet werden.[82] Dies werde der bestnotierte Börsengang in der Geschichte, betont MbS.[83] Damit könnten zusätzliche Einnahmen von 100 Mrd. US-Dollar generiert werden[84], die allesamt in einen Staats- und Investitionsfonds fließen sollen, der mit einem Volumen von sagenhaften zwei Billionen US-Dollar (!) der größte der Welt wäre und in ein ausgeklügeltes Portfolio an Projekten investieren soll.[85] Dieser öffentliche Investitionsfonds soll das Instrument zum Umbau der saudischen Wirtschaft werden. Sogar weltweit führende Unternehmen wie Google oder Apple könnten von ihm problemlos geschluckt werden. Auch Firmen des Gesundheitssektors, die nationale Fluggesellschaft, Telekommunikations- und andere Staatsunternehmen sollen privatisiert werden.[86]

In den internationalen Medien wurde das saudische Königshaus für diese Pläne als reformerisches Vorbild gefeiert. Doch die langfristigen Auswirkungen einer solchen Privatisierung sind längst nicht klar: Niemand weiß bisher, welche Sparten von Saudi ARAMCO an die Börse kommen sollen und wie viel diese tatsächlich wert sind.[87] Vermutlich werden sensible Geschäftsbereiche ausgeschlossen, um den neuen Investoren keine allzu tiefen Einblicke in die Firma bieten zu müssen. Bisher galt Saudi ARAMCO als Mysterium. Nichts drang nach außen, Geschäftsbilanzen mussten nicht veröffentlicht werden. Das würde sich nach einem Börsengang ändern. Und genau das verspricht auch MbS: »Die Leute waren in der Vergangenheit unzufrieden, dass ARAMCOs Daten unveröffentlicht, unklar und intransparent waren. Ab heute werden sie transparent werden.«[88] Ob dies jedoch alle in der Königsfamilie befürworten, ist zweifelhaft. Immerhin gilt ARAMCO als saudisches Nationalgut und Tafelsilber.

Auch der Staatsfonds ist bei weitem keine innovative Neuerung, um die Wirtschaft produktiver aufzustellen. Vielmehr soll versucht werden, die traditionelle Öl-Rente durch eine neue Form der Rente, nämlich Investitionen in ausländische Großprojekte, zu ersetzen. Damit vermeidet man zwar die Abhängigkeit vom Ölpreis, begibt sich aber in die Abhängigkeit der internationalen Finanzmärkte. Erste Projekte in Russland und Korea sind schon in Planung.[89] Und das soll erst der Anfang sein: MbS zeigt sich davon überzeugt, dass der Fonds mehr als 10 % der globalen Investitionskapazitäten kontrollieren könne:[90] »Es wird keine Investition, keine Bewegung und keine Entwicklung in irgendeiner Weltregion ohne das Votum des Fonds geben.«[91] Das ist nichts weniger als eine Kampfansage an die Weltwirtschaft.

3. Senkung des nationalen Energieverbrauchs. Durch das rasante Bevölkerungswachstum ist die saudische Gesellschaft zu einem nimmersatten Energieschlucker geworden: Saudi-Arabien ist das Land mit dem weltweit höchsten Energieverbrauch pro Kopf. Dieser ist doppelt so hoch wie in den USA und viermal so hoch wie in Deutschland.[92] Im Jahr 2014 überstieg zudem das Energie- das Bevölkerungswachstum um das Fünffache. Jedes Jahr wächst der Stromverbrauch um 6 bis 8 %. 8,3 Mrd. Barrel Öl muss Saudi-Arabien derzeit für den Eigenverbrauch aufwenden, um die Energiegier der Saudis zu befriedigen, und kann sie nicht teuer exportieren.[93] Die gesamte Gasproduktion wird für den inländischen Verbrauch verwendet. Cafés und Restaurants kühlen sogar die Straßen vor ihrem Geschäft. In einem Land, in dem kein öffentlicher Nahverkehr existiert und jeder selbst für die kürzesten Entfernungen das Auto nutzt, steigt der Benzinverbrauch ins Unermessliche. Bei einer einheimischen Bevölkerung von etwa dreißig Millionen besitzt jeder Zweite einen Pkw – eine Zahl, die jährlich um 5 % wächst.[94] Bis 2030 soll sich auch der Strombedarf fast verdreifachen.

Diese Entwicklung muss gestoppt werden, sonst droht Saudi-Arabien, bis 2030 oder – anderen Quellen zufolge – bis 2038 von einem der wichtigsten Erdölproduzenten der Welt zu einem Nettoimporteur von Öl und Gas zu verkommen.[95] Dies haben die Herrscher erkannt, und sie wollen den Energieverbrauch im eigenen Land senken, indem zum Beispiel die Subventionen gekürzt werden. Doch bereits frühere Könige sind an diesem Ziel gescheitert. Wie das Öl wird auch kostengünstige Energie als Selbstverständlichkeit und nationales Recht angesehen. Gravierende Einschnitte im Energieverbrauch können also nicht einfach von oben verordnet werden, sondern bedürfen konsequenter Überzeugungsarbeit. Ob dies in den kommenden Jahren funktionieren kann, ist fraglich. Denn exzessiver Energiekonsum gilt als Zeichen des Wohlstands, des Fortschritts und des Prestiges.

4. Erneuerbare Energien. In einschlägigen Studien wird immer wieder auf das enorme Potenzial Saudi-Arabiens hingewiesen, erneuerbare Energien zu nutzen. In der Tat zählt die Sonneneinstrahlung mit mehr als 300 Sonnentagen im Jahr zu einer der höchsten der Welt, und in der Wüste böte sich ausreichend Platz, um Solaranlagen zu errichten. Ebenso verfügt Saudi-Arabien über ausreichend hohes Windaufkommen.[96] Doch bisher sind erneuerbare Energien im Königreich quasi inexistent. Seit Jahren will die saudische Regierung dies ändern, scheitert aber immer wieder an der Umsetzung. Zwar wurde eigens eine neue Behörde gegründet, um erneuerbare Energien zu fördern, die 2012 auch ambitionierte Ziele formulierte. So sollten bis 2032 insgesamt 54 Gigawatt (GW), also genau die Hälfte aller benötigten Energie, aus erneuerbarer Energie gewonnen werden: ein Anstieg um 49 %. Doch dieser Plan entpuppte sich als reines PR-Manöver: Projekte wurden ausgeschrieben, aber nicht vergeben, und mögliche Investoren aus dem Ausland zogen sich aufgrund der allgegenwärtigen Bürokratie und fehlender rechtlicher Voraussetzungen zurück. Es kam immer wieder zu Kompetenzgerangel zwischen den involvierten Institutionen.[97] Heimlich, still und leise verlängerte daraufhin der saudische Staat die Frist für den Ausbau erneuerbarer Energien auf 54 GW um acht Jahre bis 2040. In der »Vision 2030« ist selbst von diesem Ziel keine Rede mehr, stattdessen wird nur noch von 9,5 GW gesprochen. 109 Mrd. US-Dollar sollen in diesen Sektor investiert werden, um 137 000 neue Jobs zu schaffen und Exporteinnahmen von 40–60 Mrd. US-Dollar zu generieren. Doch dies zu erreichen, erscheint unrealistisch. Die einflussreiche Öllobby behindert den Ausbau von erneuerbaren Energien, und auch wenn unter König Salman ein neues Ministerium für Energie gegründet wurde, das sich auch um den Ausbau von Solar- oder Windenergie kümmern soll, muss es erst seine wahre Leistungsfähigkeit unter Beweis stellen. Und so sind erneuerbare Energien im Königreich bislang nicht mehr als eine Fata Morgana.

5. Reformen im Nicht-Öl-Sektor. Insgesamt empfahlen die Experten des US-amerikanischen Beratungsriesen McKinsey in einer Studie, die als Blaupause für die »Vision 2030« diente, die ungeheure Summe von vier Billionen US-Dollar in den Nicht-Öl-Sektor zu pumpen.[98] Vor allem die Tourismus- und die Gesundheitsbranche, der Bildungssektor, der Einzelhandel und das Finanzwesen sollen gestärkt und umgebaut werden.

Diese Branchen werden als zukünftige Pfeiler einer neuen öl-unabhängigen Wirtschaft angepriesen; 60 % des Gesamtwachstums und sechs Millionen neue Arbeitsplätze sollen dort bis 2030 entstehen. Insgesamt soll ihr Anteil an der Gesamtwirtschaft von 10 % auf 70 % wachsen.[99]

Insbesondere in den Bildungs- und Gesundheitssektor wurden in der Vergangenheit bereits Milliardensummen investiert. In der Tat haben sich das Bildungsniveau und auch die medizinische Versorgung landesweit deutlich verbessert, wenngleich allein in der Gesundheitsbranche noch immer zu zwei Dritteln Ausländer beschäftigt sind. Hier sollen mehr Arbeitsplätze für Saudis entstehen. Bis 2030 könnte sich allein der Bedarf an Krankenpflegern um 100 000 erhöhen. Gerade in den Bereichen Altenpflege und häusliche Versorgung auf dem Land besteht Nachholbedarf, konzentrierte sich der saudische Staat doch bisher darauf, die Krankenhäuser und Erstversorgungszentren in den Städten auszubauen.

Auch in den anderen Bereichen liegt noch viel Potenzial brach. Ein gutes Beispiel bietet die Tourismusbranche: Saudi-Arabiens zweitwichtigste Einnahmequelle ist der religiöse Tourismus. Jedes Jahr pilgern 10 bis 13 Millionen Muslime aus aller Welt nach Mekka und Medina. Die Pilgerfahrt ist für die saudischen Herrscher mit Einnahmen in Höhe von knapp 120 Mrd. US-Dollar pro Jahr zu einer Goldgrube geworden.[100] Längst wurden die heiligen Stätten zu hypermodernen Touristenattraktionen ausgebaut. Vollautomatische, gigantische Sonnenschirme schützen die Gläubigen im heiligen Bezirk Mekkas vor der sengenden Sonne; die größte Uhr der Welt steht ebenfalls in Mekka und wurde von einem deutschen Unternehmen aus dem Schwarzwald errichtet[101], und die Bettenkapazitäten der Hotels werden laufend erweitert. Bis 2030 könnten jedes Jahr fast fünfzig Millionen Pilger nach Saudi-Arabien reisen. Doch daneben will die Regierung auch Strand- und Kulturtouristen anlocken. Denn Saudi-Arabien besteht nicht nur aus trockener Wüste und hartem Lehmboden, sondern bietet an seiner 3000 Kilometer langen Küste traumhafte Strände, 1800 kleine Inseln und glasklares Meer. Muhammad bin Salman wird nicht müde, diese Touristenziele anzupreisen: »Nördlich von Dschidda liegt eine wunderschöne Gegend […], in der sich fast 100 Inseln und ein Atoll befinden. Die Temperatur ist ideal […]. Es ist unbebautes Land, und ich habe dort meine letzten acht Urlaube verbracht. Ich war regelrecht geschockt, als ich diese Gegend in Saudi-Arabien für mich entdeckt hatte.«[102] Auch einige bedeutende vorislamische Kulturgüter befinden sich in Saudi-Arabien, darunter die antike Ausgrabungsstätte Mada'in Saleh, 400 Kilometer nordwestlich von Medina, die zum UNESCO-Weltkulturerbe gehört.

Allerdings sollen sich die Angebote eher an arabische beziehungsweise saudische Muslime richten, da die Regierung nur geringes Interesse daran zeigt, ihr Image als Hüter der heiligen Stätten mit bikinibekleideten und Alkohol trinkenden Pauschaltouristen aus Russland, Deutschland oder England zu beschmutzen. Auch gibt es landesweit noch zu wenige Hotels der Top-Kategorien, und die Verkehrsanbindungen lassen ebenso zu wünschen übrig. Selbst die wohlhabenden Touristen aus anderen arabischen Staaten bevorzugen bislang eher Reiseziele, in denen die moralischen Sitten nicht so streng ausgelegt werden wie im Königreich. Daher bleibt es zweifelhaft, ob die ambitionierten Ziele erreicht werden können.

Auch der Einzelhandel soll massiv gestärkt werden. Bereits in den letzten Jahren wurden dort vor allem für saudische Frauen Arbeitsplätze geschaffen. Sie dürfen mittlerweile als Kassiererinnen in Supermärkten oder als Verkäuferinnen in Lingerieläden arbeiten. Insgesamt sollen im Einzelhandel 800 000 neue Jobs entstehen.

Doch Pläne allein sind nicht genug. Die neue Führung ließ bereits erste Taten folgen: Institutionen werden radikal umstrukturiert und Zuständigkeiten neu vergeben. Unzählige Minister wurden vom König gegen fachkundige Technokraten ausgetauscht. So wurde 2015 der von MbS geleitete Rat für wirtschaftliche und entwicklungspolitische Angelegenheiten ins Leben gerufen, der als Schaltzentrale der Wirtschaftspolitik fungiert. Dort tummeln sich nun die Wirtschaftsexperten des Landes und beraten über die Zukunft des Königreichs. Mit am Tisch sitzen US-amerikanische Berater der größten Consultant-Unternehmen der Welt wie der Boston Consulting Group oder McKinsey, die als heimliche Macher der »Vision 2030« gelten. MbS wird bereits spöttisch »Minister McKinsey« genannt, weil er ohne seine Ratgeber kaum noch auftritt.[103] 2016 sollen 1,25 Mrd. US-Dollar für solche Beratungstätigkeiten ausgegeben worden sein[104] – ein Wachstum von 13 % im Vergleich zum Vorjahr und damit das höchste der Welt.[105] Saudi-Arabien ist zu einem Paradies für internationale Beratungsfirmen geworden. Professionalität soll Einzug halten in die verkrusteten Schaltstellen der Macht, in denen bislang Korruption und Ineffizienz regierten. Und Widerworte werden nicht geduldet. So soll der langjährige und durchaus geschätzte Ölminister Ali al-Naimi auch deswegen gefeuert worden sein, weil er sich mit dem Königssohn überwarf.[106]

Gewiss sind die Reformpläne ambitioniert und notwendig. Doch noch fehlen die Details. Überdies wurde die Frage nach der politischen Machbarkeit noch nicht befriedigend beantwortet. Immerhin ist die »Vision 2030« nicht die erste große Reformagenda des saudischen Staates. Auch in der Vergangenheit wurden Pläne für mehr Saudisierung, mehr Diversifizierung und mehr Liberalisierung angekündigt – ohne dass sich die erhofften Erfolge einstellten. Ein saudischer Wirtschaftsexperte äußerte sich in einem persönlichen Gespräch dementsprechend skeptisch: »Wir müssen abwarten, was tatsächlich umgesetzt wird. Vieles davon ist eigentlich nur alter Wein in neuen Schläuchen.«[107]

Eines nämlich schaffte bisher niemand: Saudi-Arabiens Wirtschaft vom Öl zu entkoppeln. Sicherlich kann man dem neuen König und seinem Sohn nicht den politischen Willen absprechen, diese Reformen anzugehen. Doch das reicht nicht aus: Es geht um nichts weniger, als den klassischen Sozialvertrag zwischen der saudischen Gesellschaft und dem Königshaus zu reformieren.[108] Immerhin müssen nicht nur die wirtschaftlichen Probleme, sondern auch die sozialen Missstände gelöst werden. Dafür muss die Bevölkerung von der Dringlichkeit der Reformen überzeugt werden. Nur wenn dies gelingt, kann sich Saudi-Arabien aus der Öl-Abhängigkeit befreien. Das weiß auch der Königssohn: »Wir erbringen große Anstrengungen, um jeden von den Reformen zu überzeugen […]. Das ist das Schicksal von uns Saudis. Deswegen muss jeder seinen Teil beitragen, um die Vision zu realisieren.«[109]

Dafür müssen sich allerdings die gesamte Wirtschaftsstruktur, die Mentalität und die Denkweise der saudischen Gesellschaft ändern. Dies ist eine Aufgabe für Generationen und nicht in wenigen Jahren zu schaffen. MbS wird sich auch an seinen eigenen Worten messen lassen müssen. Er entscheidet nicht nur über die Zukunft des Landes, sondern die Zukunft des Landes entscheidet auch über sein weiteres Schicksal. Als Architekt und Gesicht der »Vision 2030« muss er seinen Worten Taten folgen lassen. Sein neuer Energieminister Khalid al-Falih betont denn auch vollmundig: »Wir werden bei unserer Vision den Fuß nicht vom Gas nehmen […]. Wir wollen die Voraussetzungen dafür schaffen, ein hochentwickeltes Industrieland zu werden. Unsere Vorbilder sind Länder wie Deutschland, Japan oder Südkorea.«[110]

Sollte das jedoch nicht gelingen, könnte das Reformprojekt zu einem Himmelfahrtskommando werden. Deshalb muss das Königshaus einen Weg finden, notwendige Reformen einzuleiten und gleichzeitig die Legitimation durch die Bevölkerung zu bewahren. Dies soll Muhammad bin Salman erreichen – eine große Verantwortung für den 31-Jährigen. Und so steht das saudische Königshaus vor einer zukunftsträchtigen Entscheidung, wenn die legendären Worte des früheren Königs Faisal nicht doch noch wahr werden sollen: »Innerhalb einer Generation entwickelten wir uns von Kamelreitern zu Cadillac-Fahrern. Allerdings fürchte ich, dass die nächste Generation erneut Kamele reiten muss, wenn wir unser Geld weiter so verschwenden.«[111]

Der Westen und das Königreich

Eine Zweckehe

Saudi-Arabien ist eine autoritäre Monarchie, in der Parteien und Gewerkschaften verboten sind und zivilgesellschaftliche Akteure unterdrückt werden, wenn sie sich kritisch gegenüber dem Regime äußern. Demokratische Strukturen auf nationaler Ebene sucht man vergeblich. Viele bezeichnen das saudische Königreich als »mittelalterliche Diktatur«, als »frauenverachtendes Regime« und »Unterstützer des Terrors«.

All diese Vorwürfe sind immer wieder Gegenstand einer erhitzten Diskussion darüber, ob und wie mit Saudi-Arabien kooperiert werden kann. Viele Journalisten, Politiker und Experten werden nicht müde, den negativen Einfluss des Königreichs in der Region anzuprangern. Saudi-Arabien führt einen desaströsen Krieg im Jemen, die Rivalität mit Iran spaltet den Nahen und Mittleren Osten und schwächt Länder wie Syrien, den Irak oder den Libanon. Es heizt durch seine antiiranische Propaganda und durch die antischiitische Islam-Auslegung des Wahhabismus den konfessionellen Konflikt zwischen Schiiten und Sunniten weiter an und gießt mehr als nur sinnbildlich Öl ins Feuer. Davon profitiert der »Islamische Staat«, den Saudi-Arabien nur halbherzig bekämpft, um die eigenen wahhabitischen Religionsführer nicht zu erzürnen. All das ist Gegenstand der kritischen Debatte um Saudi-Arabien. Das Verhältnis zwischen dem Königreich und dem Westen ist kompliziert, widersprüchlich und basiert auf dem Gefühl, sich gegenseitig zu brauchen, ohne sich innig zu lieben – eine Zweckehe.

Der partnerschaftliche Aspekt der Beziehung beruht insbesondere auf dem engen Verhältnis zwischen dem Königreich und den USA. Während die USA die Saudis in den vergangenen Jahrzehnten, zum Beispiel während der Kuwait-Krise 1990, politisch und militärisch unterstützten, garantierte Saudi-Arabien den USA einen konstanten Ölpreis und ausreichende Energielieferungen. An diesem Pakt nach dem Motto »Sicherheit für Energie« orientierten sich auch die wichtigsten europäischen Länder. Da die USA als »Weltpolizist« in den vergangenen Dekaden die Geschicke im Nahen und Mittleren Osten (oftmals nicht zum Positiven) bestimmten, sahen auch Länder wie Deutschland, Großbritannien und Frankreich den US-amerikanischen Alliierten Saudi-Arabien als potenziellen Partner.

Heute ist Saudi-Arabien vor allem unter zwei Aspekten für den Westen interessant: Zum einen sieht man im Königshaus einen – wenn auch sehr umstrittenen – Verbündeten im Kampf gegen den islamistischen Terrorismus. Zum anderen verfolgen die westlichen Mächte wirtschaftliche Interessen gegenüber dem wohlhabenden Ölgiganten und wittern lukrative Geschäfte. Das große Thema dabei: Die Waffenlieferungen aus Ländern wie den USA, Frankreich, Großbritannien und auch Deutschland ans Königreich, die von vielen Beobachtern strikt abgelehnt werden.

Doppelzüngige Partnerschaft: Kampf gegen den Terrorismus und wirtschaftliche Zusammenarbeit

Nach dem 11. September 2001 stieg Saudi-Arabien rasch zum wichtigen regionalen Partner im sogenannten »Krieg gegen den Terror« auf, den der damalige US-Präsident George W. Bush verkündet hatte. Heute ist das Königreich eng eingebunden in die westlichen Geheimdienstoperationen, die sich gegen dschihadistische Gruppierungen wie den IS richten. Saudi-Arabien ist Teil der internationalen Anti-IS-Allianz in Syrien und hat im Jahr 2016 eine arabische Koalition zum Kampf gegen den Terrorismus ins Leben gerufen. Die internationalen Partner der Saudis wissen, dass sie das Königreich beim Kampf gegen den IS benötigen. Mit dem Aufstieg des Terrornetzwerks hat die saudische Regierung ihre Bemühungen nochmals intensiviert und brüstet sich, weltweit einen gehörigen Beitrag zum Anti-Terror-Kampf zu leisten. Dies honoriert der Westen und preist Saudi-Arabien deshalb als wichtigen regionalen Partner.

Allerdings wissen westliche Regierungen auch um die Doppelmoral dieser Kooperation. Denn das saudische Königshaus ist ein äußerst widersprüchlicher Partner: Viele Beobachter werfen den Al Saud vor, direkt oder indirekt den Dschihadismus in aller Welt zu fördern. In der Tat dient der Wahhabismus vielen Extremisten als Grundlage ihrer verbrecherischen Ideologie.

Wirtschaftlich ist Saudi-Arabien ein interessanter und lukrativer Markt. Mit seinen dreißig Millionen Einwohnern ist das Königreich das bevölkerungsreichste arabische Land am Golf. Trotz der vielfältigen sozioökonomischen Probleme verfügt die Bevölkerung über ausreichende Mittel, um europäische oder US-amerikanische Produkte zu konsumieren. Insbesondere der saudische Staat ist für die größten und einflussreichsten Unternehmen der Welt ein attraktiver Partner. Die Öleinnahmen versetzen das Königshaus in die Lage, milliardenschwere Megaprojekte an ausländische Firmen zu vergeben, die zumeist gemeinsam mit saudischen Partnern profitable Projekte in den Bereichen Energie, Infrastruktur, Gesundheitswesen, Bildung und Wasserwirtschaft realisieren. Zwischen 2006 und 2015 lagen die ausländischen Direktinvestitionen bei durchschnittlich über 5 Mrd. US-Dollar im Jahr. Sie schossen im Boom-Jahr 2010 auf 11,7 Mrd. US-Dollar.[1] Wichtigstes Lieferland ist China, gefolgt von den USA. An dritter Stelle rangiert mit einem Anteil von 7,2 % Deutschland, während Saudi-Arabien sein Öl vor allem in die USA, nach China und Japan exportiert. Deutschland liefert hauptsächlich Maschinen, Kfz-Zubehör und chemische Erzeugnisse im Gesamtwert von fünf Mrd. Euro pro Jahr nach Saudi-Arabien. Damit liegt es bei den deutschen Ausfuhren auf Rang 24.[2]

Geschäft mit dem Tod: Die Waffenlieferungen an das saudische Regime

Saudi-Arabien ist aber vor allem als Einkäufer westlicher und damit auch deutscher Waffentechnologie in die Kritik geraten. Ihr Export spielt bei den Beziehungen mit dem Westen eine wichtige, aber sehr unrühmliche Rolle. Mit Ausgaben von über zehn Mrd. US-Dollar im Jahr 2015 sind die Saudis Weltmeister bei den Waffenimporten.[3] Der Militärhaushalt betrug 2014 achtzig Mrd. US-Dollar und ist damit der mit Abstand größte Posten im saudischen Staatsbudget. Er hat mit 13,3 % (2015) den weltweit höchsten Anteil am BIP; gefolgt von den VAE mit 5,7 %. Die beiden militärischen Supermächte Russland und die USA geben stattdessen nur 5,4 % bzw. 3,3 % ihres BIP für Rüstungsgüter aus.[4] Der Militärhaushalt wuchs seit 2005 um sagenhafte 114 %[5] und soll zwischen 2016 und 2020 bei 236 Mrd. US-Dollar liegen.[6]

Diese Gier nach Waffen befriedigen die westlichen Partner. Vor allem die USA, Großbritannien, Frankreich, aber auch Deutschland und in zunehmendem Maße China und Russland ringen um die milliardenschweren Rüstungsaufträge. Etwa zwei Drittel aller Rüstungsimporte stammen aus den USA und Großbritannien, ein Viertel aus dem restlichen Europa sowie Russland. Seit Oktober 2010 haben die USA Kampfbomber, Helikopter, Schlachtschiffe, Raketenabwehrsysteme, Bomben, bewaffnete Fahrzeuge und weiteres Militärequipment im Wert von etwa hundert Mrd. US-Dollar an Saudi-Arabien geliefert.[7] Und auch Deutschland mischt munter mit – wenngleich nicht annähernd in dem Maße wie die USA. Zwischen 2001 und 2014 verkaufte Deutschland Waffen im Wert von insgesamt 2,9 Mrd. US-Dollar an das saudische Regime. 2015 lieferte Deutschland Waffen im Umfang von etwa 300 Mio. US-Dollar an das Königreich – ein Anstieg von 28 % im Vergleich zum Vorjahr.[8] Höhepunkt war 2012 – das Jahr eins nach Ausbruch der arabischen Aufstände –, in dem die Waffenexporte bei über 1,3 Mrd. US-Dollar lagen.[9] 2015 rangierte Saudi-Arabien an dritter Stelle der wichtigsten Empfängerländer von deutschen Rüstungsgütern hinter Großbritannien und Israel, nachdem es im Vorjahr noch auf Platz sechs gelegen hatte.[10] Exportiert wurde fast die gesamte Bandbreite an Rüstungsgütern: Maschinengewehre, Überwachungs- und Sicherheitssoftware, Munition, gepanzerte Fahrzeuge, Wartungsausrüstung oder Flugkörper.[11]

Vor allem Zulieferungen von Waffenkomponenten an Partner aus den USA oder Frankreich dienen den deutschen Rüstungsfirmen als willkommenes Instrument, die strengen deutschen Auflagen für Waffenlieferungen zu umgehen, um auf diesem Wege weiterhin profitable Geschäfte mit dem saudischen Regime machen zu können. Ein deutscher Rüstungsexperte drückt es so aus: »Die Versuchung für die Regierung ist einfach sehr groß, die Waffen dahin zu liefern, wo das Geld ist.«[12] Obendrein gibt die deutsche Politik in ihrer umstrittenen Genehmigungspraxis oftmals dem Druck der einflussreichen deutschen Waffenindustrie nach. Man argumentiert, Absatzmärkte für die Rüstungsfirmen zugänglich machen zu müssen, da sie sonst Marktanteile verlieren, was auch der deutschen Bundeswehr schaden würde. Schließlich will man keine Waffen aus dem Ausland importieren, um die eigene Armee damit auszurüsten. Stattdessen will man unabhängig bleiben, indem man eigene Waffen produziert. Außerdem möchte man andere Länder in die Lage versetzen, sich selbst zu verteidigen. Das würde deutsche Auslandseinsätze wie in Afghanistan unnötig machen.

Auch aus diesen Gründen bleibt Saudi-Arabien ein lukrativer Markt für die deutsche Rüstungsindustrie.

Doch diese Geschäfte stoßen in der breiten Öffentlichkeit auf massive Kritik.[13] Regierungen, die die Lieferungen absegnen, werden dafür kritisiert, einem »Unrechtsregime« und »Unterdrückungsstaat« Waffen zu liefern, bei denen nicht eindeutig belegt werden kann, wofür sie eingesetzt werden. Auch das Europaparlament verabschiedete als Reaktion auf die katastrophale Lage im Bürgerkriegsland Jemen im Februar 2016 eine Resolution, die Waffenlieferungen an das Königreich ächtet – ein wichtiges, wenn auch für die nationalen Regierungen nicht bindendes Signal.[14] »Wer dem saudischen Regime Waffen liefert, macht sich zum Komplizen von Kriegsverbrechen im Jemen«, sagte die außenpolitische Sprecherin der Grünen im Europaparlament, Barbara Lochbihler.[15] So sollen bereits deutsche Waffen bei der Niederschlagung von schiitischen Protesten im Dezember 2014 eingesetzt worden sein. Auch soll das saudische Regime im Osten des Landes Blendgranaten deutscher Produktion gegen eigene Staatsbürger verwendet haben.[16] Über der jemenitischen Stadt Aden sollen deutsche G3-Gewehre aus saudischer Produktion abgeworfen worden sein, um prosaudische Milizen im Kampf gegen die Huthis zu bewaffnen. Dies führte bei der deutschen Bundesregierung zu hektischer Betriebsamkeit. Sie verlangte Aufklärung von ihren saudischen Geschäftspartnern – bislang ohne Erfolg.[17]

Bei der Frage der Waffenlieferungen zeigt sich wie unter einem Brennglas die ganze Widersprüchlichkeit der westlichen Beziehungen zu Saudi-Arabien. Einerseits werden die Politiker in Deutschland und in anderen Ländern nicht müde, die destabilisierende Rolle Saudi-Arabiens in den nahöstlichen Regionalkonflikten zu betonen. Andererseits machen sie sich zum Handlanger der saudischen Strategie, wenn sie Waffenexporte ins Königreich absegnen oder tolerieren.[18] In Deutschland wird diese Debatte besonders kontrovers und emotional geführt. Als Regierungspläne öffentlich wurden, die Lieferung von 270 Leopard-Kampfpanzern des Typs 2A7+ zu genehmigen, schwoll die Kritik an, handelt es sich bei diesem Panzer doch um ein Modell, das mit einer speziellen Vorrichtung auch zur Bekämpfung von inländischen Aufständen eingesetzt werden kann. Es wäre ein Skandal gewesen, wenn Panzer deutscher Herkunft von saudischen Sicherheitskräften bei der Niederschlagung von Protesten in Bahrain oder im eigenen Land zum Einsatz gekommen wären.[19] Diese Lieferung wurde auch aufgrund des öffentlichen Drucks gestoppt. Gegen solche Entscheidungen begehrt zunehmend die einflussreiche deutsche Waffenindustrie auf. Im September 2015 reichte die Waffenfirma Heckler und Koch Klage gegen die Bundesregierung ein, weil ihr seit Monaten untersagt worden war, Komponenten für die Herstellung des G36-Sturmgewehrs an ihr saudisches Partnerunternehmen auszuführen. Auch die saudische Regierung protestierte vehement gegen den Ausfuhrstopp.[20] Schließlich verlor Saudi-Arabien die Geduld[21] und plant, mit Deutschland keine Panzergeschäfte mehr abzuwickeln – weil die deutsche Politik so kritisch bei den Waffenverkäufen sei. »Die klare Wahrheit ist, dass wir an dem Panzergeschäft nicht interessiert sind«, sagte der saudische Botschafter in einem Interview. Immerhin machen Waffengeschäfte mit Deutschland nur 1 % der saudischen Rüstungsimporte aus.[22] Trotz allem bleibt Saudi-Arabien für deutsche Rüstungskonzerne ein lukrativer Markt, und der Widerspruch zwischen außenwirtschaftlichen Interessen und einem werteorientierten außenpolitischen Kurs wird weiterhin Bestandteil der öffentlichen Debatte bleiben.

Westliches Know-how, saudisches Geld

Neben Waffen »exportiert« der Westen auch immer mehr hochqualifizierte Arbeitskräfte. Saudi-Arabien ist zu einem beliebten Arbeitsplatz für westliche Fachkräfte geworden, die als »Expatriates« bezeichnet werden und zumeist hervorragend bezahlte Stellen in ausländischen oder saudischen Unternehmen besetzen. Das Schicksal ihrer oft ausgebeuteten asiatischen Gastarbeiterkollegen teilen sie nicht. Sie wohnen abgeschottet durch hohe Mauern und bestens geschützt in modernen Siedlungen, sogenannten Compounds, und leben dort geradezu in einer Oase, in der die meisten strengen Regeln des saudischen Lebens nicht gelten. Ohne die deutschen Manager, japanischen Architekten, US-amerikanischen Finanzberater oder französischen Hotelchefs wäre der saudische Aufschwung der letzten Jahrzehnte im Sande stecken geblieben. Auch deswegen gelten für die westlichen Ausländer viele Ausnahmen.

Umgekehrt hat Saudi-Arabien längst begonnen, seine beeindruckenden finanziellen Mittel im Ausland zu investieren, indem saudische Staatsfonds, Unternehmen oder Mitglieder des Königshauses Anteile an Firmen in den USA, in Großbritannien, Frankreich oder auch Deutschland erwerben, um neue finanzielle und unternehmerische Ressourcen zu erschließen und sich vom Erdöl unabhängiger aufzustellen. Solche Projekte finden jedoch in der Regel im Verborgenen statt. Als im Sommer 2016 an die Öffentlichkeit drang, dass der saudische Investitionsfonds 3,5 Mrd. US-Dollar in den US-amerikanischen Fahrdienstanbieter Uber investiert, schlug diese Nachricht hohe Wellen.[23]

Doch nicht nur saudische Firmenbeteiligungen spülen Milliarden in den Westen. Viele Saudis reisen gern in die US-amerikanischen und europäischen Metropolen wie New York, London, Paris oder München. Zwischen 2005 und 2014 stieg die Zahl der Deutschland-Reisenden aus den Golfstaaten um mehr als das Dreifache. 2014 kamen mehr als 200 000 saudische Touristen nach Deutschland. Sie zieht es vor allem nach München. Die bayerische Landeshauptstadt ist seit Jahrzehnten eines der beliebtesten Urlaubsziele für Touristen aus den arabischen Golfstaaten. Allein 30 % aller golfarabischen Deutschland-Touristen besuchen München. Mittlerweile bevölkern in den Sommermonaten unzählige arabische Familien die Münchenchener Innenstadt um Marienplatz, Karlsplatz und Maximilianstraße. Sie geben durchschnittlich mehr als 360 Euro pro Übernachtung aus[24] – eine beträchtliche Einnahmequelle für die bayerische Wirtschaft, deren Hotels, Einkaufszentren und Restaurants auf den saudischen Ansturm reagiert haben, indem Preisschilder und Menükarten auch in arabischer Sprache vorliegen und Mitarbeiter speziell für die Belange dieser Gäste geschult werden. Spezialisierte Agenturen bieten arabischen Luxustouristen einen 24-Stunden-Service an, empfehlen gegen Gebühren die besten Hotels und vermitteln Tagesausflüge in die Alpen, Eintrittskarten für ein Fußballspiel des FC Bayern München oder Konzertbesuche in Wien. Allerdings sehen viele Münchener die saudischen Touristen mit Argwohn: »Sicherlich verdienen wir mit ihnen eine Menge Geld«, verrät ein Münchener Hotelmanager. »Doch viele unserer anderen Gäste fühlen sich von ihnen gestört.«[25] Die Saudis werden als Fremde wahrgenommen, die zwar ihr Geld in Deutschland ausgeben sollen, sozial aber wenig akzeptiert werden. Daneben existieren jedoch auch handfeste Probleme. So vermitteln Immobilienmakler Luxuswohnungen für horrende Mieten an saudische Touristen, zum Beispiel im Münchener Stadtteil Bogenhausen. Dort sollen Wohnungen illegal für 150 bis 300 Euro pro Nacht und Person an saudische Touristen vermietet worden sein. Dagegen haben sich Bürgerinitiativen gegründet, weil sich viele Anwohnerinnen und Anwohner gestört, einige sogar bedroht fühlen. Es sei zu Ruhestörungen gekommen, Müll werde nicht beseitigt und Wohneigentum sei beschädigt worden.[26]

Viele Saudis reisen auch deswegen nach Deutschland, um sich hier medizinisch behandeln zu lassen. Diese sogenannten »Medizintouristen« schätzen den guten Service des deutschen Gesundheitssystems und die hochwertige Medizintechnik, nutzen aber auch die reichhaltigen Wellness- und Spa-Angebote.[27] Doch es kommen nicht nur die wohlhabenden Saudis. Viele schwerkranke saudische Patienten konsultieren auf Kosten ihrer Regierung deutsche Kliniken, sollten sie sich die hohen Behandlungskosten nicht leisten können. Die deutsche Gesundheitswirtschaft hat den Medizintourismus längst als wichtige Einnahmequelle entdeckt. In den größten deutschen Krankenhäusern wurden arabischsprachige Mitarbeiter eingestellt, die sich um die medizinischen und alltäglichen Sorgen und Probleme der saudischen Gäste kümmern sollen. Umfangreiche Kooperationen mit saudischen Kliniken wurden vereinbart.[28]

Auch zur ärztlichen Ausbildung kommen immer mehr saudische Facharztkandidaten oder Medizinstudenten nach Deutschland. Oftmals erhalten sie gut dotierte staatliche Stipendien aus der Heimat, so dass sie in den deutschen Kliniken als kostengünstige Arbeitskräfte eingesetzt werden. Viele deutsche Kliniken zeigen großes Interesse daran, saudische Facharztkandidaten auszubilden, da sie sich davon erhoffen, die wirtschaftliche Kooperation zu verbessern und das Königreich als Absatzmarkt für deutsche Medizintechnik zu erobern. Auch das Bundesministerium für Gesundheit engagierte sich in der Vergangenheit in diesem Bereich. Allerdings ließen sich Berichten zufolge einige deutsche Stationsärzte oder Klinikchefs von saudischen Anwärtern mit hohen Geldbeträgen bestechen, damit ihnen die aufreibende Facharztausbildung, die je nach Spezialisierung bis zu sechs Jahre dauern kann, angenehmer gestaltet wird. Saudischen Facharztkandidaten gelang es dadurch, sich aus den obligatorischen Deutschtests und anstrengenden Hospitanzen herauszukaufen und trotzdem ihr Abschlusszertifikat zu erhalten.[29]

Das Königreich am Pranger: Saudi-Arabiens Menschenrechtsverletzungen

Trotz der engen sicherheitspolitischen und wirtschaftlichen Zusammenarbeit bleibt Saudi-Arabien ein hochproblematischer Partner. Vor allem die gravierenden Menschenrechtsverletzungen im fast absolutistisch regierten Königreich rufen die Kritiker auf den Plan. 2015 wurden dort 158 Menschen hingerichtet. Im Jahr 2016 könnte sich diese traurige Zahl fast verdoppeln.[30] Oftmals werden Verurteilte in aller Öffentlichkeit enthauptet oder erhängt, die Termine der Exekutionen werden in den saudischen Tageszeitungen veröffentlicht. Zehntausende politische Gefangene sollen in Haft sitzen. Besondere Aufmerksamkeit erregte der Fall des Bloggers Raif Badawi, der zu 1000 Peitschenhieben und zehn Jahren Haft verurteilt wurde, weil er in seinem Blog den Propheten Muhammad und das saudische Königshaus beleidigt haben soll. Der Vorwurf lautete: Blasphemie.

Dieser Fall gab den Menschenrechtsverletzungen im Königreich ein Gesicht und erregte in Deutschland Aufsehen. Die Kritik am saudischen Regime wurde lauter; einige Politiker versprachen, sich für die Freilassung des Inhaftierten einzusetzen, an erster Stelle Vizekanzler und Bundeswirtschaftsminister Sigmar Gabriel. So betonte er in deutschen Medien, während seines Gesprächs mit König Salman bei einer Reise nach Riad im März 2015 das Schicksal Badawis deutlich angesprochen zu haben.[31] Das Ergebnis ist jedoch unbefriedigend: Noch immer sitzt der Blogger in Haft. Außerdem wurde Gabriels Engagement für Badawi in Saudi-Arabien als effekthaschende Selbstbeweihräucherung empfunden, wie mir ein saudischer Politikbeobachter erklärte: »Gabriel soll sich nicht in unsere Angelegenheiten einmischen. Deutschland soll sich nicht in unsere Angelegenheiten einmischen. Wir haben unser Rechtssystem, ihr habt eures. Außerdem hat er sich nur vor die deutschen Kameras gestellt und seinen Einsatz für Badawi kundgetan. Die Antwort des Königs verschwieg er.«[32] Dieser hatte offenbar mit kühler Distanz reagiert und auf die Unabhängigkeit der saudischen Justiz verwiesen.

Mittel zum Zweck: Die saudische Entwicklungshilfe

Saudi-Arabien ist in den letzten Jahrzehnten zu einem einflussreichen internationalen Akteur geworden. Dem Königreich reicht es schon lange nicht mehr, als regionale Kraft und religiöse Führungsmacht zu agieren, sondern es möchte auf internationaler Bühne wahr- und vor allem ernst genommen werden. Als Ölproduzent Nummer eins fordern die Saudis einen Platz an der Tafel der Großen und möchten ihre Interessen auch in der internationalen Gemeinschaft durchsetzen. Als Mitglied der Gruppe der zwanzig stärksten Industrienationen (G20) und der Welthandelsorganisation (WTO) ist man diesem Ziel in den letzten Jahren deutlich näher gekommen. Fundamentale Bestandteile der außenpolitischen Strategie Saudi-Arabiens sind bereits seit den 1970er Jahren Entwicklungs- und Finanzhilfen an internationale Organisationen. Hat man in der Vergangenheit hauptsächlich arabische Nachbarstaaten wie Ägypten oder den Jemen unterstützt, wurde der Kreis der Begünstigten immer mehr ausgeweitet: In Afrika, in Asien, sogar in Europa fungiert das Königreich als spendabler Helfer in der Not. 2014 flossen mit 512 Mio. US-Dollar zwei Drittel der Mittel in den Irak[33], 2015 war der Jemen mit fast 490 Mio. Hauptempfänger von Hilfsleistungen[34], wenngleich die Kriegskosten bis zum Frühjahr 2016 bei bis zu 70 Mrd. US-Dollar liegen sollen. Insgesamt soll Saudi-Arabien in den letzten Jahrzehnten über achtzig Länder finanziell unterstützt haben. 60 % der arabischen Entwicklungshilfe, mehr als 170 Mrd. US-Dollar, stammten seit den 1970er Jahren aus Saudi-Arabien, wobei diese Hilfe von den Ölpreisen abhängt und dadurch stark schwankt. Dementsprechend kann mit fallenden Ölpreisen auch das entwicklungspolitische Engagement Saudi-Arabiens sinken, das aber auch stark von der politischen Bedeutung des jeweiligen Empfängers abhängt.

Neben internationaler Anerkennung will das Königshaus mit seiner Entwicklungshilfe weitere Ziele erreichen. An erster

Stelle steht die obligatorische Pflicht, sich als islamische Nation solidarisch mit in Not geratenen Mitmenschen zu zeigen – unabhängig von der Religion. Das islamische Prinzip der Wohlfahrt und Nächstenliebe ist für Staaten wie Saudi-Arabien eine nationale Verpflichtung und wird durchaus ernst genommen. Die Almosengabe (*zakat*) gehört zu den fünf Säulen des Islams, an die sich jeder Muslim zu halten hat. Und dieser Verantwortung kommen die Saudis nach. Doch daneben verfolgt Saudi-Arabien mit seiner Entwicklungshilfe auch politische Ziele. Einerseits soll das Engagement den wirtschaftlichen und politischen Einfluss des Königreiches in katastrophen- oder krisengeplagten Ländern stärken. Man möchte dadurch neue Märkte erobern und Abhängigkeitsverhältnisse schaffen sowie die eigene Wirtschaft diversifizieren. Auch werden vor allem sunnitische Länder und Organisationen unterstützt, um den Einfluss Irans zurückzudrängen.

Weiterhin erhofft man sich, durch großzügige Zahlungen an die Vereinten Nationen das internationale Renommee des Königreiches zu erhöhen. Teilweise mit abstrusen Folgen: Im September 2015 erhielt ausgerechnet Saudi-Arabien den Vorsitz eines fünfköpfigen Beratungsgremiums des UN-Menschenrechtsrates. Es gibt Hinweise darauf, dass die Briten sich für Saudi-Arabien stark gemacht haben.[35] Diese Entscheidung wurde offen als »skandalös« kritisiert.[36] Man prangerte die Vereinten Nationen dafür an, einem Land wie Saudi-Arabien, in dem die Todesstrafe praktiziert und die Menschenrechte systematisch missachtet werden, mit einer solchen Funktion unberechtigte Legitimation verliehen zu haben. Saudi-Arabien seinerseits will mit seinem UN-Engagement sein Negativimage verbessern und sich als vertrauenswürdiger internationaler Akteur präsentieren. Um dieses Ziel zu erreichen, gehört das Königreich zu den wichtigsten Finanzgebern der UN. Zwischen 2010 und 2016 unterstützte Saudi-Arabien verschiedene UN-Organisationen wie das World Food Programme, das UN-Hilfswerk für Palästina-Flüchtlinge im Nahen Osten

(UNRWA), die Weltgesundheitsorganisation oder den UN Children's Fund mit mehr als 2,2 Mrd. US-Dollar.[37]

Dieser gewachsene Einfluss bleibt jedoch keineswegs spannungsfrei. So kritisierte eine UN-Beobachtungskommission im Juni 2016 das militärische Vorgehen der von Saudi-Arabien geführten Militärkoalition im Jemen. Sie bestätigte, dass diese für 60 % der 510 getöteten und 667 verletzten Kinder verantwortlich gewesen sei.[38] Diese »Liste der Schande« führt jedes Jahr die Länder, Armeen und Gruppierungen auf, die Kinder verletzen, töten oder als Soldaten rekrutieren. Die Vereinten Nationen setzten das Königreich auf diese »schwarze Liste«, doch die Saudis ließen den Affront nicht auf sich sitzen. In einer eher untypischen, verstörenden Offenheit berichtete UN-Generalsekretär Ban Ki Moon, dass Saudi-Arabien wieder von der Liste gestrichen worden sei, weil er unter dem arabischen Druck eingeknickt sei. Anonyme Quellen berichten, dass Mitarbeiter des zuständigen UN-Büros beeinflusst worden seien.[39] Man habe damit gedroht, die Zahlungen an die Vereinten Nationen einzustellen. »Ich akzeptiere die berechtigte Kritik. Der Eindruck war verheerend, aber ich musste eine Entscheidung treffen, um die UNO-Hilfsfonds und Hilfsorganisationen arbeitsfähig zu halten«, rechtfertigte sich Ban. Es sei eine der »schmerzvollsten, schwierigsten Entscheidungen seiner Amtszeit« gewesen, erklärte er. »Ich kann doch wegen der Liste nicht das ganze Haus abbrennen lassen. Ich bin Chef der Vereinten Nationen, und ich muss doch an all die vielen Krisen denken, die wir noch lindern müssen.«[40]

Vor allem das UNRWA hätte unter der Einstellung saudischer Zahlungen gelitten. Saudi-Arabien ist nach den USA, der Europäischen Union und Großbritannien der viertwichtigste Unterstützer und hat 2015 mit etwa hundert Mio. US-Dollar das UNRWA mitfinanziert. Der saudische UN-Botschafter wies jedoch alle Vorwürfe der Beeinflussung von sich. Man habe die Vereinten Nationen nur darauf hingewiesen, dass die Informationen in dem Bericht falsch seien und man deswegen Saudi-Arabien von der Liste streichen müsse. Die Vereinten Nationen hätten bei ihrer Recherche die militärische Führung der saudischen Koalition nicht kontaktiert und somit übertriebene Stellungnahmen verfasst. Trotz dieser Unschuldsbeteuerungen folgte ein Sturm der Entrüstung von Menschenrechtsorganisationen, die das Verhalten der Vereinten Nationen als Bankrotterklärung werteten, da sie sich von einzelnen Mitgliedern korrumpieren ließen.[41]

Diese Episode zeigt einerseits, wie Saudi-Arabien seine Interessen mit allen Mitteln verteidigt, und andererseits, über welchen internationalen Einfluss das Königreich mittlerweile verfügt. Dies ist eine besorgniserregende Entwicklung, da sich die saudische Regierung auf diese Weise ihrer Verantwortung entzieht, umfangreich über ihr Vorgehen im Jemen aufzuklären, und damit auch noch Erfolg hat. Gleichzeitig verfügt Saudi-Arabien (noch) über die finanziellen Mittel und den politischen Willen, weltweit Entwicklungshilfe zu leisten. Dies macht das Königreich zu einem wichtigen Partner für westliche Geberländer wie Deutschland und internationale Organisationen wie die Vereinten Nationen – trotz aller gravierenden Probleme.

Die saudische Marketingstrategie im Westen

Vor allem die Kritik in der westlichen Öffentlichkeit schlägt der saudischen Regierung auf den Magen. Ihr ist sehr wohl bewusst, dass sie ohne ein gutes Verhältnis zum Westen kaum überleben kann. Wirtschaftlich und politisch spielen die USA und Europa eine wichtige Rolle für die Saudis. Umso erschütterter reagieren sie auf die massiven Anfeindungen, die vor allem seit dem Beginn des Jemen-Krieges von Seiten der westlichen Öffentlichkeit auf sie einprasseln. Sie fühlen sich missverstanden, nicht akzeptiert, respektlos behandelt und im Stich gelassen. In westlichen Medien werden vermehrt die Exekutionen im Innern, die destabilisierende Anti-Iran-Politik und die Waffenlieferungen angeprangert, in jüngster Zeit aber auch die »Kriegsverbrechen« der Saudis im Jemen. Hingegen werde das Vorgehen der jemenitischen Huthis, so die saudische Sichtweise, zu wenig kritisiert. Galt Saudi-Arabien bis 2015 – auch aufgrund mangelnder Kenntnis – noch als Hort der Stabilität und als vertrauensvoller Partner, ist es mittlerweile zu einem Problemfall geworden.

Dies können die saudischen Herrscher nicht akzeptieren. Sie wollen zeigen, dass sie Verantwortung übernehmen und durchaus konstruktive Regional- und Weltpolitik betreiben können. Auch deswegen haben sie eine umfangreiche Charme-Offensive im Westen gestartet und setzen die Medien geschickt als Propagandainstrument ein. Mit intensiver Lobby- und Medienarbeit, kostspieligen Werbeanzeigen, Pressemitteilungen und Hintergrundgesprächen versucht die saudische Regierung, ihr Image im Westen zu verbessern. So haben einige hochrangige saudische Offizielle in vielbeachteten Interviews für westliche Medien ihre Außenpolitik erklärt; sie wollen den Eindruck vermitteln, klug und vernünftig zu handeln, die richtigen Motive zu verfolgen und keineswegs impulsive Kriegstreiber zu sein. An der Spitze dieses Medienfeldzuges steht der stellvertretende Kronprinz Muhammad bin Salman. Seine Interviews im *Economist*, bei *Bloomberg* und bei *Al-Arabiya* wurden größtenteils positiv aufgenommen.[42] In diesen Gesprächen präsentiert er sich als besonnener Politiker, der eine Eskalation mit Iran vermeiden will: »Ein Krieg zwischen Saudi-Arabien und Iran wäre der Beginn einer furchtbaren Katastrophe für die Region und würde sich auch stark auf den Rest der Welt auswirken. Glauben Sie mir, wir werden so etwas nicht erlauben.«[43]

Der saudische Botschafter in Berlin betonte in einem Interview mit dem Berliner *Tagesspiegel* die konstruktive Rolle, die Saudi-Arabien bei der Terrorbekämpfung spiele: »Wir arbeiten […] daran, die Köpfe und Herzen der jungen Menschen zu erreichen, das Konzept eines moderaten und toleranten

Islam zu etablieren und jeglicher Begründung für Extremismus und Terrorismus die intellektuelle Grundlage zu entziehen.«[44] Außenminister Adel al-Dschubair erklärte in einem Interview mit der *Frankfurter Allgemeinen Zeitung*, dass der Wahhabismus keineswegs zu mehr Hass und Intoleranz beigetragen habe: »Sollte er so extrem, gewalttätig und intolerant gewesen sein, wie die Leute sagen, weshalb hatten wir diese Gewalt in den ersten 250 Jahren nicht gesehen? Weshalb gab es keine Gewalt gegen Schiiten?« Für diese macht er Iran verantwortlich: »Erst Iran hat diesen gefährlichen Konfessionalismus ausgelöst, der heute die Region zerreißt.«[45] Dabei ignoriert al-Dschubair die brutalen Übergriffe von saudischen Wahhabiten auf schiitische Heiligtümer im Irak im 18. und 19. Jahrhundert und wäscht somit den Wahhabismus von jeglicher Verantwortung rein, um den Erzfeind Iran als alleinverantwortlich zu brandmarken. Der saudische Botschafter in London schließlich erklärte in einem Kommentar für die britische Zeitung *Telegraph*, dass die Bombardierung des Jemens im Namen der Humanität und des Friedens und nach internationalem Völkerrecht geschehe und ein wichtiger Akt im »Krieg gegen den Terrorismus« sei.[46] Die damit verbundene humanitäre Katastrophe verschwieg er.

Es sind aktuelle Einzelbeispiele dafür, wie Saudi-Arabien seine Selbstsicht exportieren möchte, wie es darum ringt, als einflussreicher Akteur auf der Weltbühne akzeptiert zu werden. Dass dabei die Aussagen und die tatsächlichen Fakten oftmals im Widerspruch zueinander stehen, stört die Saudis nicht. Ziel dieser Kampagne ist es vielmehr, verlorene Sympathien zurückzugewinnen. Dafür investiert Saudi-Arabien weltweit Millionensummen. In den USA, in Großbritannien oder auch Deutschland werden renommierte Marketingagenturen beauftragt, um die Imagekampagne Saudi-Arabiens zu koordinieren. Kulturveranstaltungen werden organisiert, Newsletter herausgegeben und Werbeanzeigen geschaltet, um zu zeigen, dass Saudi-Arabien mehr ist als ein Unterdrücker der Frauen oder eine aggressive Regionalmacht. Und dieses »Nation Branding«

zeigt Wirkung. Auch deshalb, weil es vor allem MbS mit seiner jungen und offenen Art gelingt, ein westliches Publikum zu beeindrucken. So lässt er sich zum Beispiel ohne *Kufiya*, die traditionelle weiße Kopfbedeckung der Saudis, interviewen.

Dennoch bleibt diese PR-Offensive ein schwieriges Unterfangen – gerade in Deutschland. Die hiesigen Medien stehen Saudi-Arabien sehr kritisch gegenüber. Doch vielen Journalisten und Politikern fehlt das Hintergrundwissen, und Kontakte zu saudischen Gesprächspartnern bestehen oft ebensowenig. In der Vergangenheit wurde Deutschland von den saudischen Marketingexperten zugunsten von Großbritannien oder den USA vernachlässigt. Viele Klischees über das Königreich kursieren in den deutschen Medien, was auch daran liegt, dass sich die saudische Regierung in der Vergangenheit äußerst rigide gegenüber deutschen und anderen Journalisten zeigte. Medienvertreter erhielten selten Visa, durften sich im Land nicht frei bewegen und wurden bei jedem ihrer Schritte überwacht. Das machte eine differenzierte Berichterstattung über Saudi-Arabien fast unmöglich.

Des Weiteren verfügt Deutschland kaum über zivilgesellschaftliche Institutionen im Königreich. Die politischen Stiftungen der Parteien dürfen dort nur selten tätig werden, und auch andere Kultureinrichtungen sind in ihrer Arbeit eingeschränkt. Doch neuerdings ist diesbezüglich zumindest ein minimales Umdenken im Königreich zu beobachten. Die neue saudische Führung scheint verstanden zu haben, dass man nur dann positiv wahrgenommen wird, wenn man sich aus seinem Schneckenhaus befreit und die Angst davor ablegt, Journalisten ins eigene Land zu lassen oder zumindest mit ihnen zu sprechen. Während des saudischen Kulturfestivals *Dschanadriyya* im Frühjahr 2016 ist einigen deutschen Journalisten die Einreise erlaubt worden. Zwar durften auch sie nur ausgewählte Orte und Gesprächspartner besuchen, doch immerhin wurde ihnen so eine der wenigen Möglichkeiten geboten, über Land und Leute zu berichten und den Schleier, der über Saudi-Arabien liegt, ein wenig zu lüften. Das ändert allerdings nichts daran, dass diese Journalisten weiterhin unter strenger Beobachtung standen und sich im Land nicht frei bewegen konnten.

Dass die saudische Imagekampagne jedoch auch das Gegenteil ihres eigentlichen Ziels erreichen kann, zeigt das Beispiel einer ganzseitigen Werbeanzeige in der *Frankfurter Allgemeinen Zeitung* vom 11. Dezember 2015 mit dem Titel »Das Königreich Saudi-Arabien: Initiativen und Aktionen zur Bekämpfung von Terrorismus«. Darin wurde auf insgesamt sechs eng bedruckten Spalten der Versuch unternommen, die Politik Saudi-Arabiens einem deutschen Publikum zu erklären, und immer wieder auf die konstruktive Rolle des Königreichs bei der Terrorismusbekämpfung hingewiesen. Die Anzeige soll 66 000 Euro gekostet haben.[47] Das Problem war nur, dass die deutsche Übersetzung so fehlerhaft und schludrig angefertigt worden war, dass sich beim Leser nicht verständiges Kopfnicken, sondern ungläubiges Kopfschütteln einstellte und somit das Ziel, Saudi-Arabiens Image aufzupolieren, unter viel Hohn und Spott verfehlt wurde.[48]

Auf Sand gebaut

Deutschland braucht eine andere Politik gegenüber Saudi-Arabien

»Seit achtzig Jahren, als Deutschland als erstes europäisches Land in die Entwicklung meines Landes investiert hat, verbindet unsere beiden Länder eine umfassende Beziehung, und ich bin mir sicher, dass wir diese Partnerschaft gemeinsam zu neuen Höhen führen können. Doch wie in jeder glücklichen Ehe gibt es auch Herausforderungen.«[1] So wie es der saudische Botschafter in Deutschland im typisch diplomatischen Ton ausdrückt, klingt es, als könnten die deutsch-saudischen Beziehungen durch nichts getrübt werden. Doch in der Realität sieht es anders aus: Deutschland unterhält eine ambivalente Beziehung zum Königreich, die keineswegs spannungsfrei ist und oftmals eher an eine reine Zweckehe erinnert.

Grundsätzlich stellt sich die Frage, wie im Rahmen einer werteorientierten Außenpolitik, die westliche, demokratische Staaten wie Deutschland für sich reklamieren, die Zusammenarbeit mit einem Regime wie dem saudischen aussehen soll. Deutschland muss sich im Klaren sein, welche Partner und welchen politischen Kurs es mit seiner Solidarität unterstützt. Die Bundesregierung muss entscheiden, ob eine Kooperation mit Saudi-Arabien unter den gegebenen Voraussetzungen sinnvoll und sachdienlich ist, wenn man einerseits danach strebt, Werte wie Freiheit und Demokratie zu fördern, und andererseits daran interessiert ist, die Stabilität in der Region zu sichern und eigene Wirtschaftsziele zu erreichen. Ist Saudi-Arabien also Teil des Problems oder Teil der Lösung? Diese Frage ist in Deutschland bislang nicht eindeutig beantwortet worden.

Deutschland fehlt somit eine kohärente Saudi-Arabien-Strategie. Dies liegt an mehreren Gründen. Zum einen ist Deutschland noch nicht lange als einflussreicher außenpolitischer Akteur aktiv. Vor der Wiedervereinigung 1990 war die Bundesrepublik eng in den von den USA angeführten Block im Kalten Krieg eingebunden und selbst kein unabhängiger, in eigener Verantwortung handelnder Akteur in der Welt. Das hat sich erst in den letzten Jahren geändert, wie Bundespräsident Joachim Gauck in seiner berühmt gewordenen Rede auf der Münchener Sicherheitskonferenz 2014 mit folgenden Worten hervorhob: »Wir können nicht hoffen, verschont zu bleiben von den Konflikten der Welt. Aber wenn wir uns an deren Lösung beteiligen, können wir die Zukunft zumindest mitgestalten. […] Wird Deutschland also ›mehr Ärger bekommen‹, wenn es sich einmischt? Es gibt ja durchaus manche, die meinen, deutsche Initiativkraft erzeuge notwendigerweise Friktionen mit Freunden und Nachbarn. Aber ich glaube: Hier liegt ein Missverständnis vor. ›Mehr Verantwortung‹ bedeutet eben nicht: ›mehr Kraftmeierei‹! […] Ganz im Gegenteil: Durch die Zusammenarbeit mit anderen Staaten […] gewinnt die Bundesrepublik Deutschland Gestaltungskraft hinzu.«[2]

Im Nahen und Mittleren Osten wird die deutsche Politik seit dem Zweiten Weltkrieg von der historischen Verantwortung gegenüber Israel dominiert. In den letzten Jahren sind auch die Türkei und Iran wichtiger geworden, doch »die arabischen Staaten [spielen] seit langem nur eine Nebenrolle«, wie der Islamwissenschaftler und frühere Mitarbeiter im Bundeskanzleramt Guido Steinberg konstatiert.[3] Darüber hinaus fehlen in den strategischen Schaltstellen der deutschen Außenpolitik wie dem Auswärtigen Amt oder dem Bundesverteidigungsministerium oftmals Fachkenntnisse sowie die zeitlichen und personellen Kapazitäten, um sich intensiver und langfristig mit den Ländern im Nahen und Mittleren Osten auseinanderzusetzen. Das hindert die deutsche Außenpolitik daran, die Forderungen Gaucks mit Leben zu erfüllen. Viele Beteiligte auf der Arbeitsebene sind mit tagespolitischen Ereignissen wie dem islamistischen Terrorismus oder der Flüchtlingskrise so sehr ausgelastet, dass nur wenig Zeit bleibt, eine ausdifferenzierte Strategie und ein kohärentes Konzept für den Umgang mit den Staaten des Nahen und Mittleren Ostens zu entwickeln.

Was für den Nahen Osten gilt, gilt umso mehr für Saudi-Arabien. Lange Zeit war das Königreich aus rein wirtschaftlichen Aspekten von Interesse, während es für deutsche Politiker irrelevant blieb. Erst mit den Besuchen des damaligen Bundeskanzlers Gerhard Schröder im Oktober 2003 und Februar 2005 rückte Saudi-Arabien zunehmend in den Fokus deutscher Außenpolitik. Seitdem haben deutsche Politiker das Land regelmäßig besucht. Bundeskanzlerin Angela Merkel war zuletzt 2010 dort. Doch noch immer ist nicht klar, wie die deutsche Politik mit Saudi-Arabien umgehen soll. Ein Kommentator der *Süddeutschen Zeitung* umschreibt diese Unsicherheit mit markanten Worten: »Die Beziehungen [...] bestehen aus einer Mischung des politischen und wirtschaftlichen Erbes früherer Bundesregierungen, wachsendem Verdruss über die Steinzeitlichkeit des Systems und doch zugleich der Wahrnehmung des Landes als regional wichtigem Akteur. Anders gesagt: Saudi-Arabien ist politisch einer dieser Staaten, auf die man inzwischen gerne verzichten würde, aber nicht kann.«[4]

Kurz: Saudi-Arabien ist *too big to fail* – zu wichtig, um es scheitern zu lassen. Deshalb kann sich Deutschland als einflussreicher Akteur auf der Weltbühne eine solche Konzeptionslosigkeit nicht mehr länger leisten. Ob wir wollen oder nicht – das Königreich ist der wichtigste und einflussreichste arabische Staat im Nahen und Mittleren Osten. Ohne ihn werden sich die existenziellen Krisen in der Region – die Gefahr des Terrorismus, die Kriege im Irak, in Syrien und im Jemen, der Konflikt mit Iran sowie die Flüchtlingsfrage – nicht lösen oder kontrollieren lassen. Wenn es darum geht, die Region zu stabilisieren, führt kein Weg an Saudi-Arabien vorbei.

Ohne Frage trägt die saudische Politik zu vielen dieser Krisen direkt oder indirekt bei. Umso wichtiger ist es, endlich eine kohärente Strategie gegenüber dem Königreich zu entwickeln. Dafür muss die deutsche Außenpolitik folgende Fragen beantworten: In welchen Bereichen kann Deutschland die Kooperation mit Saudi-Arabien ausbauen und entwickeln? Wie geht Deutschland mit den widersprüchlichen und häufig gegensätzlichen Interessen auf deutscher und saudischer Seite um? Welche unüberwindbaren Hindernisse ergeben sich aufgrund dieser Gegensätzlichkeit?

Zweifellos ist die Situation gerade im Nahen und Mittleren Osten immer unberechenbarer geworden. Daher können die deutsche und die internationale Politik weniger agieren, sie müssen oftmals reagieren. Dies erschwert es, eine überzeugende Strategie zu entwerfen, die zumeist auf langfristigen Ansätzen und Zielen beruht, welche aufgrund aktueller Ereignisse immer wieder ad absurdum geführt werden. Deswegen muss eine deutsche Saudi-Arabien-Strategie im politischen Alltag durchführbar sein, auf pragmatischen Konzepten und realistischen Erwartungen beruhen, um erfolgreich sein zu können. Hehre Ziele und politische Luftschlösser helfen niemandem. Formuliert man zu hohe Erwartungen und unrealistische Ziele, drohen auf beiden Seiten Frustration und Desillusion.

Das gilt insbesondere, wenn die einflussreiche Rolle der Medien in Deutschland in Betracht gezogen wird. Es wird also nicht nur darum gehen, innerhalb der deutschen Politik eine solche Strategie auch gegen Widerstände zu entwerfen und durchzusetzen beziehungsweise den saudischen Partnern die eigenen Interessen und Zwänge darzulegen. In gleichem Maße muss die Politik der deutschen Öffentlichkeit erklären, in welchen Bereichen Saudi-Arabien wichtig oder unwichtig ist und wie der Widerspruch zwischen einer realpolitisch notwendigen und einer werteorientierten Politik aufgelöst werden kann.

Gerade Letzteres ist ohne Frage besonders kompliziert. Denn Saudi-Arabien bleibt ein Regime, in dem Menschenrechte massiv verletzt werden, weswegen jedwede Kooperation zu innerdeutscher Kritik führen wird.

Um diese Fragen zu beantworten und in einem nachhaltigen Konzept umzusetzen, muss aber auch berücksichtigt werden, was Saudi-Arabien von Deutschland erwartet und einfordert. Ist die deutsche Außenpolitik bereit, saudische Interessen anzuerkennen und zu respektieren? Dazu gehört auch eine gehörige Portion Geduld im Umgang mit saudischen Verhandlungspartnern. Es ist für die deutsche wie für andere Regierungen häufig frustrierend oder gar unmöglich, mit Saudi-Arabien in einen offenen und konstruktiven Dialog zu treten. Schnell fühlen sich saudische Verhandlungspartner brüskiert, missverstanden und vor den Kopf gestoßen, was ein vertrauensvolles Miteinander erschwert. Die saudische Politik ist hochgradig personalisiert und hierarchisiert. Ohne den Zugang zum engsten Zirkel der Entscheidungsträger können Entschlüsse nicht umgesetzt werden. Selbst die reine Kontaktaufnahme gestaltet sich häufig als fast unüberwindbares Hindernis für deutsche Politiker: Rückrufbitten wird nicht nachgekommen, E-Mails bleiben unbeantwortet und Telefonnummern funktionieren nicht.

Dennoch sollten die deutsche Öffentlichkeit und die deutsche Politik gewillt sein, mehr über Saudi-Arabien und seine Strukturen zu erfahren. Viel Unzufriedenheit erwächst auch aus mangelnder Kenntnis über ein komplexes, widersprüchliches und schwer zu verstehendes Land. Das sollte aber die deutsche Außenpolitik nicht davon abhalten, sich das nötige Wissen anzueignen – auch wenn dies durch den hektischen politischen Alltag immer schwieriger wird. Mehr Wissen führt dazu, besser definieren zu können, welche konkreten Ziele mit welchem Gegenüber zu erreichen sind. Dabei darf jedoch nicht vergessen werden, dass Deutschland keineswegs *der* wichtigste und nicht einmal *ein* wichtiger Partner des Königreichs ist. Die deutsche Außenpolitik muss sich bewusst sein, dass ihr Einfluss auf das saudische Königshaus begrenzt ist und dieses eher auf die traditionellen Partner in der Region beziehungsweise die USA Rücksicht nimmt als auf Deutschland. Doch das entbindet nicht von der Verantwortung, möglichst konstruktive Ansätze zu finden, mit Saudi-Arabien ins Gespräch zu kommen, um die gemeinsamen Interessen zu betonen und auf Fehlentwicklungen hinzuweisen.

Interessen definieren: Der kleinste gemeinsame Nenner

Trotz aller Unterschiede und Widersprüche: Die deutsche und die saudische Politik teilen gemeinsame Interessen. Es gilt, diese Interessen klar und deutlich zu formulieren und zu definieren – als Fundament einer Strategie für den Umgang mit Saudi-Arabien. Sie sind nicht immer deckungsgleich, in folgenden Bereichen bestehen jedoch gute Chancen, dass sich beide Regierungen auf den kleinsten gemeinsamen Nenner verständigen können:

- **Stabilität im Nahen und Mittleren Osten.** Deutschland und Saudi-Arabien haben ein existenzielles Interesse daran, die Krisen in der Region zu lösen und die Konflikte zu befrieden oder zumindest zu beruhigen. Saudi-Arabiens eigene Stabilität hängt auch von der Lage in den Nachbarstaaten ab: Je instabiler sie ist, desto instabiler wird auch das Königreich. Dies möchte das Königshaus um jeden Preis vermeiden. Für Deutschland sind der Nahe und Mittlere Osten aus strategischen und wirtschaftlichen Gründen bedeutend: Einerseits fungiert die Region als wichtiger Markt für die deutsche Wirtschaft, andererseits sieht sich die deutsche Politik zunehmend von dem Flüchtlingsstrom oder der Terrorgefahr aus Krisenländern wie Syrien oder dem Irak herausgefordert. In diesem Punkt decken sich also saudische und deutsche Interessen, wenngleich die Strategien und Prioritäten unterschiedlich sind: Deutschland setzt auf einen diplomatischen, multilateralen Ansatz in den internationalen Gremien, während Saudi-Arabien unter König Salman eher einen interventionistischen und aggressiven Kurs eingeschlagen hat. Dies zeigt sich besonders im Jemen, wo das saudische Streben nach mehr Stabilität zum Gegenteil geführt hat, was die deutsche Sicherheitspolitik kritisch sieht. So bezeichnete der Bundesnachrichtendienst (BND) die Politik des Königssohns Muhammad bin Salman als »impulsiv« und äußerte öffentlich Kritik am Vorgehen der Saudis.[5] Dennoch: Beide Länder wollen grundsätzlich die Region stabilisieren, so dass man intensiver daran arbeiten sollte, dieses Ziel zu erreichen.

■ **Das Verhältnis zu Israel.** So absurd es auch klingen mag: Saudi-Arabien hat mit Israel derzeit kein existenzielles Problem. Obwohl das Königreich keine diplomatischen Beziehungen mit Israel unterhält und Israel für die Saudis hauptverantwortlich für die Misere der Palästinenser ist, hat Saudi-Arabien in den vergangenen Jahren einen überaus pragmatischen Kurs gegenüber den Israelis verfolgt. Zwar kämpften auch saudische Truppen im Jom-Kippur-Krieg 1973 gegen Israel, dabei handelte es sich aber eher um eine symbolische Beteiligung. Offiziell gilt Israel für die Saudis zwar als Todfeind der befreundeten palästinensischen »Brüder und Schwestern«, doch inoffiziell respektieren sich beide Staaten. Ganz nach dem Motto: Leben und leben lassen. Der damalige saudische Außenminister Saud al-Faisal verurteilte die Ermordung des israelischen Premierministers Yitzhak Rabin im Jahr 1995 scharf.[6]

Vor allem König Abdullah versuchte während seiner Herrschaft immer wieder, eine konstruktive und vermittelnde Rolle im Nahost-Friedensprozess zu spielen.[7] Im Juli 2016 besuchte eine saudische Delegation Israel, um sich dort mit Abgeordneten des israelischen Parlaments und einem führenden Mitarbeiter des israelischen Außenministers zu treffen.[8] Zwar gehörten der saudischen Abordnung keine Regierungsmitglieder an, doch war dieser Besuch ein weiteres Zeichen für den nüchternen Umgang, den beide Staaten miteinander pflegen. Weder für Israel noch für Saudi-Arabien stellt der jeweils andere Staat derzeit eine direkte militärische Bedrohung dar. Beide eint stattdessen die Furcht vor dem iranischen Einfluss im Libanon und in Syrien. Für Saudi-Arabien spielt daher Israel derzeit kaum eine Rolle, da man sich viel stärker auf den iranischen Rivalen konzentriert.

Ein saudisch-israelischer Modus vivendi liegt im Interesse Deutschlands. Immerhin basiert die deutsche Nahostpolitik aufgrund des Holocausts seit dem Ende des Zweiten Weltkriegs auf einer »historischen Verantwortung« gegenüber Israel. Die israelische Sicherheit zu garantieren ist ein wesentliches Ziel deutscher Außenpolitik im Nahen Osten. Dafür ist man auch auf die Nachbarstaaten angewiesen. Zwar wird es aufgrund der ideologischen Spannungen zwischen Israel und Saudi-Arabien auf absehbare Zeit nicht zu einer offiziellen Kooperation oder gar zur Aufnahme diplomatischer Beziehungen kommen, doch die zurückhaltende und pragmatische Haltung der Saudis gegenüber dem engen deutschen Partner erleichtert es der deutschen Außenpolitik, mit dem Königreich zusammenzuarbeiten.

■ **Kampf gegen den Terrorismus.** Da beide Regierungen die Region stabilisieren wollen, sind sie interessiert daran, effektiv und kooperativ gegen den Terrorismus, insbesondere gegen den »Islamischen Staat« vorzugehen. Auch Deutschland ist gegen Terror nicht gefeit. Anschläge mit mutmaßlich islamistischem Hintergrund wie in Ansbach oder Würzburg im Jahr 2016 führen uns das schonungslos vor Augen. In Saudi-Arabien konnten IS-nahe Dschihadisten bereits erfolgreich Anschläge durchführen. Saudi-Arabien und Deutschland sind demnach bestrebt, im Rahmen von internationalen und multilateralen Allianzen die Macht des IS zu zerschlagen. Hier könnten sich Arbeitsfelder für eine noch intensivere Zusammenarbeit finden.

- **Wirtschaftliche Zusammenarbeit.** Deutschland und Saudi-Arabien verbinden vor allem enge Wirtschaftsbeziehungen. Diese beschränken sich nicht auf die umstrittenen Waffenlieferungen, sondern umfassen auch Sektoren wie Maschinen- und Anlagenbau, Energiewirtschaft, Infrastruktur, Handel, Wissenstransfer und industrielle Produktion. Es besteht großes Potenzial, in diesen und weiteren Sektoren enger zusammenzuarbeiten. Beide Länder sind daran besonders interessiert.

- **Politische Zusammenarbeit in den Bereichen Energie und Klimaschutz.** Die wirtschaftliche Zusammenarbeit könnte vor allem im Energiebereich und beim Klimaschutz von politischer Seite unterstützt werden. Saudi-Arabien hat erkannt, dass der eigene Energieverbrauch und der hohe CO_2-Ausstoß eine intensivere Klimapolitik notwendig machen, und engagiert sich deshalb verstärkt in internationalen Klimainitiativen. Deutschland ist seit Jahren in der internationalen Klimapolitik und beim Ausbau erneuerbarer Energien ein Vorreiter, so dass auf diesem Gebiet beide Regierungen ähnliche Interessen verfolgen.

Es ist nicht zu spät: Wie eine
deutsche Saudi-Arabien-Strategie aussehen könnte

Deutschland und Saudi-Arabien teilen eine Reihe von politischen und wirtschaftlichen Interessen. Es sollte also für die deutsche Außenpolitik darum gehen, diese Interessen mit konkreten Maßnahmen zu fördern und zu stärken. Dafür sollten beide Seiten vor allem in folgenden Bereichen enger als bisher zusammenarbeiten:

- **Energie- und Klimapolitik.** Saudi-Arabien leidet derzeit unter dem niedrigen Ölpreis. Die saudische Wirtschaft muss sich dringender denn je vom Erdöl unabhängig machen und ihren Energiemix diversifizieren. Hierbei sollen erneuerbare Energien und Energieeffizienz eine wichtige Rolle spielen. Saudi-Arabiens Pläne zum Ausbau der Solar- und Windenergie sind ambitioniert und bieten deutschen Unternehmen und wissenschaftlichen Einrichtungen hervorragende Kooperationsmöglichkeiten. Deutschland wird in Saudi-Arabien aufgrund seines Know-hows und seiner Politik, erneuerbare Energien zu fördern, durchaus geschätzt. Hier sollten die saudische und die deutsche Politik enger zusammenarbeiten. In der Vergangenheit beschränkten sich Kooperationen auf den wissenschaftlichen Austausch oder auf Einzelprojekte. Zielgerichtete und gebündelte Initiativen könnten dazu führen, konkrete Projekte umzusetzen. Der politische Wille innerhalb der neuen saudischen Führung scheint dafür vorhanden zu sein. Programme zur deutschen Außenwirtschaftsförderung wie die »Exportinitiative Erneuerbare Energien« des Bundesministeriums für Wirtschaft und Energie sollten noch intensiver auf dem saudischen Markt aktiv werden. Delegationsreisen von saudischen und deutschen Unternehmen und Energieexperten könnten ebenso wie Trainingsseminare, Workshops und Konferenzen dazu beitragen, die deutsch-saudische Zusammenarbeit zu intensivieren.

Dieses Engagement sollte stärker von politischen Entscheidungsträgern flankiert werden. Dafür sollten deutsche wie saudische »Aushängeschilder« gewonnen werden, die eine bilaterale Energiepartnerschaft vermarkten, um das Interesse für erneuerbare Energien in der saudischen Gesellschaft zu wecken. Dies könnte auch in Form von universitären Kooperationen vorangetrieben werden. In Saudi-Arabien existieren einige Lehrstühle und Forschungszentren, mit denen eine solche Zusammenarbeit im Bereich des Wissenstransfers auf- und ausgebaut werden könnte. Außerdem sollten deutsche kleine und mittelständische Unternehmen ihr Augenmerk stärker als bisher auf den saudischen Markt richten. Sie könnten energieeffiziente Lösungen anbieten, um den Energiekonsum im Königreich zu senken.

Saudi-Arabien zeigt darüber hinaus ein immer stärkeres Interesse daran, sich in internationale Initiativen zum Klimaschutz produktiv einzubringen. Dieses Engagement sollte von der deutschen Politik gefördert werden. Das Königreich trägt aufgrund seines enormen Energieverbrauchs massiv zum weltweiten CO_2-Ausstoß bei.[9] Gleichzeitig ist es aufgrund des extrem trockenen Klimas, der Luft- und Wasserverschmutzung besonders vom Klimawandel betroffen.[10] Um diesen Herausforderungen zu begegnen, wurden 2008 das Nationale Energieeffizienz-Programm und zwei Jahre später das saudische Energieeffizienz-Zentrum gegründet. Weiterhin hat sich Saudi-Arabien im November 2015 im Rahmen der United Nations Framework Convention on Climate Change (UNFCCC) dazu verpflichtet, seinen Treibhausgas-Ausstoß drastisch zu verringern[11], nachdem es in der Vergangenheit immer nur versucht hat, Klimaschutzregelungen zu verhindern. Hier hat ohne Frage ein Umdenken stattgefunden. Längst ist dem Königshaus bewusst, wie verwundbar das energieabhängige Saudi-Arabien durch den Klimawandel geworden ist. Zunehmende Verwüstung und der steigende Meeresspiegel bedrohen das Land. Sollte sich der Ausstoß von Treibhausgasen nicht drastisch reduzieren, könnten die Temperaturen in den Sommermonaten auf unerträgliche 60 bis 70 Grad steigen.[12]

Aufgrund des gesunkenen Grundwasserspiegels und fehlender Frischwasserquellen muss fast der gesamte Wasserbedarf Saudi-Arabiens über die Entsalzung von Meerwasser

erfolgen, was Unmengen an Energie kostet. Um gegen-
zusteuern, will Saudi-Arabien zwischen 2021 und 2030 unter
anderem in den Bereichen Energieeffizienz, erneuerbare
Energien, Gasverbrauch und Methangewinnung seine ambitionierten Ziele umsetzen.[13] Doch die Zusammenarbeit im
Energiebereich hat auch Grenzen: Trotz der hochtrabenden
Pläne ist es Saudi-Arabien bisher nicht gelungen, sichtbare
Fortschritte zu erzielen. Politischer Unwille, Kompetenzgerangel, technische und administrative Unzulänglichkeiten
und die Dominanz der Öllobby haben verhindert, dass sich
deutsche und andere internationale Unternehmen beim
Ausbau der erneuerbaren Energien stärker engagiert haben.
Außerdem erwarten saudische Partner in der Regel milliardenschwere Direktinvestitionen deutscher Firmen im Königreich. Diese Erwartungshaltung können jedoch die kleinen und mittelständischen Unternehmen, die die deutsche
Solar- und Windbranche dominieren, nicht erfüllen. Viele
von ihnen sind auf Fördergelder angewiesen, scheuen das
Risiko, sich in schwierige Märkte wie Saudi-Arabien zu begeben und verfügen nur selten über Kontakte zu vertrauens-
würdigen saudischen Partnern.

■ **Entwicklungszusammenarbeit.** Saudi-Arabien ist bei der
Entwicklungshilfe eines der wichtigsten arabischen Geberländer. Bereits seit Jahrzehnten engagiert sich das Königreich auf bilateraler, aber auch auf internationaler und multi-
lateraler Ebene im Katastrophenschutz, in der humanitären
Hilfe und der Entwicklungszusammenarbeit. Deutschland
hat in diesem Bereich seine internationale Verantwortung
und Verlässlichkeit hinlänglich bewiesen. Dementsprechend
sollten beide Länder noch stärker kooperieren. Dies könnte auf zwischenstaatlicher Ebene, aber auch im Rahmen von
internationalen Foren wie der G7 erfolgen, um Hilfsmaß-
nahmen in Afrika, Asien oder der arabischen Welt besser zu
koordinieren und umzusetzen. Allerdings kommt es darauf

an, die Saudis nicht allein als potenzielle Geldgeber zu behandeln, sondern als gleichberechtigte Partner. Das Königreich verfügt über jahrzehntelange Erfahrung in der Entwicklungszusammenarbeit und über enge Kontakte zu den jeweiligen Partnerländern. Von diesem Wissen kann auch Deutschland profitieren.

Vor allem im Jemen und in Syrien sollte die Zusammenarbeit ausgebaut werden. Dabei müssen die deutschen Institutionen wie das Bundesministerium für technische Zusammenarbeit und Entwicklung (BMZ) oder die Gesellschaft für internationale Zusammenarbeit (GIZ) jedoch genau evaluieren, mit welchem saudischen Partner sie kooperieren wollen und können. Oftmals unterscheiden sich Ziele und Strategien dramatisch. Dies gilt zum Beispiel für die wichtigsten staatlichen Institutionen, die in Saudi-Arabien entwicklungspolitisch arbeiten, wie den Saudi Fund for Development und das neu gegründete King Salman Center for Relief and Humanitarian Assistance, welches fast ausschließlich im Jemen operiert. Beide Einrichtungen arbeiten zwar äußerst professionell, dennoch sind sie verlängerte Arme der saudischen Außenpolitik. Dies führt dazu, dass hauptsächlich mit sunnitischen Partnern kooperiert wird und schiitische Organisationen ausgeschlossen werden. Auch ist die Hilfsarbeit des King Salman Center im Jemen zwar mittlerweile dringend notwendig geworden, beruht aber auf der Tatsache, dass Saudi-Arabien durch die militärische Intervention selbst massiv zu der humanitären Katastrophe beigetragen hat. Vor allem halbstaatliche und private saudische Wohlfahrtseinrichtungen müssen genau geprüft werden. Immerhin sind in der Vergangenheit einige dieser Stiftungen in den Verdacht geraten, dschihadistische Gruppierungen unterstützt zu haben.

■ **Sicherheit.** Eines muss klar sein: Deutsche Waffen und Panzer dürfen zukünftig unter keinen Umständen mehr nach Saudi-Arabien geliefert werden. Dennoch bestehen Potenziale, im Sicherheitsbereich zusammenzuarbeiten. Da Deutschland und Saudi-Arabien daran interessiert sind, den islamistischen Terrorismus zu bekämpfen, haben beide im Sicherheitsbereich ihre Kooperation ausgeweitet. Beide Staaten stimmen sich in geheimdienstlichen Fragen ab und haben im Mai 2009 ein Abkommen über die Zusammenarbeit in Sicherheitsfragen geschlossen. Bereits 2007 engagierte sich der deutsch-französische Konzern EADS-Cassidian, der heute Airbus Defence and Space heißt, in einem Projekt zur irakisch-saudischen Grenzsicherung. Das Unternehmen lieferte Zäune mit Infrarotkameras und Radaranlagen und wurde ab 2009 von deutschen Bundespolizisten unterstützt, die ihre saudischen Kollegen schulten. Mit einem Volumen von zwei Mrd. Euro wurde der Auftrag ab 2009 ausgeweitet und umfasst nun die Sicherung der 9000 Kilometer langen saudischen Land- und Seegrenzen.[14] Diese Maßnahmen sind vor allem deswegen wichtig geworden, weil sie es dem IS erschweren, auf saudisches Territorium vorzudringen.

Kooperationen im ähnlichen Stil könnten auch in Zukunft erfolgen, sollten aber ganz eindeutig auf den Überwachungs- und Grenzsicherungsbereich konzentriert sein und Waffenlieferungen ausschließen. Deutschland hat ein Interesse daran, dass Saudi-Arabiens Sicherheitslage stabil bleibt. Dennoch bleibt jegliche Kooperation im Sicherheitsbereich sensibel. Selbst wenn keine Waffen, Panzer oder Munition mehr geliefert werden sollten, könnten die Saudis deutsche Überwachungstechnik auch gegen die eigene Bevölkerung, zum Beispiel die saudischen Schiiten, einsetzen.[15] Dieser Gefahr muss sich die deutsche Politik bewusst sein und daher jedes Geschäft, jeden Auftrag und jede Kooperation besonders gewissenhaft abwägen, um nicht zu riskieren, mitverantwortlich zu sein für saudische Repressionsmaßnahmen gegen die eigene Zivilbevölkerung.

■ **Politische Zusammenarbeit.** Seit etwa zehn Jahren hat sich die politische Zusammenarbeit zwischen Saudi-Arabien und Deutschland intensiviert. Dennoch sollte die deutsche Außenpolitik verstärkt daran arbeiten, die persönlichen und institutionellen Netzwerke auszubauen. Dies könnte dazu beitragen, Vertrauen zu neuen Ansprechpartnern aufzubauen, zumal König Salman seit seiner Amtsübernahme einflussreiche Minister und Berater austauschen ließ. Es sollten auch immer wieder politische Delegationen aus Saudi-Arabien nach Deutschland eingeladen werden. Insbesondere Veranstaltungen und Diskussionsrunden mit weiblichen saudischen Abgeordneten, die mit deutschen Vertretern aus Wissenschaft, Politik und Zivilgesellschaft zum Beispiel Fragen der Geschlechtertrennung diskutieren, sollten geplant werden. Auch sollte die deutsche Außenpolitik versuchen, Vertreter der schiitischen Minderheit entweder in Saudi-Arabien zu Gesprächen zu treffen oder nach Deutschland einzuladen. Dass dies angesichts der Befindlichkeiten der saudischen Regierung ein schwieriges Unterfangen sein wird, ist klar. Dennoch: Bislang finden solche Aktivitäten noch zu selten statt, was einerseits an der Weigerung der Saudis, andererseits aber auch an der Scheu oder dem Misstrauen deutscher Politiker liegt.

■ **Kulturelle Zusammenarbeit.** Ähnliches gilt auch für die kulturelle Zusammenarbeit. Deutschen Stiftungen ist es verboten, Büros in Saudi-Arabien zu eröffnen. Allerdings gelang es einem sogenannten »Kulturmanager«, der von der Robert-Bosch-Stiftung 2011 nach Dschidda entsandt worden war, interessante Aktivitäten und Projekte durchzuführen: Saudische und deutsche Hip-Hop-Künstler rappten gemeinsam, Kunstausstellungen und Diskussionsveranstaltungen, etwa zum Thema »Frauen in den Naturwissenschaften«, wurden ebenso organisiert wie Filmabende, ein Street-Art- und Graffiti-Projekt sowie Workshops, in denen junge Saudis unter deutscher Anleitung Möbel designen konnten.[16]

Auch während des saudischen Kulturfestivals *Dschanadriyya* organisierten die deutsche Botschaft und das Generalkonsulat kulturelle Veranstaltungen. Sicherlich verändern diese Aktivitäten nicht die politischen Zustände in Saudi-Arabien, sie sind aber zweifelsohne ein wichtiger Bestandteil des saudisch-deutschen Kulturaustausches. Zwar handelt es sich dabei eher um Tropfen auf den heißen Stein, doch mehr ist unter den rigiden Regeln des saudischen Regimes kaum zu realisieren. Dennoch: Deutschland muss weiter darauf drängen, den Kulturaustausch auszuweiten. Saudische Autorinnen und Autoren, Künstlerinnen und Künstler, Journalistinnen und Journalisten sowie Menschenrechtsaktivisten und -aktivistinnen sollten mit deutschen Kulturakteuren in Deutschland oder im Königreich zusammentreffen und diskutieren können. Dafür sollten sich die deutschen Institutionen noch intensiver einsetzen.

Klare Kante zeigen: Wo Deutschland eindeutiger Position beziehen muss

Deutschland muss der Balanceakt gelingen, einerseits mit Saudi-Arabien zu kooperieren, andererseits aber auch deutlich zu machen, wo die Grenzen einer solchen Zusammenarbeit liegen:

- **Waffenlieferungen einstellen.** Die Bundesregierung darf der deutschen Rüstungsindustrie keine Waffenlieferungen mehr nach Saudi-Arabien erlauben. Deutschland muss sich seiner moralischen Verantwortung bewusst sein. Wenn deutsche Waffen, Panzer oder Munition von der saudischen Armee bei der Niederschlagung von inländischen Protesten oder bei umstrittenen Kampfhandlungen wie im Jemen eingesetzt werden, bei denen Zivilisten oder gar Kinder getötet werden, wäre dies für Deutschland nicht zu akzeptieren. Es muss daher präventiv vermieden werden. Es ist unwahrscheinlich, dass ein Stopp der Waffenlieferungen tatsächlich das Verhältnis zu Saudi-Arabien verschlechtern wird. Es ist auch klar, dass ein Ende der Waffenlieferungen aus Deutschland nicht verhindert, dass Saudi-Arabien weiterhin Rüstungsweltmeister bleibt. Frankreich, die USA, Großbritannien oder China würden sich die Hände reiben, wenn Deutschland aus moralischer Verantwortung den Rüstungsexport nach Saudi-Arabien einstellen würde. Doch wirtschaftliche Interessen dürfen hierbei keine Rolle spielen. Es wäre auch innenpolitisch ein richtiges Signal der Bundespolitik, nicht nur die Menschenrechtsverletzungen in Saudi-Arabien anzuprangern, sondern dem auch Taten folgen zu lassen.

■ **Diplomatischer Druck.** Die deutsche Politik muss auch in Zukunft ehrlich und schonungslos die Menschenrechtsverletzungen in Saudi-Arabien kritisieren. Zwar läuft man damit Gefahr, die saudischen Partner zu verärgern, doch sind Urteile wie gegen Raif Badawi nicht zu akzeptieren. Allerdings sollten deutsche Politiker darauf achten, solche kritischen Äußerungen nicht für populistische Wahlkampfzwecke zu missbrauchen oder zu instrumentalisieren. Stattdessen sollte das respektvolle Gespräch mit den saudischen Partnern gesucht werden, um solche Fälle offen und eindeutig, aber in vertraulicher Atmosphäre anzusprechen. Auch sollte man diese Gespräche im Nachhinein nicht medienwirksam ausschlachten. Eines ist jedoch klar: Der Einfluss deutscher Politiker in diesem sensiblen Bereich wird begrenzt bleiben.

■ **Annäherung an Iran einfordern.** Die deutsche Diplomatie sollte über direkte Kanäle und in internationalen Foren noch intensiver daran arbeiten, den iranisch-saudischen Konflikt zu entschärfen. Deutschland genießt in beiden Ländern ein positives Image als »ehrlicher Makler« und war intensiv in die Verhandlungen zur Lösung des iranischen Atomkonflikts involviert. In der Vergangenheit ist es der deutschen Außenpolitik gelungen, saudische und iranische Vertreter an einen Tisch zu bringen, um beispielsweise über die syrische Zukunft zu diskutieren. Auch auf Arbeitsebene konnten deutsche Institutionen saudische und iranische Technokraten, Politikberater und Journalisten zu gemeinsamen Diskussionen in Brüssel oder Berlin zusammenbringen.[17] Diese diplomatische Arbeit muss fortgesetzt werden. Darauf sollte Deutschland in seinen Gesprächen mit den iranischen und saudischen Partnern immer wieder pochen.

■ **Kontakt zur saudischen Zivilgesellschaft.** Es ist ein Trugschluss zu glauben, dass in Saudi-Arabien keine Zivilgesellschaft existiert. Frauenaktivisten, Künstler, Menschenrechtler oder religiöse Vertreter verfügen durchaus über sozialen Einfluss und gestalten den gesellschaftlichen Wandel mit. Allerdings haben sie harten Regeln zu folgen und müssen die roten Linien beachten, die der Staat vorgibt. Das macht es für deutsche Politiker oder zivilgesellschaftliche Akteure schwer, sie zu identifizieren und mit ihnen Kontakt aufzunehmen. Dennoch: Dieser Kontakt muss verstärkt gesucht, Vertreter der saudischen Zivilgesellschaft müssen eingeladen und gehört werden. Nur so lässt sich der Wandel in Saudi-Arabien konstruktiv begleiten. Das gesellschaftliche Leben im Königreich ist so facettenreich und dynamisch, dass sich viele Chancen für einen engeren Austausch bieten. An solchen Aktivitäten sollte auch dann festgehalten werden, wenn die saudische Regierung über ihre Botschaften oder einzelne Ministerien diese zu verhindern oder torpedieren versucht. Insbesondere bei geplanten Veranstaltungen mit Oppositionellen geraten deutsche Kulturinstitutionen oftmals unter Druck, dem sie standhalten sollten.

- **Reformen einfordern.** Die deutsche Politik und Öffentlichkeit sollten sich von den neu formulierten Wirtschaftsreformen in Saudi-Arabien nicht blenden lassen. Deutschland sollte die Bemühungen der saudischen Führung honorieren und unterstützen, doch darüber nicht vergessen, auch politische Reformen anzumahnen. Wenn zum Beispiel die saudischen Schiiten wirtschaftlich, gesellschaftlich und politisch weiterhin ausgegrenzt werden, sollten deutsche Politiker dies ebenso deutlich ansprechen wie die rechtliche Benachteiligung von Frauen oder die mangelnden demokratischen Partizipationsmöglichkeiten. Allerdings sollte eine solche Kritik nicht Fortschritte wie etwa die Gemeinderatswahlen im Dezember 2015 ignorieren, bei denen auch Frauen zugelassen waren. Ausgewogene Kritik statt Saudi-Bashing wird von der saudischen Seite eher akzeptiert.

- **Flüchtlingspolitik.** Deutschland muss darauf drängen, dass sich Saudi-Arabien stärker bei der Flüchtlingshilfe engagiert. Bisher hat das saudische Königreich nach offiziellen Statistiken des UN-Flüchtlingshilfswerks, ebenso wie die anderen Golfstaaten, kaum syrische oder irakische Flüchtlinge aufgenommen. Menschenrechtsorganisationen kritisierten deswegen die Golfstaaten vehement und teilten mit, kein einziger arabischer Golfstaat habe Flüchtlingen Schutz geboten.[18] Selbst der saudische Prediger Salman al-Awda warf dies seiner Regierung über Twitter vor.[19] Das liegt offiziell daran, dass Saudi-Arabien die UN-Flüchtlingskonvention von 1951 und ihr Zusatzprotokoll von 1967 nicht ratifiziert hat.[20] Der wahre Grund ist jedoch ein anderer: Saudi-Arabien hat Angst, dass die innere Stabilität durch die Einrichtung von Flüchtlingslagern gefährdet werden könnte. Bereits jetzt leben etwa zehn Millionen Gastarbeiter im Land. Die Zahl der Ausländer soll nicht steigen, um die bereits existierenden sozioökonomischen Probleme auf dem Arbeitsmarkt und die steigenden sozialen Spannungen nicht weiter zu verschärfen.

Saudi-Arabien wehrt sich jedoch vehement gegen den Vorwurf, nichts für die Flüchtlinge zu tun. So sollen seit 2011 mehr als 2,5 Millionen Syrer aufgenommen worden sein. 100 000 von ihnen hätten ein dauerhaftes Aufenthaltsrecht erhalten. Alle diese Syrer würden kostenlos medizinisch versorgt. Sie seien jedoch nicht als Flüchtlinge gekommen, sondern würden als »arabische Brüder und Schwestern in Not« bezeichnet.[21] Ein saudischer Journalist betont: »Saudi-Arabien war und ist ein sicherer Hafen für diejenigen, die Schutz und Hilfe benötigen. Wir haben […] die Syrer niemals als Flüchtlinge bezeichnet. Wir bezeichnen sie als Gäste […]. Die westlichen Medien wissen einfach nicht, was Saudi-Arabien und die anderen Golfstaaten schon unternommen haben, um den Flüchtlingen direkt oder indirekt zu helfen.«[22]

Belegen lassen sich diese Maßnahmen und ihre Wirksamkeit allerdings nicht. Es soll sich bei den aufgenommenen Syrern wohl eher um gut ausgebildete Fachkräfte handeln, die in Saudi-Arabien einen Job gefunden haben oder ohnehin bereits vor 2011 dort lebten. 400 000 Syrer haben in Saudi-Arabien Zuflucht gefunden, weil die saudische Wirtschaft von ihnen profitiert.[23] Dies bestätigt ein syrischer Freund, der mit seiner Familie aus Damaskus fliehen musste und nun in Dschidda als Chirurg arbeitet: »Die Saudis hätten mich niemals aufgenommen, wenn ich nicht so gut qualifiziert gewesen wäre. Ich kenne viele Syrer, die an der Grenze abgewiesen wurden.«[24]

Hinzu kommt, dass viele Flüchtlinge gar nicht in Saudi-Arabien Zuflucht finden wollen. Sie fliehen vor Diktatoren und fehlender Freiheit und wollen nicht von einem Unrechtsstaat in den nächsten kommen. Zweifelsohne unterstützt Saudi-Arabien Länder wie die Türkei, den Libanon oder Jordanien, die einen Großteil der Flüchtlinge aufgenommen haben, stellt Geld und Nahrungsmittel zur Verfügung und richtet Hilfslager ein. Seit 2011 sollen 700 Mio. US-Dollar in die Flüchtlingshilfe geflossen sein[25]; allein 2015 zahlten die Saudis neunzig Mio. US-Dollar an das UN-Flüchtlings-hilfswerk.[26] 2013 initiierte der damalige König Abdullah einen groß angelegten Spendenaufruf für die syrischen »Brüder und Schwestern«. Allerdings ist nicht immer klar, an wen das Geld geht. Viele saudische Wohlfahrtsorganisationen engagieren sich selbständig in der Flüchtlingshilfe, verteilen kostenlose Korane, kümmern sich um Kriegswaisen und organisieren die Lebensmittelversorgung in Flüchtlingscamps gemeinsam mit jordanischen und libanesischen Partnern.

Doch wie viel Geld tatsächlich fließt und ob es immer bei den Bedürftigen ankommt, ist unbekannt. Deswegen sollte Saudi-Arabien seine Maßnahmen transparent machen und verlässliche Informationen zur Verfügung stellen. Dies gilt nicht nur für Syrien, sondern auch für den Jemen. Dort steht die nächste Flüchtlingskatastrophe vor der Tür. Im Januar 2016 waren etwa 2,4 Mio. Jemeniten auf der Flucht – das ist etwa jeder zehnte Bewohner des gebeutelten Landes.[27] Sie können nur ihr Zuhause verlassen und versuchen, innerhalb des Jemens eine neue Zuflucht zu finden, was allerdings immer schwieriger wird. Also bleibt vielen nur der Weg über das Meer nach Somalia oder Dschibuti, in den benachbarten Oman oder eben nach Saudi-Arabien. Letzteres wollen die Saudis tunlichst vermeiden, sind sie doch selbst mitverantwortlich für die humanitäre Krise im Jemen. Deswegen muss Deutschland gemeinsam mit der internationalen Gemeinschaft Saudi-Arabien auffordern, seine Flüchtlingshilfe auszuweiten und die UN-Flüchtlingskonvention zu unterzeichnen.

Ein Ausblick

Wandel oder Untergang?

Saudi-Arabien steht nicht zum ersten Mal vor einer entscheidenden Phase in seiner noch jungen Geschichte. Doch die derzeitige Last externer und interner sowie wirtschaftlicher und ideologischer Krisen ist erdrückend. Dies zwingt die neue politische Führung um König Salman, an unterschiedlichen Fronten zu kämpfen, um einerseits die eigene Macht und andererseits die nationale Stabilität zu bewahren. Es geht nicht nur um das eigene Überleben – es geht um die Zukunft des Landes.

Doch die gewählten Mittel gefährden diese Ziele. Außenpolitisch verfolgt das Königshaus einen Kurs der Aggression und Konfrontation, der sich vor allem gegen Iran richtet. Der Hegemonialkonflikt zwischen Saudi-Arabien und Iran destabilisiert die Region und lässt politische Lösungen in Syrien oder dem Jemen illusorisch werden. Ohne eine Überwindung dieses politischen und ideologischen Konflikts wird sich die Lage im Nahen Osten weiter verschlechtern. Davon profitiert vor allem der »Islamische Staat«, der das saudische Königshaus als zu vernichtenden Feind auserkoren hat. Teile der saudischen Wahhabiten sympathisieren allerdings mit der IS-Ideologie, was es den saudischen Herrschern erschwert, auf der ideologisch-psychologischen Ebene gegen die Dschihadisten vorzugehen, ohne das Bündnis mit der Wahhabiyya zu gefährden. So führt die Rivalität mit Iran zu einer doppelten Destabilisierung: Sie verhindert sowohl politische Lösungen als auch das geeinte Vorgehen gegen den IS. Die Folge ist eine explosive Gemengelage, in der der sunnitisch-schiitische Konfessionskonflikt immer mehr an Schärfe gewinnt. Saudi-Arabien sowie Iran instrumentalisieren diesen Konflikt für politische Eigeninteressen, was den Nahen und Mittleren Osten zu einem Pulverfass hat werden lassen.

Gleichzeitig stößt das traditionelle Rentierstaatsprinzip längst an seine Grenzen. Immer mehr junge Menschen verlangen vom Königshaus eine gesicherte Perspektive, Arbeit und Wohlstand. Doch die Ressourcen schrumpfen. Der gesunkene Ölpreis verschärft dabei nur die strukturellen Mängel der saudischen Wirtschaft, die nach wie vor von wenigen Günstlingen dominiert wird, die breite Gesellschaft jedoch ausschließt. Viele junge Männer und Frauen leiden unter mangelnden Chancen, unter Arbeits- und Perspektivlosigkeit. Frustration und Radikalisierung sind die Schattenseiten der saudischen Modernisierung und verlangen nach einem neuen Sozialvertrag. Die alte Ordnung, die als Gegenleistung für die Rundumversorgung durch den Staat absolute Loyalität einforderte, zerbricht. Stattdessen wird darüber diskutiert, Steuern einzuführen und Subventionen zu streichen. Der öffentliche Dienst kann keine nachströmenden Berufsanfänger mehr absorbieren. Hinzu kommt die Abhängigkeit vom Erdöl, die überwunden werden muss. Gelingt all dies nicht, drohen innere Unruhen und grassierende Unzufriedenheit.

Längst sind die jungen Saudis – Frauen wie Männer – zu einem politisch interessierten und aktiven Teil der globalisierten Welt geworden, sie drängen auf mehr Freiheiten und nutzen das Internet für kontroverse Diskussionen über Geschlechterbeziehungen, Religion, soziale Werte und berufliche Perspektiven. Tabus fallen, und die ultrakonservative Werte- und Normenordnung der patriarchalischen saudischen Gesellschaft verliert zunehmend an Bedeutung. Immer mehr Frauen arbeiten, streben nach politischen Rechten und gesellschaftlicher

Anerkennung und können als »Akteurinnen des Wandels« bezeichnet werden. Es ist dieser soziale Wandel, der jede Sphäre des saudischen Lebens bestimmt und die politischen Entscheider heraus- und oftmals überfordert. Stillstand existiert nicht. Veränderung ist die einzige Konstante.

Allerdings stehen eine Revolution und ein »saudischer Frühling« wohl nicht vor der Tür. Die Mehrheit der saudischen Bevölkerung sieht in ihrem Königshaus den einzigen Bewahrer von Wohlstand und Sicherheit und fürchtet sich vor dem Chaos, das in den Nachbarstaaten herrscht. Kritik findet in der digitalen Welt, nicht auf der Straße statt. Demonstrationen und Proteste gab es kaum, das Königshaus steht nicht zur Debatte, und Kritiker müssen die »eiserne Faust« des Regimes fürchten, wenn sie zu lautstark die roten Linien (das Königshaus, die religiöse Elite und der Islam) überschreiten.

Doch das Königshaus muss seine Legitimation immer wieder neu beweisen. Ihm muss es gelingen, Tradition und Moderne zu vereinen und den sozialen Wandel zu begleiten und zu fördern. Dabei darf es nicht davor zurückschrecken, mutige und umstrittene Reformen einzuleiten und umzusetzen, sonst riskiert es, die Sympathien der Bevölkerung zu verspielen. Eines ist jedoch klar: In Saudi-Arabien werden Reformen stets von oben nach unten implementiert, Kritiker traditionell in den Staatsapparat eingebunden und Opposition mit allen Mitteln bekämpft. Und diese Reformen hängen vom jeweiligen König ab, können also rückgängig gemacht werden.

Demnach spielt die Nachfolgeregelung eine entscheidende Rolle. Wie lange wird König Salman noch leben? Wird sein Sohn Muhammad einer der jüngsten Könige der Welt werden und einen Generationswechsel einleiten? Wird er von der gesamten Familie akzeptiert und kann er die umfassenden wirtschaftlichen Reformpläne umsetzen? Bleibt dabei die politische Öffnung auf der Strecke? Diese Fragen werden die Zukunft des Königreiches mitbestimmen. Dabei sind Hoffnungen auf einen demokratischen Wandel und auf eine tiefgreifende politische

Öffnung jedoch sehr trügerisch. Saudi-Arabien ist und bleibt ein Regime, in dem Andersgläubige verfolgt und missachtet werden, in dem die Intoleranz des Wahhabismus den öffentlichen Diskurs und religiöse Borniertheit die Politik bestimmt. Dennoch muss man anerkennen, dass sich daneben ein sozialer Wandel vollzieht, der oftmals im krassen Widerspruch zu den Traditionen und der strengen Religionsauslegung steht.

Saudi-Arabien ist keineswegs ein Land von Schwarz oder Weiß, von Gut oder Böse, von Rückständigkeit oder Moderne. Es ist immer beides. Dies müssen wir verstehen lernen, um mit dem Königreich klug und besonnen umgehen zu können. Ob wir es wollen oder nicht – Saudi-Arabien wird die Geschicke der Region mitbestimmen und damit auch einen Teil unserer Zukunft. Umso notwendiger ist es, dass der Westen versteht, wie dort Politik funktioniert, nach welchen Kriterien entschieden wird und wie Widersprüchlichkeiten einzuordnen sind. Dafür muss man aber auch begreifen, dass die saudische Gesellschaft keineswegs eine Einheit bildet, sondern von ihrer Vielschichtigkeit und Pluralität lebt, auch wenn wir dies oftmals nicht wahrnehmen. Unser Verhältnis zu Saudi-Arabien hängt davon ab, ob wir diese Mehrdimensionalität erkennen. Es steht außer Frage, dass Saudi-Arabien schwierig und kompliziert ist, doch ebenso sollte außer Frage stehen, dass eine lösungsorientierte und nachhaltige Nahostpolitik ohne Saudi-Arabien nicht denkbar ist. Der Westen muss daran arbeiten, diesem Dilemma mit einer pragmatischen Strategie zu begegnen.

Dafür müssen wir den wankelmütigen Schlingerkurs gegenüber Saudi-Arabien endlich beenden. Mehr denn je brauchen wir also eine klare Strategie im Umgang mit dem Königreich, denn ohne Saudi-Arabien wird es keine Ruhe im Nahen und Mittleren Osten geben. Eine Weiter-so-Politik des Wegschauens oder des stillen Abnickens aller Verfehlungen des Königreichs wird ebenso wenig ausreichen wie eine Politik der Fundamentalkritik. So schafft man kein Vertrauen. Die saudische Seite verlangt Respekt und Verständnis für ihre Politik – ob diese uns gefällt oder nicht. Aber es liegt an uns, mit den Saudis im Gespräch zu bleiben.

Vor allem Deutschland muss sich hier eindeutiger positionieren. Noch immer zeigt man sich in Berlin überfordert, wenn es darum geht, mehr Verantwortung im Nahen und Mittleren Osten zu übernehmen. Insbesondere dort verschenkt die deutsche Außenpolitik ihr Potenzial, als »ehrlicher Makler« mit schwierigen Partnern wie Saudi-Arabien über die Lösung der unzähligen Konflikte zu verhandeln. Dies liegt an mangelnden Konzepten, an fehlendem Wissen und unzureichenden Kapazitäten. Das muss sich ändern. Die deutsche Gesellschaft muss sich unbequemen Einsichten stellen, und die deutsche Politik muss begreifen, dass sie mehr ist als nur ein willfähriger Wirtschaftspartner oder ein Mitläufer der französischen oder US-amerikanischen Nahostpolitik. Wir sollten deutlich artikulieren, was wir von Saudi-Arabien erwarten, was wir bereit sind anzubieten und in welchen Bereichen eine enge Kooperation gewollt ist.

Dafür wird ein Plan benötigt, der auf erreichbaren Zielen, eindeutigen Interessen und einem geostrategischen Ansatz beruht. Grundlage eines solchen Plans ist gegenseitiges Vertrauen – von saudischer Seite, aber auch von deutscher Seite. Dieses Vertrauen sollte nicht auf der Fehlwahrnehmung fußen, dass Stabilität und Sicherheit dasselbe sind. Eine Friedhofsruhe, die auf Unterdrückung beruht, kann zwar oberflächlich sicher sein. Das haben wir in Ägypten und Tunesien lange Jahre gesehen und gefördert. Doch stabil waren diese Länder nicht. Zur Stabilität gehört eine dynamische politische Entwicklung, in die die Bürger einbezogen sind, in der der Staat nicht als alleinige Macht fungiert und das Leben aller bestimmt. Dazu gehört ein gesellschaftlicher Pluralismus, in dem alle dieselben Rechte genießen. Dies schließt die Möglichkeit ein, sich frei auszudrücken, ohne in Angst leben zu müssen. All dies existiert in Saudi-Arabien nicht und wird auch in naher Zukunft nicht existieren.

Trotzdem müssen wir den Spagat schaffen, indem wir einerseits immer wieder kritisch auf diese Missstände hinweisen, andererseits aber auch bereit sind, Saudi-Arabien als Partner anzuerkennen. Dies mag uns Bauchschmerzen bereiten, aber die politische Realität zwingt uns dazu. Allerdings sollte dieses Vertrauen nicht auf Waffenlieferungen beruhen, sondern auf enger Kooperation im Energie- und Sicherheitsbereich, in der Bildungs- und Kulturpolitik und in der Flüchtlingsfrage sowie auf Unterstützung bei den notwendigen Wirtschaftsreformen und bei der Integration von saudischen Frauen und Männern in den Arbeitsmarkt.

Es ist also höchste Zeit für eine auf diesen Pfeilern ruhende Saudi-Arabien-Politik, denn fühlt sich die saudische Regierung in Zukunft noch mehr in die Enge gedrängt oder im Stich gelassen, werden wir sie als Partner verlieren. Das kann nicht in unserem Interesse liegen, da eine noch impulsivere und aggressivere Politik des Königreichs die Region vollends destabilisieren würde.

Anhang

Anmerkungen

Einleitung

1   Interview des Autors in Riad im Dezember 2014. Alle Namen von Inter-view- und Gesprächspartnern in diesem Buch wurden geändert, um die Anonymität der Quellen zu schützen.

2   Interview mit dem damaligen Verteidigungsminister Thomas de Maizière. Jochen Gaugele und Karsten Kammholz: »Bundeswehrreform: Größere Einschnitte im Norden«, *Hamburger Abendblatt*, 9. Juli 2011, http://www. abendblatt.de/politik/deutschland/article108046795/Bundeswehrreform-Groessere-Einschnitte-im-Norden.html.

3   Interview mit Vizekanzler Sigmar Gabriel in der *BILD am Sonntag*, 6. De-zember 2015.

4   Bundesnachrichtendienst: »Saudi-Arabien – Sunnitische Regionalmacht im Spannungsfeld zwischen außenpolitischem Paradigmenwechsel und innenpolitischer Konsolidierung«, Pressemitteilung vom 2. Dezember 2015.

Die Geschichte

1   Lange Zeit galt der Begriff »Wahhabismus« als Beleidigung, die nur von den Gegnern Muhammad Ibn Abd al-Wahhabs verwendet worden war. Dessen Anhänger bezeichneten sich stattdessen als »Bekenner der Einheit Gottes« (*al-muwahhidun* oder *ahl al-tawhid*), »Gefolgsleute der frommen Altvorderen« (*as-salafiyun*), »die Gemeinschaft« (*al-dschama'a*) oder ein-fach nur als »die Muslime« (*al-muslimun*), während sie ihre Feinde als »Lügner« (*ahl al-batil*), »Anhänger der Vielgötterei« (*ahl asch-schirk*), »Abweichler« (*ahl al-dalal*) oder »Apostaten« (*ahl ar-ridda*) denunzierten. Siehe Esther Peskes: *Muhammad b. Abdulwahhab (1703–1792) im Wider-*

streit. Untersuchungen zur Rekonstruktion der Frühgeschichte der Wahhabiya, Stuttgart 1993, S. 16 und David Commins: »From Wahhabi to Salafi«, in: Bernard Haykel, Thomas Hegghammer und Stéphane Lacroix (Hrsg.): *Saudi Arabia in Transition: Insights on Political, Economic, and Religious Change*, Cambridge 2015, S. 151–166, S. 165.

2 Esther Peskes: *Muhammad b. Abdulwahhab (1703–1792) im Widerstreit. Untersuchungen zur Rekonstruktion der Frühgeschichte der Wahhabiya*, Stuttgart 1993, S. 26.

3 Siehe Guido Steinberg: *Religion und Staat in Saudi-Arabien. Die wahhabitischen Gelehrten 1902–1953*, Würzburg 2002.

4 Paul Aarts und Carolien Roelants: *Saudi Arabia: A Kingdom in Peril*, London 2015, S. 96.

5 Guido Steinberg: »Saudi-arabische Religionspolitik nach 2001. Instrument zur Fortsetzung eines Zweckbündnisses«, in: Sigrid Faath (Hrsg.): *Staatliche Religionspolitik in Nordafrika/Nahost. Ein Instrument für modernisierende Reformen?*, Hamburg 2007, S. 175–196.

6 Zitiert in Esther Peskes: *Muhammad b. Abdulwahhab (1703–1792) im Widerstreit. Untersuchungen zur Rekonstruktion der Frühgeschichte der Wahhabiya*, Stuttgart 1993, S. 18.

7 Ebd., S. 45.

8 Das Konzept des gewaltbereiten Kampfes gegen die sogenannten Ungläubigen ist nur eine Dimension des Dschihad. Daneben wird der Dschihad im Islam auch als das Bemühen des Einzelnen verstanden, Allah näherzukommen, sich anzustrengen, um ein gottesfürchtiger Muslim und ein besserer Mensch zu werden (*dschihad fi sabili' llah*). Dadurch solle man Allah dienen und ein tugendhaftes und moralisches Leben führen. Dieses Konzept wird als »großer Dschihad« bezeichnet. Der gewaltbereite »Heilige Krieg« nimmt in der islamischen Glaubenslehre eine geringere Bedeutung ein und heißt »kleiner Dschihad«. Vor allem in der Frühzeit des Islams im 7. Jahrhundert wurden die Eroberungszüge des Propheten Muhammad religiös aufgewertet, um rivalisierende Stammesgruppen zu einen und somit Synergieeffekte zu schaffen. Die frühen Muslime wollten die besiegten Feinde jedoch nicht »mit Feuer und Schwert« missionieren. Stattdessen übernahmen sie meist die Verwaltungsstrukturen der Unterworfenen und zeigten gegenüber Andersgläubigen eine hohe Toleranz. Der Begriff des »Heiligen Krieges« ist heutzutage höchst umstritten, vor allem wenn es um den Charakter des kriegerischen Dschihad geht. Manche islamischen Theologen sehen in ihm einen reinen Verteidigungskrieg gegen Angreifer, andere, vor allem militante Islamisten, legen das Konzept als Angriffskrieg aus, zu dem jeder Muslim verpflichtet sei und der die Welteroberung zum Ziel habe. Siehe z. B. Gudrun Krämer: *Geschichte*

des Islam, München 2005, Fred M. Donner: *The Early Muslim Conquests*, Princeton 1981, David Cook: *Understanding Jihad*, Berkeley/Los Angeles/London 2005 und Rudolph Peters: *Jihad in Classical and Modern Islam*, Princeton 1996.

9 »Von Sulaiman ibn Suhaim, einem Rechtsgelehrten aus Riad, zwischen 1740 und 1745«, zitiert in Esther Peskes: *Muhammad b. Abdulwahhab (1703–1792) im Widerstreit. Untersuchungen zur Rekonstruktion der Frühgeschichte der Wahhabiya*, Stuttgart 1993, S. 70.

10 »Al« steht hier nicht für den arabischen Artikel »al-«, sondern bedeutet »Familie« und wird daher nicht mit Bindestrich geschrieben.

11 Elizabeth M. Sirriyeh: »Wahhabis, Unbelievers and the Problems of Exclusivism«, in: *British Society for Middle Eastern Studies Bulletin* 16 (1989), S. 123–132.

12 Madawi al-Rasheed: *Politics in an Arabian Oasis: The Rashidi Tribal Dynasty*, London 1991.

13 Madawi Al-Rasheed: *A History of Saudi Arabia*, Cambridge 2002, S. 80.

14 Stig Stenslie: *Regime Stability in Saudi Arabia: The Challenge of Succession*, London 2012, S. 25.

15 Alexei Vassiliev: *The History of Saudi Arabia*, London 2000, S. 335.

16 Madawi Al-Rasheed: *A History of Saudi Arabia*, Cambridge 2002, S. 41.

17 Clive Leatherdale: *Britain and Saudi Arabia 1925–1939: The Imperial Oasis*, London 1983, S. 371.

18 Siehe zu den *Ikhwan* auch John S. Habib: *Ibn Sauds Warriors of Islam: The Ikhwan of Najd and Their Role in the Creation of the Saudi Kingdom, 1910–1930*, Leiden 1978 und Abdulaziz H. Al-Fahad: »The 'Imama vs. the 'Iqal: Hadari-Bedouin Conflict and the Formation of the Saudi State«, in: Madawi al-Rasheed und Robert Vitalis (Hrsg.): *Counter-Narratives: History, Contemporary Society, and Politics in Saudi Arabia and Yemen*, New York 2004, S. 35–75.

19 Madawi Al-Rasheed: *Politics in an Arabian Oasis: The Rashidi Tribal Dynasty*, London 1991, S. 223 f.

20 Gary Troeller: *The Birth of Saudi Arabia: Britain and the Rise of the House of Sa'ud*, London 1976, S. 218.

21 Madawi Al-Rasheed: *Politics in an Arabian Oasis: The Rashidi Tribal Dynasty*, London 1991, S. 61.

22 Guido Steinberg: »The Wahhabi Ulama and the Saudi State: 1745 to the Present«, in: Paul Aarts und Gerd Nonneman (Hrsg.): *Saudi Arabia in the Balance. Political Economy, Society, Foreign Affairs*, London 2006, S. 11–34, S. 22.

23 Madawi Al-Rasheed: *A History of Saudi Arabia*, Cambridge 2002, S. 66.

24 Ebd., S. 70.

25 Alexei Vassiliev: *The History of Saudi Arabia*, London 2000, S. 274.

26 Madawi Al-Rasheed: *A History of Saudi Arabia*, Cambridge 2002, S. 69.

27 Alexei Vassiliev: *The History of Saudi Arabia*, London 2000, S. 277.

28 Guido Steinberg: »The Wahhabi Ulama and the Saudi State: 1745 to the Present«, in: Paul Aarts und Gerd Nonneman (Hrsg.): *Saudi Arabia in the Balance. Political Economy, Society, Foreign Affairs*, London 2006, S. 11–34, S. 13.

29 Madawi Al-Rasheed: *A History of Saudi Arabia*, Cambridge 2002, S. 56 f.

30 Alexei Vassiliev: *The History of Saudi Arabia*, London 2000, S. 268.

31 Ebd., S. 275.

32 Alexander Bligh: *From Prince to King: Royal Succession in the House of Saud in the Twentieth Century*, New York 1984, S. 33.

33 Mohammed Almana: *Arabia Unified: A Portrait of Ibn Saud*, London 1980, S. 191 f.

34 Guido Steinberg: *Saudi-Arabien. Politik, Geschichte, Religion*, 3. Auflage, München 2014, S. 108.

35 Alexei Vassiliev: *The History of Saudi Arabia*, London 2000, S. 333.

36 Guido Steinberg: *Saudi-Arabien. Politik, Geschichte, Religion*, 3. Auflage, München 2014, S. 109.

37 Alexei Vassiliev: *The History of Saudi Arabia*, London 2000, S. 313 ff.

38 Madawi Al-Rasheed: *A History of Saudi Arabia*, Cambridge 2002, S. 93. Ein Barrel Erdöl entspricht etwa 159 Litern.

39 Alexei Vassiliev: *The History of Saudi Arabia*, London 2000, S. 401.

40 Madawi Al-Rasheed: *A History of Saudi Arabia*, Cambridge 2002, S. 90.

41 Robert Vitalis: »Aramco World: Business and Culture on the Arabian Oil Frontier«, in: Karen Merrill (Hrsg.): *The Modern Worlds of Business and Industry*, Princeton 1998, S. 10.

42 Anthony Brown: *Oil, God, and Gold: The Story of Aramco and the Saud Kings*, Boston 1999, S. 140.

43 Alexei Vassiliev: *The History of Saudi Arabia*, London 2000, S. 300.

44 James Buchan: »Secular and Religious Opposition in Saudi Arabia«, in: Tim Niblock (Hrsg.): *State, Society and Economy in Saudi Arabia*, London 1982, S. 106–124, S. 108.

45 Tim Niblock: »Social Structure and the Development of the Saudi Arabian Political System«, in: Tim Niblock (Hrsg.): *State, Society and Economy in Saudi Arabia*, London 1982, S. 75–105, S. 100.

46 Siehe auch Willard A. Beling: *King Faisal and the Modernization of Saudi Arabia*, London 1980 und Joseph Kostiner und Joshua Teitelbaum: »State Formation and the Saudi Monarchy«, in: Joseph Kostiner (Hrsg.): *The Middle East Monarchies: The Challenge of Modernity*, Boulder/London 2000, S. 131–149.

47 Tim Niblock: *Saudi Arabia: Power, Legitimacy and Survival*, London 2006, S. 49.

48 Ebd., S. 47.

49 Steffen Hertog: *Princes, Brokers, and Bureaucrats: Oil and the State in Saudi Arabia*, London 2010, S. 80.

50 Ebd., S. 68.

51 Al Ibrahim M. Al-Awaji: *Bureaucracy and Society in Saudi Arabia*, Dissertation, University of Virginia 1971, S. 134.

52 Zwischen 1960 und 1970 besaßen nur etwas mehr als 8000 saudische Staatsbürger einen Schulabschluss. Siehe Steffen Hertog: *Princes, Brokers, and Bureaucrats: Oil and the State in Saudi Arabia*, London 2010, S. 71 f.

53 Siehe Summer Scott Huyette: *Political Adaptation in Saudi Arabia: A Study of the Council of Ministers*, London 1985 und Bader H. Al-Ammaj: *Administration in Traditional Society: The Case of Recruitment and Selection in Public Sector Employment in Saudi Arabia*, Southampton 1993.

54 Alexei Vassiliev: *The History of Saudi Arabia*, London 2000, S. 462.

55 Steffen Hertog: *Princes, Brokers, and Bureaucrats: Oil and the State in Saudi Arabia*, London 2010, S. 33.

56 Michael Field: *The Merchants: The Big Business Families of Saudi Arabia and the Gulf*, New York 1984.

57 Alexei Vassiliev: *The History of Saudi Arabia*, London 2000, S. 462.

58 Steffen Hertog: *Princes, Brokers, and Bureaucrats: Oil and the State in Saudi Arabia*, London 2010, S. 24.

59 Ebd., S. 71.

60 Ebd., S. 18.

61 Siehe Daryl Champion: »The Kingdom of Saudi Arabia: Elements of Instability within Stability«, in: *Meria Journal* 3 (1999) 4, S. 49–73, S. 53.

62 Siehe zur *Thawb*-Mentalität: Makio Hamada: »Battle against the Thawb Syndrome: Labor Nationalization, Industrial Diversification, and Education Reform in Saudi Arabia«, in: *Gulf Affairs* (Herbst 2015), S. 17–20.

63 Steffen Hertog: *Princes, Brokers, and Bureaucrats: Oil and the State in Saudi Arabia*, London 2010, S. 17.

64 Ebd., S. 5.

65 Sarah Yizraeli: *The Remaking of Saudi Arabia: The Struggle between King Sa'ud and Crown Prince Faysal, 1953–1962*, Tel Aviv 1997.

66 Siehe George Tsebelis: »Decision Making in Political Systems: Veto Players in Presidentialism, Parlamentarism, Multicameralism and Multipartyism«, in: *British Journal of Political Science*, 25 (1995) 3, S. 289–325.

67 Siehe Sokratis Koniordos: »Introduction«, in: Sokratis Koniordos (Hrsg.): *Networks, Trust, and Social Capital*, Aldershot 2004.

68 Siehe Steven Heydemann: »Networks of Privilege: Rethinking the Po-

litics of Economic Reform in the Middle East«, in: Steven Heydemann (Hrsg.): *Networks of Privilege in the Middle East: The Politics of Economic Reform Revisited*, New York 2004.

69 Steffen Hertog: *Princes, Brokers, and Bureaucrats: Oil and the State in Saudi Arabia*, London 2010, S. 27.

70 Auch Ali al-Naimi, der zwischen 1995 und 2016 als Ölminister amtierte und zu einer der einflussreichsten Figuren des Königsreichs wurde, ist nicht Mitglied der Al Saud.

71 Steffen Hertog: *Princes, Brokers, and Bureaucrats: Oil and the State in Saudi Arabia*, London 2010, S. 136.

Die Religion

1 Interview des Autors in Dschidda im Dezember 2014.

2 Mark Thompson: *Saudi Arabia and the Path to Political Change: National Dialogue and Civil Society*, London 2014, S. 233.

3 Madawi al-Rasheed: *Contesting the Saudi State. Islamic Voices from a New Generation*, Cambridge 2006.

4 Joseph Nevo: »Religion and National Identity in Saudi Arabia«, in: *Middle Eastern Studies* 34 (1998), S. 34–53 und Menno Preuschaft: *Religion, Nation und Identität. Eine Untersuchung des zeitgenössischen saudischen Diskurses zum Umgang mit religiöser Pluralität*, Würzburg 2014.

5 Mai Yamani: *Changed Identities. The Challenge of the New Generation in Saudi Arabia*, London 2000, S. 117.

6 Joseph Nevo: »Religion and National Identity in Saudi Arabia«, in: *Middle Eastern Studies* 34 (1998) 3, S. 41, 50.

7 Siehe Ayman al-Yassini: *Religion and State in the Kingdom of Saudi Arabia*, Boulder 1985.

8 Siehe Joshua Teitelbaum: *Holier Than Thou: Saudi Arabia's Islamic Opposition*, Washington 2000.

9 Siehe Henner Fürtig: *Demokratie in Saudi-Arabien? Die Al Saud und die Folgen des Zweiten Golfkriegs*, Berlin 1995.

10 Guido Steinberg: »The Wahhabi Ulama and the Saudi State: 1745 to the Present«, in: Paul Aarts und Gerd Nonneman (Hrsg.): *Saudi Arabia in the Balance: Political Economy, Society, Foreign Affairs*, London 2006, S. 11–34, S. 30.

11 Siehe Joshua Teitelbaum: *Holier Than Thou: Saudi Arabia's Islamic Opposition*, Washington 2000 und Mamoun Fandy: *Saudi Arabia and the Politics of Dissent*, New York 2001.

12 Siehe R. Hrair Dekmejian: *Islam in Revolution: Fundamentalism in the Arab World*, New York 1995, S. 130–151.

13 Henner Fürtig: »Stabilitätsanalyse Saudi-Arabien«, in: Sigrid Faath (Hrsg.): *Stabilitätsprobleme zentraler Staaten: Ägypten, Algerien, Saudi-Arabien, Iran, Pakistan und die regionalen Auswirkungen*, Deutsches Orient-Institut, Hamburg 2003, S. 203.

14 Mark Thompson: *Saudi Arabia and the Path to Political Change: National Dialogue and Civil Society*, London/New York 2014, S. 48 f.

15 Guido Steinberg: *Saudi-Arabien. Politik, Geschichte, Religion*, 3. Auflage, München 2014, S. 149.

16 »Saudi-Arabien: Religionspolizei stoppt Schlümpfe«, *Spiegel online*: 30. April 2012, http://www.spiegel.de/panorama/gesellschaft/saudi-arabien-religionspolizei-stoppt-auffuehrung-wegen-schlumpfkostuem-a-830615.html.

17 Guido Steinberg: *Saudi-Arabien. Politik, Geschichte, Religion*, 3. Auflage, München 2014, S. 129.

18 Human Rights Watch: »Saudi Arabia: A Move to Curb Religious Police Abuses«, 18. April 2016, https://www.hrw.org/news/2016/04/18/saudi-arabia-move-curb-religious-police-abuses-0.

19 Dietrich Alexander: »Die Schläger des Königs müssen sich zügeln«, *Welt online*, 21. April 2016, http://www.welt.de/politik/ausland/article154590896/Die-Schlaeger-des-Koenigs-muessen-sich-zuegeln.html.

20 Interview des Autors in Lahore (Pakistan) im Februar 2015.

21 Saeed Shehabi: »The Role of Religious Ideology in the Expansionist Policies of Saudi Arabia«, in: Madawi Al-Rasheed (Hrsg.): *Kingdom without Borders: Saudi Arabia's Political, Religious and Media Frontiers*, London 2008, S. 183–198, S. 189.

22 Yaqoob Khan Bangash: »›Al Bakistan‹ dreamland«, *The Express Tribune*, 27. Januar 2014, http://tribune.com.pk/story/664115/al-bakistan-dreamland/ und Sheharyar Rizwan: »Ahlan Wasahlan, Al Bakistan!«, *The Dawn*, 23. März 2014, http://www.dawn.com/news/1094959.

23 Syed Hamad Ali: »In Pakistan, Saying Goodbye Can Be a Religious Statement«, *The Guardian*, 17. April 2012, https://www.theguardian.com/commentisfree/belief/2012/apr/17/pakistan-goodbye-allah-hafiz.

24 Saeed Shehabi: »The Role of Religious Ideology in the Expansionist Policies of Saudi Arabia«, in: Madawi Al-Rasheed (Hrsg.): *Kingdom without Borders. Saudi Arabia's Political, Religious and Media Frontiers*, London 2008, S. 183–198, S. 194.

25 Roger Hardy: »Ambivalent Ally: Saudi Arabia and the ›War on Terror‹«, in: Madawi Al-Rasheed (Hrsg.): *Kingdom without Borders: Saudi Arabia's Political, Religious and Media Frontiers*, London 2008, S. 99–112, S. 102. Siehe zu den saudischen Aktivitäten in Afghanistan auch Steve Coll: *Ghost Wars: The Secret History of the CIA, Afghanistan and Bin Laden, from the So-*

viet Invasion to September 10, 2001, New York/London 2004 und Lawrence Wright: *Der Tod wird euch finden. Al-Qaida und der Weg zum 11. September,* München 2009.

26 Siehe Guido Steinberg: *Der nahe und der ferne Feind. Das Netzwerk des islamistischen Terrorismus,* München 2005.

27 Thomas Hegghammer: *Jihad in Saudi Arabia: Violence and Pan-Islamism since 1979,* Cambridge 2010, S. 117.

28 Tim Niblock: *Saudi Arabia: Power, Legitimacy and Survival,* New York 2006.

29 National Commission on Terrorist Attacks Upon the United States: *The 9/11 Commission Report,* Washington 2004, S. 171.

30 Ebd., 170 f. Im Sommer 2016 wurden zum ersten Mal bislang geschwärzte 29 Seiten dieses Berichts veröffentlicht, die vermuten lassen, dass sogar hochrangige Mitglieder des Königshauses in die Vorbereitung der Anschläge von 9/11 involviert sein könnten. Dies streitet die saudische Regierung vehement ab. Siehe auch Kapitel »Der Westen und das Königreich: Eine Zweckehe«.

31 Siehe U.S. Department of the Treasury: International Islamic Relief Organization (IIRO), https://www.treasury.gov/resource-center/terrorist-illicit-finance/Pages/protecting-charities_execorder_13224-i.aspx.

32 »Saudi-Arabien schließt Schule in Deutschland«, *Die Welt,* 28. August 2016, http://www.welt.de/politik/deutschland/article157885187/Saudi-Arabien-schliesst-Schule-in-Deutschland.html.

33 Reiner Burger und Rainer Hermann: »Kein Leuchtturm der Toleranz«, *Frankfurter Allgemeine Zeitung,* 30. August 2016, http://www.faz.net/aktuell/politik/inland/umstrittene-saudische-fahd-akademie-in-bonn-schliesst-14411622.html?printPagedArticle=true«pageIndex_2.

34 Hans Monath: »Saudi-Arabien gibt König-Fahd-Akademien auf«, *Tagesspiegel,* 28. August 2016, http://www.tagesspiegel.de/politik/islam-in-deutschland-saudi-arabien-gibt-koenig-fahd-akademien-auf/14464982.html.

35 Zitiert in Reiner Burger und Rainer Hermann: »Kein Leuchtturm der Toleranz«, *Frankfurter Allgemeine Zeitung,* 30. August 2016, http://www.faz.net/aktuell/politik/inland/umstrittene-saudische-fahd-akademie-in-bonn-schliesst-14411622.html?printPagedArticle=true«pageIndex_2.

36 Paul Aarts und Carolien Roelants: *Saudi Arabia: A Kingdom in Peril,* London 2015, S. 9.

37 James Buchan: »The Return of the Ikhwan 1979«, in: David Holden und Richard Johns (Hrsg.): *The House of Saud. The Rise and Rule of the Most Powerful Dynasty in the Arab World,* New York 1981, S. 511–526.

38 Siehe Johannes Reissner: »Die Besetzung der Großen Moschee in Mekka«, in: *Orient* 21 (1980), S. 193–203.

39 Joseph A. Kechichian: »The Role of the Ulama in the Politics of an Isla-mic State: The Case of Saudi Arabia«, in: *International Journal of Middle East Studies* 18 (1986), 53–71, S. 59.

40 James Buchan: »The Return of the Ikhwan 1979«, in: David Holden und Richard Johns (Hrsg.): *The House of Saud. The Rise and Rule of the Most Powerful Dynasty in the Arab World*, New York 1981, S. 511–526, S. 515.

41 R. Hrair Dekmejian: *Islam in Revolution: Fundamentalism in the Arab World*, New York 1995, S. 134.

42 Guido Steinberg: »The Wahhabi Ulama and the Saudi State: 1745 to the Present«, in: Paul Aarts und Gerd Nonneman (Hrsg.): *Saudi Arabia in the Balance: Political Economy, Society, Foreign Affairs*, London 2006, S. 11–34, S. 27.

43 Joseph A. Kechichian: »The Role of the Ulama in the Politics of an Isla-mic State: The Case of Saudi Arabia«, in: *International Journal of Middle East Studies* 18 (1986), S. 53–71.

44 Joshua Teitelbaum: *Holier Than Thou: Saudi Arabia's Islamic Opposition*, Washington 2000, S. 21.

45 Florian Peil: »Es begann in Mekka«, *Die Zeit*, 9. Februar 2006.

46 R. Hrair Dekmejian: *Islam in Revolution: Fundamentalism in the Arab World*, New York 1995, S. 137.

47 Florian Peil: *Aufstand in Mekka. Die Besetzung der Großen Moschee 1979*, unveröffentlichte Magisterarbeit, Freie Universität Berlin, 2004, S. 96.

48 Roger Hardy: »Ambivalent Ally: Saudi Arabia and the ›War on Terror‹«, in: Madawi Al-Rasheed (Hrsg.): *Kingdom without Borders. Saudi Arabia's Political, Religious and Media Frontiers*, London 2008, S. 99–112, S. 101.

49 Stéphane Lacroix: »Understanding Stability and Dissent in the Kingdom: The Double-Edged Role of the jama'at in Saudi Politics«, in: Bernard Haykel, Thomas Hegghammer und Stéphane Lacroix (Hrsg.): *Saudi Arabia in Transition: Insights on Political, Economic, and Religious Change*, Cambridge 2015, S. 167–180, S. 169.

50 Zitiert in Stéphane Lacroix: *Awakening Islam: The Politics of Religious Dissent in Contemporary Saudi Arabia*, Cambridge 2011, S. 37.

51 Siehe zu Muhammad Qutb: Stéphane Laxcroix: »Islamo-Liberal Politics in Saudi Arabia«, in: Paul Aarts und Gerd Nonneman (Hrsg.): *Saudi Arabia in the Balance: Political Economy, Society, Foreign Affairs*, London 2006, S. 35–56, S. 38. Zu Sayyid Qutb siehe: Sabine Damir-Geilsdorf: *Herrschaft und Gesellschaft. Der islamistische Wegbereiter Sayyid Qutb und seine Rezeption*, Würzburg 2003.

52 Stéphane Lacroix: *Awakening Islam: Religious Dissent in Contemporary Saudi Arabia*, Cambridge 2011, S. 53–56.

53 Toby Matthiesen: »The Domestic Sources of Saudi Foreign Policy: Isla-

mists and the State in the Wake of the Arab Uprisings«, *Working Paper*, Brookings Institution, August 2015, https://www.brookings.edu/wp-content/uploads/2016/07/Saudi-Arabia_Matthiesen-FINAL.pdf.

54 Madawi Al-Rasheed: »Divine Politics Reconsidered: Saudi Islamists on Peaceful Revolution«, *LSE Middle East Centre Paper Series* No. 7 (2015), http://www.lse.ac.uk/middleEastCentre/publications/Paper-Series/DivinePolitics.aspx und Stéphane Lacroix: *Awakening Islam: Religious Dissent in Contemporary Saudi Arabia*, Cambridge 2011, S. 52.

55 Stéphane Lacroix: *Awakening Islam: The Politics of Religious Dissent in Contemporary Saudi Arabia*, Cambridge 2011, S. 50 f., S. 68.

56 Steffen Hertog: *Segmented Clientelism: The Politics of Economic Reform in Saudi Arabia*, Oxford 2006, S. 150.

57 Guido Steinberg: *Saudi-Arabien. Politik, Geschichte, Religion*, 3. Auflage, München 2014, S. 74.

58 Madawi Al-Rasheed: *Contesting the Saudi State: Islamic Voices from a New Generation*, Cambridge 2007.

59 Amr Hamzawy: »The Saudi Labyrinth: Evaluating the Current Political Opening«, *Carnegie Papers Middle East Series* (April 2006) 68.

60 Sherifa Zuhur: *Saudi Arabia: Islamic Threat, Political Reform, and the Global War on Terror*, Strategic Studies Institute 2005.

61 Ana Echagüe und Edward Burke: »›Strong Foundations‹? The Imperative for Reform in Saudi Arabia«, *Working Paper*, Juni 2009, S. 4, http://fride.org/download/WP84_Arabia_Saudi_reform_ENG_jul09.pdf und International Crisis Group: »Can Saudi Arabia Reform itself?«, *Middle East Report* Nr. 28, Kairo/Brüssel 2004, http://www-tc.pbs.org/wgbh/pages/frontline/shows/saud/themes/canreform.pdf.

62 Guido Steinberg: *Saudi-Arabien. Politik, Geschichte, Religion*, 3. Auflage, München 2014.

63 Siehe Mamoun Fandy: *Saudi Arabia and the Politics of Dissent*, New York 1999.

64 Menno Preuschaft: *Religion, Nation und Identität. Eine Untersuchung des zeitgenössischen saudischen Diskurses zum Umgang mit religiöser Pluralität*, Würzburg 2014.

65 Stéphane Lacroix: *Awakening Islam: The Politics of Religious Dissent in Contemporary Saudi Arabia*, Cambridge 2011, S. 243 f.

66 Meet Saudi Arabia's Stars of Social Media, *BBC Trending*, 3. März 2016, http://www.bbc.com/news/blogs-trending-35609249.

67 Ben Hubbard: »A Saudi Morals Enforcer Called for a More Liberal Islam: Then the Death Threats Began«, *The New York Times*, 10. Juli 2016, http://www.nytimes.com/2016/07/11/world/middleeast/saudi-arabia-islam-wahhabism-religious-police.html?_r=0.

Die Gesellschaft

1 Interview des Autors in Riad im Oktober 2013.
2 »Saudi-Arabien verdammt Pokémon Go als unislamisch«, *Die Welt*, 21.Juli 2016, http://www.welt.de/politik/ausland/article157195440/Saudi-Arabien-verdammt-Pokemon-Go-als-unislamisch.html.
3 2013 kamen sechs Millionen der insgesamt zehn Millionen Touristen aus Saudi-Arabien. Siehe »Tourism sector revenues in Bahrain hit $758m«, *Trade Arabia*, 16.Februar 2015, http://www.tradearabia.com/news/TTN_275532.html.
4 Interview des Autors in Dschidda im November 2013.
5 Siehe Sebastian Sons: »In Dire Need for a New Social Contract: Saudi Arabia's Socioeconomic and Political Challenges in Times of Changing Energy Dynamics«, in: Kirsten Westphal und David Ramin Jalilvand (Hrsg.): *Changing Dynamics of Energy: Political and Economic Challenges for the MENA-Region*, London 2017 (im Erscheinen).
6 Siehe Hussain I. Abusaaq: »Population Ageing in Saudi Arabia«, *SAMA Working Paper*, Februar 2015, http://www.sama.gov.sa/en-US/EconomicResearch/WorkingPapers/population%20aging%20in%20saudi%20arabia.pdf.
7 Paul Aarts und Carolien Roelants: *Saudi Arabia: A Kingdom in Peril*, London 2015, S.41.
8 Siehe Sebastian Sons: »Saudi-Arabien: Wirtschaft«, Munzinger Länderarchiv 2016.
9 Sean Foley: *The Arab Gulf States: Beyond Oil and Islam*, Boulder 2010, S.121 f.
10 Siehe Internationaler Währungsfonds: *Saudi Arabia: IMF Country Report* No.15/251, September 2015 und Saudi Arabian Monetary Agency: *Fifty First Annual Report* 1436H (2015), Riad, Juni 2015.
11 World Bank: GDP per capita (current US$), http://data.worldbank.org/indicator/NY.GDP.PCAP.CD.
12 Madawi Al-Rasheed: *A Most Masculine State: Gender, Politics, and Religion in Saudi Arabia*, Cambridge 2013.
13 Pascal Menoret: *Joyriding in Riyadh: Oil, Urbanism, and Road Revolt*, Cambridge 2014.
14 Yousef Abdullah Al Turki: »How Can Saudi Arabia Use the Decade of Action for Road Safety to Catalyse Road Traffic Injury Prevention Policy and Interventions?«, in: *International Journal of Injury Control and Safety Promotion* 21 (2014) 4, S.397–402.
15 World Health Organization: *Global Status Report on Road Safety*

2009, Genf 2009, http://apps.who.int/iris/bitstream/10665/44122/1/ 9789241563840_eng.pdf.

16 Hugh Naylor: »Love, Saudi Arabian Style«, *The Washington Post*, 12. März 2016, https://www.washingtonpost.com/world/middle_east/saudis-look-for-love-and-lust—and-find-it—on-social-media/2016/03/11/ad 584410-67da-4501-9457-987c7cf6f534_story.html.

17 »Penetration of leading social networks in Saudi Arabia as of 4th quarter 2015«, *Statista*, http://www.statista.com/statistics/284451/saudi-arabia-social-network-penetration/.

18 In der gesamten arabischen Welt stieg die Zahl der Facebook-Nutzer zwischen Mai 2013 und Mai 2014 von 54,5 Millionen auf über 81 Millionen.

19 »Twitter in the Arab Region und The Social Clinic: Saudi Arabia ranks first on Twitter – worldwide«, *Arab Social Media Report*, 18. November 2013, http://www.thesocialclinic.com/saudi-arabia-ranks-first-on-twitter-worldwide/.

20 »A virtual revolution«, *The Economist*, 13. September 2014, http://www.economist.com/news/middle-east-and-africa/21617064-why-social-me-dia-have-greater-impact-kingdom-elsewhere-virtual.

21 *Arab Social Media Report: Citizen Engagement and Public Services in the Arab World: The Potential of Social Media*, 6. Auflage, Mohammed bin Rashid School of Government, Juni 2014.

22 Mohamed Amjahid: »Er hat am Telefon geweint«, *Der Tagesspiegel*, 31. Januar 2015, http://www.tagesspiegel.de/politik/interview-mit-ensaf-hai-dar-ehefrau-von-raif-badawi-er-hat-am-telefon-geweint/11295236.html.

23 Raif Badawi: *1000 Peitschenhiebe: Weil ich sage, was ich denke*, hrsg. v. Constantin Schreiber, Berlin 2015.

24 Siehe Ensaf Haidar: *Freiheit für Raif Badawi, die Liebe meines Lebens*, Köln 2015.

25 »Diese Mentalität ertrage ich nicht mehr«, *Stuttgarter Zeitung*, 26. November 2015, http://www.stuttgarter-zeitung.de/inhalt.gespraech-mit-ensaf-haidar-diese-mentalitaet-ertrage-ich-nicht-mehr.e66f983c-9250 -4418-a4e0-eb231ac12fb3.html.

26 Interview des Autors in Berlin im August 2016.

27 Rivka Azoulay: »Criminalizing Dissent: How Saudi Arabia's Counterterrorism Law is Used to Suppress Peaceful Opposition Movements«, *Policy Brief*, Project on Middle East Democracy, 10. Oktober 2014, http://pomed.org/wp-content/uploads/2014/10/Policy-Brief-Azoulay-Oct-2014. pdf.

28 René Wildangel: »Im Krieg filmt man anders«, *Qantara*, 18. Februar 2016, https://de.qantara.de/inhalt/arabische-filme-auf-der-berlinale-2016-im-krieg-filmt-man-anders.

29 Thomas Hummitzsch: »›Barakah Meets Baraka‹ – Arab Hipsterism oder: Shakespeare in Dschidda«, *Rolling Stone*, 14. Februar 2016, http://www.rollingstone.de/barakah-meets-baraka-arab-hipsterism-oder-shakespeare-in-dschidda-960181/.

30 Alex Ritman: »Berlin Hidden Gems: ›Barakah Meets Barakah‹ Is Love, Saudi Arabian Style«, *Hollywood Reporter*, 14. Februar 2016, http://www.hollywoodreporter.com/news/barakah-meets-barakah-is-love-865256.

31 René Wildangel: »Eine Generation von Anti-Helden«, *Qantara*, 23. Februar 2016, https://de.qantara.de/inhalt/interview-mit-dem-saudischen-regisseur-mahmoud-sabbagh-eine-generation-von-anti-helden.

32 Oliver Kaever: »›Das Mädchen Wadjda‹: Radeln für die Revolution«, *Spiegel online*, 3. September 2013, http://www.spiegel.de/kultur/kino/das-maedchen-wadjda-erster-film-aus-saudi-arabien-a-919136.html, 31.8.2016.

33 Siehe YouTube: https://www.youtube.com/user/layektharshow.

34 Siehe YouTube: https://www.youtube.com/user/3al6ayer.

35 Siehe Layan Jawdat: »Laughing in the Kingdom: On Saudi YouTube Comedy«, *Jadaliyya*, 11. November 2014, http://www.jadaliyya.com/pages/index/17256/laughing-in-the-kingdom_on-saudi-youtube-comedy.

36 Myrna Ayad: »With Al Hangar, 15 Young Artists Are Changing the Face of the Saudi Art Scene«, *Artsy*, 29. Februar 2016, https://www.artsy.net/article/artsy-editorial-15-young-artists-are-changing-the-face-of-the-saudi-art-scene.

37 Siobhán O'Grady: »One Saudi's Protest, through the Viewfinder«, *Foreign Policy*, 31. März 2016, http://foreignpolicy.com/2016/03/31/this-is-what-saudi-protest-art-looks-like-mecca-oil-ahmed-mater/.

38 Siehe Ahmed al-Omran und Margherita Stancati: »Bold Contemporary-Art Scene Emerges in Saudi Arabia«, *The Wall Street Journal*, 15. März 2016, http://www.wsj.com/articles/bold-contemporary-art-scene-emerges-in-saudi-arabia-1458066504.

39 Birgit Rieger: »Kunst statt Terrorismus«, *Der Tagesspiegel*, 12. April 2016, http://www.tagesspiegel.de/kultur/der-saudische-kuenstler-abdulnasser-gharem-kunst-statt-terrorismus/13424006.html.

40 Ben Hubbard: »Artist Nurtures a Creative Oasis in Conservative Saudi Arabia«, *The New York Times*, 15. April 2015, http://www.nytimes.com/2016/04/16/world/middleeast/abdulnasser-gharem-saudi-arabia.html.

41 Siehe: »Shopping carts, selfie sticks and a changing earth – contemporary art in Jeddah«, *Euronews*, 24. Februar 2016, http://www.euronews.com/2016/02/24/rare-contemporary-art-show-in-jeddah/.

42 Interviews des Autors in Dschidda im Dezember 2014.

43 Interviews des Autors in Riad im Dezember 2014.

44 Obwohl religiös begründet, handelt es sich doch eher um eine Kombination aus traditionellen Normen, beduinischen Familienvorstellungen und ländlichen Gewohnheiten, die in die Landeskultur übernommen und institutionalisiert wurden. Siehe Larissa Schmid: »Symbolische Geschlechterpolitik in Saudi-Arabien«, in: Ulrike Freitag (Hrsg.): *Saudi-Arabien. Ein Königreich im Wandel?*, Paderborn 2010, S. 89–106, S. 91.

45 Nora Derbal: »Zwischen Reformversprechen und Status quo. Frauen in Saudi-Arabien«, in: *Aus Politik und Zeitgeschichte* 46 (2014), S. 19–24.

46 Eleanor A. Doumato: »Gender, Monarchy, and National Identity in Saudi Arabia«, in: *British Journal of Middle Eastern Studies*, 19 (1992) 1, S. 31–47, S. 33.

47 Nora Derbal: »Zwischen Reformversprechen und Status quo: Frauen in Saudi-Arabien«, in: *Aus Politik und Zeitgeschichte* 46 (2014), S. 19–24.

48 Sebastian Sons: »Eine egalitäre Geschlechterordnung in Saudi-Arabien? Frauen als Akteure des Wandels«, in: Susanne Schröter (Hrsg.): *Geschlechtergerechtigkeit durch Demokratisierung? Transformationen und Restaurationen von Genderverhältnissen in der islamischen Welt*, Bielefeld 2014, S. 197–221.

49 Soraya Altorki und Donald Cole: *Arabian Oasis City: The Transformation of Unaiza*, Austin 1989.

50 So stieg der Anteil der kleineren Kernfamilien von 59 % im Jahr 2004 auf 65 % im Jahr 2007. Dementsprechend verringerte sich der Anteil der klassischen Großfamilien. Siehe auch Ministerium für Wirtschaft und Planung: *Ninth Development Plan*, Riad 2009, S. 333.

51 Interview des Autors in Dschidda im Dezember 2014.

52 Amélie Le Renard: *Femmes et espaces publics en Arabie saoudite*, Paris 2011.

53 Larissa Schmid: »Symbolische Geschlechterpolitik in Saudi-Arabien«, in: Ulrike Freitag (Hrsg.): *Saudi-Arabien. Ein Königreich im Wandel?*, Paderborn 2010, S. 89–106, S. 94.

54 Interviews des Autors in Riad und Dschidda im Dezember 2014 und November 2013.

55 Sebastian Sons: »Eine egalitäre Geschlechterordnung in Saudi-Arabien? Frauen als Akteure des Wandels«, in: Susanne Schröter (Hrsg.): *Geschlechtergerechtigkeit durch Demokratisierung? Transformationen und Restaurationen von Genderverhältnissen in der islamischen Welt*, Bielefeld 2014, S. 197–221.

56 »The World's 100 Most Powerful Women«, *Forbes*, http://www.forbes.com/profile/lubna-s-olayan/?list=power-women.

57 Siehe: »The Arab World's Richest Families«, *Forbes Middle East*, http://www.forbesmiddleeast.com/en/lists/read/2016/the-arab-world-s-richest-

families/listid/275/. Sieben der zehn reichsten Familien stammen aus dem Königreich.

58 Markus Bickel: »Diese Frau will alles ändern«, *Frankfurter Allgemeine Zeitung*, 19. September 2014, http://www.faz.net/aktuell/feuilleton/medien/saudi-arabiens-erste-chefredakteurin-hat-plaene-13160994.html.

59 Jasmine Bager: »How Falling Oil Prices Helped Spark a Revolution of Female ›Accidental Entrepreneurs‹«, *Refinery 29*, 1. März 2016, http://www.refinery29.com/2016/03/104048/saudi-arabia-women-entrepreneurs.

60 »5 groundbreaking Saudi women in science and medicine«, *Stepfeed*, 1. März 2016, http://stepfeed.com/extra-bits/cookie-jar/groundbreaking-saudi-women-in-science-and-medicine/«.VxY6hXoII6w.

61 Samar Fatany: »Why divorce is on the rise in Saudi Arabia«, *Al-Arabiya*, 24. März 2013, http://english.alarabiya.net/en/views/2013/03/24/Why-divorce-is-on-the-rise-in-Saudi-Arabia.html.

62 Ebd.

63 »Saudi Arabia outlaws domestic violence«, *Al-Jazeera*, 30. August 2013, http://www.aljazeera.com/news/middleeast/2013/08/20138290272119559.html.

64 Siehe Anna Gauto: »Frauen profitieren von der Wirtschaftskrise«, *Wirtschaftswoche*, 5. April 2016, http://www.wiwo.de/politik/ausland/saudi-arabien-frauen-profitieren-von-der-wirtschaftskrise/13076942.html.

65 Interview des Autors in Italien im September 2015.

66 Gidon Windecker: »Saudi-Arabien: ›Die Zukunft selbst in die Hand nehmen‹«, Konrad-Adenauer-Stiftung, 14. Februar 2016, http://www.kas.de/wf/de/33.44330/.

67 The World Bank: »Unemployment, female (% of female labor force) (modeled ILO estimate)«, http://data.worldbank.org/indicator/SL.UEM.TOTL.FE.ZS.

68 Dietrich Alexander: »Gebt den Frauen das Kommando«, *Die Welt*, 30. März 2016, http://www.welt.de/print/die_welt/politik/article153790536/Gebt-den-Frauen-das-Kommando.html.

69 Francoise de Bel-Air: »Female Employment in the Saudisation Policy (Nitaqat) in Saudi Arabia«, unveröffentlichtes Paper, Gulf Research Meeting, Cambridge, 24.–28. August 2014.

70 Vivian Nareim und Donna Abu-Nasr: »Saudi Women Are Joining the Workforce in Record Numbers«, *Bloomberg*, 10. August 2015, http://www.bloomberg.com/news/articles/2015-08-10/saudi-women-are-joining-the-workforce-in-record-numbers.

71 Siehe für weitere Informationen die Homepage der saudischen General Authority of Statistics, Soziale Statistiken (in Arabisch), http://www.cdsi.gov.sa/ar/node.

72 Emily Buchanan: »Women only to work in Saudi Arabia lingerie shops«, *BBC News*, 5. Januar 2012, http://www.bbc.com/news/world-middle-east-16412202.

73 Arbeitsministerium: *Saudi Arabia Labor Market Report, G20 Labor and Employment Ministerial Meeting*, Ankara, September 2015, https://irp-cdn.multiscreensite.com/ff00f1f0/files/uploaded/Saudi%20Arabia%20Labor%20Market%20Report%202015.pdf, S. 37.

74 Mughda Variyar: »Nearly Half of Saudi Arabia's Lingerie Shops Shut after Law Allowing Only Women Employees«, *International Business Times*, 1. Oktober 2015, http://www.ibtimes.co.in/nearly-half-saudi-arabias-lingerie-shops-have-shut-after-law-allowing-only-women-employees-648775.

75 Siehe Riz Khan: *Alwaleed. Prinz, Geschäftsmann, Milliardär. Börsenmedien*, Kulmbach 2006.

76 Ab der zweiten Sitzung waren Frauen zugelassen. 2004 befasste sich eine dieser Sitzungen in Medina unter dem Thema »Die Frau: Ihre Rechte und Pflichten und die Verbindung zur Lehre« mit der sozialen, wirtschaftlichen und politischen Rolle von Frauen in Saudi-Arabien. Von den 70 Teilnehmern an der Konferenz waren die Hälfte Frauen. Siehe King Abdul Aziz Center for National Dialogue, https://www.kacnd.org/Home/Index?aspxerrorpath=/superdb und Amélie Le Renard: »›For Women Only‹: Women, the State, and Reform in Saudi Arabia«, in: *Middle East Journal* 52 (2008) 4, S. 610–629.

77 Zakir Hussain: *Saudi Arabia in a Multipolar World: Changing Dynamics*, London 2016.

78 Evi Simeoni: »Die vier Verschwiegenen«, *Frankfurter Allgemeine Zeitung*, 3. August 2016, http://www.faz.net/aktuell/sport/olympia/frauenteam-aus-saudi-arabien-bei-olympia-14368976.html.

79 Weitere Informationen finden sich auf der Homepage des Madschlis asch-Schura, https://www.shura.gov.sa/wps/wcm/connect/ShuraEn/internet/Home/.

80 »Saudi King Consolidates Power with Succession Shake-Up«, *Daily Mail*, 29. April 2015, http://www.dailymail.co.uk/wires/afp/article-3060276/Saudi-king-names-new-heir-throne-govt-shakeup.html.

81 Interview des Autors im Dezember 2014 in Dschidda.

82 Weitere Informationen in Amelie Le Renard: »From Qur'anic Circles to the Internet: Gender Segregation and the Rise of Female Preachers in Saudi Arabia«, in: Masooda Bano und Hilary Kalmbach (Hrsg.): *Women, Leadership, and Mosques: Changes in Contemporary Islamic Authority*, Leiden 2012, S. 105–126.

83 Laila Makboul: »Public piety: Female preachers in Saudi Arabia«,

NewME, 20. April 2016, https://newmeast.wordpress.com/2016/04/20/ public-piety-female-prachers-in-saudi-arabia/.

84 Madawi al-Rasheed: *A Most Masculine State: Gender, Politics and Religion in Saudi Arabia*, Cambridge 2013, S. 259.

85 Elizabeth Dickinson: »Saudi Women Are Getting Down to Business«, *Foreign Policy*, 28. Januar 2016.

86 Madawi Al-Rasheed: »The Saudi response to the ›Arab spring‹: containment and co-option«, *Open Democracy*, 10. Januar 2012, http://www. opendemocracy.net/5050/madawi-al-rasheed/saudi-response-to-%- E2%80%98arab-spring%E2%80%99-containment-and-co-option.

87 Atika Shubert: »Saudi Woman Says She Was Detained for Driving«, *CNN*, 21. Mai 2011, http://articles.cnn.com/2011-05-21/world/saudi. women.drivers_1_saudi-women-cnn-saudi-authorities?_s=PM:WORLD.

88 Annemarie van Geel: »Whither the Saudi Woman? Gender Mixing, Empowerment and Modernity«, in: Roel Meijer und Paul Aarts (Hrsg.): *Saudi Arabia between Conservatism, Accomodation and Reform*, Netherlands Institute of International Relations ›Clingendael‹, Januar 2012, S. 57–78, S. 61.

89 Rajaa Alsanea: *Girls of Riyadh*, London 2008.

90 Toby Matthiesen: *Sectarian Gulf: Bahrain, Saudi Arabia, and the Arab Spring That Wasn't*, Stanford 2013.

91 Siehe Joshua Teitelbaum: »The Shiites of Saudi Arabia, Current Trends in Islamist Ideology«, 21. August 2010, http://www.hudson.org/re- search/9895-the-shiites-of-saudi-arabia.

92 Toby Matthiesen: *The Other Saudis: Shiism, Dissent and Sectarianism*, Cambridge 2015.

93 Sebastian Sons: »Saudi-Arabien: Speerspitze der Gegenrevolution? Das saudische Königreich zwischen Eindämmung der ›Arabellion‹ und gesellschaftlichem Wandel«, in: Kölner Forum für Internationale Beziehungen und Sicherheitspolitik e.V. (Hrsg.): *Die »Arabellion« und deren Auswirkungen – eine Zwischenbilanz: Wer gewinnt, wer verliert?*, Köln 2016 (im Erscheinen).

94 Sebastian Sons: »König Salman und die Krisen. Doch Saudi-Arabien spielt auch weiterhin eine wichtige geostrategische Rolle«, *Internationale Politik*, März/April 2016, S. 4–9, S. 8.

95 Frederic M. Wehrey: *Sectarian Politics in the Gulf: From the Iraq War to the Arab Uprisings*, New York 2014, S. 148.

96 Sebastian Sons: »Jugend in Saudi-Arabien: ›Agents of Change‹ oder Vertreter der Gegenrevolution?«, in: Deutsches Orient-Institut (Hrsg.): *Jugend im Nahen und Mittleren Osten*, Januar 2016, S. 51–65.

97 Frederic M. Wehrey: *Sectarian Politics in the Gulf: From the Iraq War to the Arab Uprisings*, New York 2014, S. 118.

98 »Gerichtsurteil: Saudi-Arabien will jungen Oppositionellen köpfen und kreuzigen«, *Spiegel online*, 24. September 2015, http://www.spiegel. de/politik/ausland/saudi-arabien-will-ali-al-nimr-koepfen-und-kreuzi-gen-a-1054464.html.

Die Außenpolitik

1 Außenministerium des Königreichs Saudi-Arabien: König Salman: »The Custodian of Two Holy Mosques Speech to Guest of the National Festival for Heritage and Culture in the Name of Allah The Most Beneficent and Merciful«, Riad, 8. Februar 2016, http://www.mofa.gov.sa/sites/ mofaen/ServicesAndInformation/news/KingOfficialSpeeches/Pages/ ArticleID201628122753120.aspx.

2 Gerd Nonneman: »Determinants and Patterns of Saudi Foreign Policy: ›Omnibalancing‹ and ›Relative Autonomy‹ in Multiple Environments«, in: Paul Aarts und Gerd Nonneman (Hrsg.): *Saudi Arabia in the Balance: Political Economy, Society, Foreign Affairs*, London 2005, S. 315–351 und Saud al-Tamamy: »Saudi Arabia and the Arab Spring: Opportunities and Challenges of Security«, in: *Journal of Arabian Studies: Arabia, the Gulf, and the Red Sea* 2 (2012) 2, S. 143–156.

3 Madawi al-Rasheed: »Saudi Arabia's Foreign Policy: Loss without Gain?«, in: LSE Middle East Centre (Hrsg.): *The New Politics of Intervention of Gulf Arab States: Collected Papers.* Volume 1, London 2015, S. 32–40.

4 Anna Sunik: »Alte Ziele, neue Taktik – Saudi-Arabiens außenpolitischer Aktivismus«, *GIGA Focus Nahost* 3, 2014, https://www.files.ethz.ch/ isn/180155/gf_nahost_1403.pdf, 2.9.2016 und Lisa Watanabe: »Bewährungsprobe für Saudi-Arabiens Aussenpolitik«, *CSS Analysen zur Sicherheitspolitik* Nr. 153, Mai 2014, http://www.css.ethz.ch/content/dam/ethz/ special-interest/gess/cis/center-for-securities-studies/pdfs/CSSAnaly-se153-DE.pdf.

5 René Rieger und Sebastian Sons: »Saudi Arabia's Regional Policy Since 2011«, in: Robert Mason (Hrsg.): *Reassessing Order and Disorder in the Middle East: Regional Imbalance or Disintegration?*, Maryland 2016 (im Erscheinen).

6 F. Gregory Gause III.: »The Foreign Policy of Saudi Arabia«, in: Raymond A. Hinnebusch und Anoushiravan Ehteshami (Hrsg.): *The Foreign Policies of Middle East States*, Boulder 2002, S. 193–212.

7 Sebastian Sons und Inken Wiese: »The Engagement of Arab Gulf States in Egypt and Tunisia since 2011: Rationale and Impact«, *DGAP Analyse* Nr. 9, Oktober 2015.

8 Siehe Stephan Roll: »Ägyptens Unternehmerelite nach Mubarak. Macht-voller Akteur zwischen Militär und Muslimbruderschaft«, *SWP-Studie*, Juli 2013, http://www.swp-berlin.org/fileadmin/contents/products/studien/2013_S14_rll.pdf.

9 Bessma Momani: »Shifting Gulf Arab Investments into the Mashreq: Underlying Political Economy Rationales?«, in: Bessma Momani und Matteo Legrenzi (Hrsg.): *Shifting Geo-economic Power of the Gulf. Oil, Finance and Institutions*, London 2011, S. 163–181.

10 Sebastian Sons und Inken Wiese: »The Engagement of Arab Gulf States in Egypt and Tunisia since 2011: Rationale and Impact«, *DGAP Analyse* Nr. 9, Oktober 2015.

11 Saud Mousaed Al Tamamy: »Saudi Arabia and the Arab Spring: Opportunities and Challenges of Security«, in: *Journal of Arabian Studies: Arabia, the Gulf, and the Red Sea* 2 (2012) 2, S. 143–156, S. 146.

12 Bei Kooption handelt es sich um ein Prinzip, bei dem bestimmte Eliten von der saudischen Königsfamilie bevorteilt werden, um deren Loyalität zu sichern, während andere Akteure von diesen Vorteilen bewusst aus-gegrenzt werden.

13 Mehran Kamrava: »Mediation and Saudi Foreign Policy«, in: *Orbis* 57 (2013) 1, S. 1–19.

14 »Saudi Arabia and Egypt Carry Out Joint Drills«, *Middle East Monitor*, 15. Mai 2013, https://www.middleeastmonitor.com/news/middle-east/6021-saudi-arabia-and-egypt-carry-out-joint-drills.

15 Sultan Barakat und Steven A. Zyck: »Gulf state assistance to conflict-affected environments«, Kuwait Programme on Development, *Research Paper* Nr. 10, Governance and Globalisation in the Gulf States, Juli 2010, http://eprints.lse.ac.uk/55240/1/Barakat_2010.pdf.

16 Khalid Al-Yahya und Nathalie Fustier: »Saudi Arabia as a Humanitarian Donor: High Potential, Little Institutionalization«, *GPPI Research Paper* 14, Global Public Policy Institute, März 2011, http://www.gppi.net/file-admin/user_upload/media/pub/2011/al-yahya-fustier_2011_saudi-arabia-as-humanitarian-donor_gppi.pdf.

17 Espen Villanger: »Arab Foreign Aid: Disbursement Patterns, Aid Policies and Motives«, *CMI Reports*, Chr. Michelsen Institute 2007, https://www.cmi.no/publications/file/2615-arab-foreign-aid-disbursement-patterns.pdf.

18 Siehe Ana Echagüe (Hrsg.): *The Gulf States and Arab Uprisings*, Fundación para las Relaciones Internacionales y el Diálogo Exterior (FRIDE), Madrid 2013 und May Seikaly und Khawla Mattar (Hrsg.): *The Silent Revolution: The Arab Spring and the Gulf States*, Berlin 2014.

19 Vor allem die Beziehungen zu Tunesien waren in der Vergangenheit nicht immer spannungsfrei. Zu den Aufständen in Ägypten und Tunesien siehe:

Volker Perthes: *Das Ende des Nahen Ostens, wie wir ihn kennen. Ein Essay*, Berlin 2015 und Michael Lüders: *Tage des Zorns. Die arabische Revolution verändert die Welt*, München 2011.

20 Julia Gerlach: *Der verpasste Frühling. Woran die Arabellion gescheitert ist*, Berlin 2016.

21 Interviews des Autors in Riad im Dezember 2014 und in Kairo im Februar 2015.

22 »Saudi Arabia Offered Money in Exchange for Mubarak, Says Shater«, *Egypt Independent*, 10. Mai 2012, http://www.egyptindependent.com/news/saudi-arabia-offered-money-exchange-mubarak-says-shater.

23 Mourad, Hicham: »The Muslim Brotherhood and Saudi Arabia«, *Ahram online*, 15. Mai 2013, http://english.ahram.org.eg/News/71498.aspx.

24 Annette Ranko: *Die Muslimbruderschaft: Porträt einer mächtigen Verbindung*, Hamburg 2014.

25 Peter Philipp: »Islamistische Bewegungen im Arabischen Frühling«, *Dossier Islamismus*, Bundeszentrale für Politische Bildung, 5. September 2011, http://www.bpb.de/politik/extremismus/islamismus/36391/islamis-ten-im-arabischen-fruehling?p=all, Samira Akrach und Tugrul von Mende: »Tunesien«, in: Deutsches Orient-Institut (Hrsg.): *Der »Arabische Frühling«. Auslöser, Verlauf, Ausblick*, Berlin 2011, S. 5–17 und Isabelle Werenfels: »Vorreiter Tunesien«, Bundeszentrale für politische Bildung, 12. Oktober 2011, http://www.bpb.de/internationales/afrika/arabischer-fruehling/52395/tunesien?p=all.

26 »Saudi Arabia Declares Muslim Brotherhood a ›Terrorist Organisation‹«, *Ahram online*, 7. März 2014, http://english.ahram.org.eg/News/96090.aspx.

27 Thomas W. Lippman: »Support for el-Sisi: What's In It for al-Saud?«, Middle East Institute, 3. September 2013, http://www.mei.edu/content/support-el-sisi-what%E2%80%99s-it-al-saud.

28 Guido Steinberg: »Leading the Counter-Revolution. Saudi Arabia and the Arab Spring«, *SWP Research Paper*, Juni 2014, www.swp-berlin.org/fileadmin/contens/products/Research-papers/2014_PR07_sbg.pdf und Steffen Hertog: »The Costs of Counter-Revolution in the Gulf«, *Foreign Policy*, 31. Mai 2011, http://www.foreignpolicy.com/2011/05/31/the-costs-of-counter-revolution-in-the-gcc/.

29 Sebastian Sons: »Saudi-Arabien: Speerspitze der Gegenrevolution? Das saudische Königreich zwischen Eindämmung der ›Arabellion‹ und gesell-schaftlichem Wandel«, in: Kölner Forum für Internationale Beziehungen und Sicherheit e. V. (Hrsg.): *Die »Arabellion« und deren Auswirkungen – eine Zwischenbilanz: Wer gewinnt, wer verliert?*, Köln 2017 (im Erscheinen).

30 Kristian Coates Ulrichsen: »Egypt-Gulf Ties and a Changing Balance of Regional Security«, *The Cairo Review on Global Affairs*, 12. Januar 2015,

https://www.thecairoreview.com/tahrir-forum/egypt-gulf-ties-and-a-changing-balance-of-regional-security/.

31 Abdel Monem Said Aly: »Post-Revolution Egyptian Foreign Policy«, *Middle East Brief* No. 86, Crown Center for Middle East Studies, November 2014, http://www.brandeis.edu/crown/publications/meb/MEB86.pdf.

32 »Iran Warships Enter Mediterranean Via Suez Canal«, *BBC News*, 18. Februar 2012, http://www.bbc.co.uk/news/world-middle-east-17083791.

33 Sebastian Sons und Inken Wiese: »The Engagement of Arab Gulf States in Egypt and Tunisia since 2011. Rationale and Impact«, *DGAP Analyse* Nr. 9, Oktober 2015.

34 Interviews des Autors in Kairo im Februar 2015. Siehe auch Stéphane Lacroix: »Saudi Arabia's Muslim Brotherhood Predicament«, *POMEPS Studies* 25, 25. März 2014, http://pomeps.org/2014/03/20/saudi-arabias-muslim-brotherhood-predicament/, S. 16–18 und Guido Steinberg: »The Gulf States and the Muslim Brotherhood«, *POMEPS Studies* 25, 25. März 2014, http://pomeps.org/2014/03/21/the-gulf-states-and-the-muslim-brotherhood/, S. 19–21.

35 Dina Ezzat: »Egypt-Saudi ties: What is in store?«, *Ahram online*, 10. August 2014, http://english.ahram.org.eg/News/108164.aspx.

36 Interview des Autors in Riad im Dezember 2014.

37 Dina Ezzat: »Egypt-Saudi ties: What is in store?«, *Ahram online*, 10. August 2014, http://english.ahram.org.eg/News/108164.aspx.

38 »King: Help Egypt end crisis«, *Arab News*, 4. Juni 2014, http://www.arabnews.com/node/581626.

39 Ibrahim El Houdaiby: »Beyond the Crisis: A Roadmap for Reconciliation in Egypt«, *DGAP standpunkt* Nr. 9, Juni 2014, https://dgap.org/en/article/getFullPDF/25498.

40 Sebastian Sons und Inken Wiese: »The Engagement of Arab Gulf States in Egypt and Tunisia since 2011. Rationale and Impact«, *DGAP Analyse* Nr. 9, Oktober 2015.

41 Interviews des Autors in Kairo im Februar 2015.

42 »Egyptian pound value rises following influx of aid from Gulf«, *Ahram online*, 25. Juli 2013, http://english.ahram.org.eg/News/77392.aspx.

43 Central Bank of Egypt, Statistical Bulletin, März 2015.

44 Sebastian Sons und Inken Wiese: »The Engagement of Arab Gulf States in Egypt and Tunisia since 2011. Rationale and Impact«, *DGAP Analyse* Nr. 9, Oktober 2015.

45 General Authority for Investment and Free Zones: »Saudi Arabia accounts for 27 % of Arab Investments in Egypt«, 3. März 2015, http://www.gafi.gov.eg/English/MediaCenter/News/Pages/Saudi-Arabia-accounts-for-27-Percent-of-Arab-Investments-in-Egypt.aspx.

46 Interview des Autors in Kairo im Februar 2015.

47 Sebastian Sons und Inken Wiese: »The Engagement of Arab Gulf States in Egypt and Tunisia since 2011. Rationale and Impact«, *DGAP Analyse* Nr. 9, Oktober 2015.

48 Pew Research Center: »Saudi Arabia's Image Falters among Middle East Neighbors«, Washington, 17. Oktober 2013, http://www.pewglobal.org/2013/10/17/saudi-arabias-image-falters-among-middle-east-neighbors/. Die Umfrage wurde in 39 mehrheitlich islamisch geprägten Ländern von Marokko bis Indonesien mit fast 40000 Befragten durchgeführt.

49 Interview des Autors in Kairo im Februar 2015.

50 Abdelrahman Ayyash und Victor J. Willi: »The Egyptian Muslim Brotherhood in 2016: Scenarios and Recommendations«, *DGAP kompakt* 9, März 2016, https://dgap.org/en/article/getFullPDF/27762.

51 Birgit Svensson: »Der neue Pharao al-Sisi, ein Etatist mit Visionen«, *Die Welt*, 29. Mai 2014, http://www.welt.de/politik/ausland/article128513072/Der-neue-Pharao-al-Sisi-ein-Etatist-mit-Visionen.html.

52 »Worse Than Mubarak«, *The Economist*, 2. Mai 2015, http://www.economist.com/news/middle-east-and-africa/21650160-abdel-fattah-al-sisi-has-restored-order-egypt-great-cost-worse und Andrea Backhaus: »Schlimmer als unter Mubarak«, *Zeit online*, 6. Januar 2016, http://www.zeit.de/politik/ausland/2016-01/aegypten-verhaftung-revolution.

53 Yasmine Farouk: »More Than Money: Post-Mubarak Egypt, Saudi Arabia, and the Gulf«, *GRC Gulf Paper*, Gulf Research Center, April 2014, https://www.files.ethz.ch/isn/179860/Egypt_Money_new_29-4-14_2576.pdf.

54 Guido Steinberg: *Kalifat des Schreckens. IS und die Bedrohung durch den islamistischen Terror*, München 2015.

55 Siehe zur Türkei: Günter Seufert: »Die Türkei als Partner der EU in der Flüchtlingskrise. Ankaras Probleme und Interessen«, *SWP-Aktuell* 98, Berlin, Dezember 2015, https://www.swp-berlin.org/fileadmin/contents/products/aktuell/2015A98_srt.pdf. Zu Jordanien siehe: Alexandra Francis: »Jordan's Refugee Crisis«, Carnegie Endowment for International Peace, 21. September 2015, http://carnegieendowment.org/files/Brief-Francis-Jordan.pdf. Zum Libanon siehe: Europäische Kommission: »Lebanon: Syria Crisis«, *Echo Factsheet*, Mai 2016, http://ec.europa.eu/echo/files/aid/countries/factsheets/lebanon_syrian_crisis_en.pdf.

56 Turki al-Faisal: »Saudi Arabia's New Foreign Policy Doctrine in the Aftermath of the Arab Awakening«, Vortrag am Belfer Center for Science & International Affairs der Harvard-Universität am 25. April 2013, http://belfercenter.ksg.harvard.edu/files/PrinceTHKSPublicLecture.pdf.

57 Siehe Ali Fathollah-Nejad: »Eine Region aus den Fugen«, *Berliner Republik: Das Debattenmagazin*, Nr. 1/2016 (Februar), S. 29–31.

58 Interview des Autors in Riad im Dezember 2014.

59 Sebastian Sons: »Finanzhilfen kommen beim Volk nicht an«, *Cicero*, 10. November 2015, http://www.cicero.de/weltbuehne/saudi-arabiens-engagement-aegypten-die-iranoia-koenig-salmans/60092 und Sebastian Sons: »Riad setzt auf Risiko«, *Zenith* 1/2015, 2. April 2015, http://www.zenithonline.de/deutsch/politik/a/artikel/riad-setzt-auf-risiko-004391/.

60 Frederic M. Wehrey: *Sectarian Politics in the Gulf: From the Iraq War to the Arab Uprisings*, New York 2014.

61 1980 begann der Krieg zwischen Iran und seinem direkten arabischen Nachbarn Irak, der die Region für acht Jahre in Atem hielt, wobei sich das saudische Königshaus an die Seite des irakischen Diktators Saddam Hussein stellte, da dieser den iranischen Expansionsbestrebungen Einhalt gebieten und als Puffer zwischen Saudi-Arabien und Iran fungieren sollte.

62 Siehe Johannes Reissner: »Iran nach dem Irak-Krieg. Zwischen amerikanischem Druck und europäischer Annäherung«, *SWP-Studien*, Berlin, Juni 2003, http://www.swp-berlin.org/fileadmin/contents/products/studien/S2003_25_rsn.pdf und Wilfried Buchta: *Who Rules Iran? The Structure of Power in the Islamic Republic*, Washington 2000.

63 Die Dynastie der Safawiden regierte den Iran von 1501 bis 1722 und dient der saudischen Anti-Iran-Propaganda als Inbegriff einer schiitisch dominierten Herrschaft.

64 Toby Matthiesen: »The World's Most Misunderstood Martyr«, *Foreign Policy*, 8. Januar 2016, http://foreignpolicy.com/2016/01/08/the-worlds-most-misunderstood-martyr/ und Ben Hubbard: »Saudi Arabia Cuts Ties with Iran amid Fallout from Cleric's Execution«, *The New York Times*, 3. Januar 2016, http://www.nytimes.com/2016/01/04/world/middleeast/iran-saudi-arabia-execution-sheikh-nimr.html?_r=0.

65 »Hadsch: Saudi-Arabien verweigert Iranern Mekka-Wallfahrt«, *Spiegel online*, 29. Mai 2016, http://www.spiegel.de/politik/ausland/mekka-iraner-koennen-nicht-zum-hadsch-wegen-saudi-arabien-a-1094762.html.

66 Jon Gambrell: »AP count: Over 2,400 killed in Saudi hajj stampede, crush«, *Associated Press*, 10. Dezember 2015, http://bigstory.ap.org/article/3a42a7733a8b476889bb4b7b3be3560e/ap-count-over-2400-killed-saudi-hajj-stampede-crush. Die offizielle Statistik spricht von 769 Toten.

67 Siehe Asa Fitch und Margherita Stancati: »Iran Urges Muslims to Challenge Saudi Arabia's Oversight of Holy Sites«, *Wall Street Journal*, 4. September 2016, http://www.wsj.com/articles/iran-urges-muslims-to-challenge-saudi-arabias-oversight-of-holy-sites-1473081759.

68 Siehe: »Saudi Arabia's top cleric says Iranians are ›not Muslims‹«, *BBC*

News, 6. September 2016, http://www.bbc.com/news/world-middle-east-37287434.

69 Ebd.

70 Siehe Claire M. Lopez: »Prince Turki bin Faisal Al-Saud Drops Bombshell at Iranian Opposition Rally«, Center for Security Policy, 13. Juli 2016, http://www.centerforsecuritypolicy.org/2016/07/13/prince-turki-bin-faisal-al-saud-drops-bombshell-at-iranian-opposition-rally/.

71 Siehe: »Saudi-Arabien verstärkt seine Bemühungen, eine neue Front zum Sturz des iranischen Regimes aufzubauen« (in Arabisch), *Rai al-Yawm*, http://www.raialyoum.com/?p=473637.

72 Geneive Abdo: »The New Sectarianism: The Arab Uprisings and the Rebirth of the Shi'a-Sunni Divide«, Brookings Institution, April 2013, https://www.brookings.edu/wp-content/uploads/2016/06/sunni-shia-abdo.pdf.

73 Siehe Roham Alvandi: »Nixon, Kissinger, and the Shah: The Origins of Iranian Primacy in the Persian Gulf«, in: *Diplomatic History*, 36 (2012) 2, S. 337–372, Stephen McGlinchey: »Richard Nixons Road to Tehran: The Making of the U.S. Iran Arms Agreement of May 1972«, in: *Diplomatic History*, 37 (2013) 4., S. 841–860 und Mark Gasiorowski: *US Foreign Policy and the Shah: Building a Client State in Iran*, Ithaca 1991.

74 Dazu zählte der damalige US-Präsident George W. Bush auch noch Nordkorea und den Irak. The White House: President Delivers State of the Union Address, 29. Januar 2002, https://georgewbush-whitehouse.archives.gov/news/releases/2002/01/20020129-11.html.

75 Frederic Wehrey, Theodore W. Karasik, Alireza Nader, Jeremy J. Ghez, Lydia Hansell und Robert A. Guffey: *Saudi-Iranian Relations Since the Fall of Saddam: Rivalry, Cooperation, and Implications for U.S. Policy*, Rand Corporation, Santa Monica/Arlington/Pittsburgh 2009.

76 »Saudi Prince: Iran ›Expanding Occupation of Iraq‹«, *BBC*, 16. März 2015, http://www.bbc.com/news/world-middle-east-31902105.

77 Paul-Anton Krüger: »Saudischer Außenminister warnt: Russlands Eingreifen in Syrien sehr, sehr gefährlich«, *Süddeutsche Zeitung*, 13. Februar 2016, http://www.sueddeutsche.de/politik/interview-mit-saudi-arabiens-aussenministersaudischer-aussenminister-warnt-russlands-eingreifen-in-syrien-sehr-sehr-gefaehrlich-1.2862209.

78 Benedetta Berti und Yoel Guzansky: »Saudi Arabia's Foreign Policy on Iran and the Proxy War in Syria: Toward a New Chapter?«, in: *Israel Journal of Foreign Affairs* VIII (2014) 3, S. 25–34.

79 Hugh Naylor: »Syria Rebels ›Buy Arms with Gulf and US Help‹«, *The National*, 17. Mai 2012, http://www.thenational.ae/news/world/middle-east/syria-rebels-buy-arms-with-gulf-and-us-help.

80 Ian Black: »Saudi Arabia: Syria Rebels Must be Armed«, *The Guardian*, 25. Juni 2013, http://www.theguardian.com/world/2013/jun/25/saudi-arabia-syria-rebels-armed?CMP=twt_gu.

81 Edward Dark: »Syrian FSA Fades in Shadow of Saudi-Backed Opposition Front«, *Al-Monitor*, 11. Dezember 2013, http://www.al-monitor.com/pulse/originals/2013/12/syria-fsa-islamic-front-geneva-ii-jarba.html.

82 Lina Khatib: »Qatar and the Recalibration of Power in the Gulf«, Carnegie Middle East Center, 11. September 2014, http://carnegieendowment.org/files/qatar_recalibration.pdf.

83 Ian Black: »End of an Era as Prince Bandar Departs Saudi Intelligence Post«, *The Guardian*, 16. April 2014, http://www.theguardian.com/world/2014/apr/16/prince-bandar-saudi-intelligence-syria.

84 »Saudi Arabia Willing to Send Ground Troops to Syria«, *Al-Jazeera*, 6. Februar 2016, http://www.aljazeera.com/news/2016/02/general-saudi-arabia-set-deploy-troops-syria-160205042542486.html.

85 Mohamad Bazzi: »Saudi Arabia and Iran Are Playing a Winner-Take-All Game«, *Reuters*, 7. Januar 2016, http://blogs.reuters.com/great-debate/2016/01/07/saudi-arabia-and-iran-are-playing-a-zero-sum-game/.

86 Simon Mabon: »The Battle for Bahrain: Iranian-Saudi Rivalry«, in: *Middle East Policy Council* 19 (Sommer 2012) 2, S. 1 ff.

87 Etwa 65 bis 75 % der bahrainischen Bevölkerung gehören der schiitischen Konfession an.

88 Dabei demonstrierten auch Sunniten gegen wirtschaftliche und politische Benachteiligung, so dass es sich keinesfalls nur um einen schiitischen Protest handelte.

89 Ethan Bronner und Michael Slackman: »Saudi Troops Enter Bahrain to Help Put Down Unrest«, *The New York Times*, 14. März 2011, http://www.nytimes.com/2011/03/15/world/middleeast/15bahrain.html?pagewanted=all&_r=0.

90 Hasan Tariq Alhasan: »The Role of Iran in the Failed Coup of 1981: The IFLB in Bahrain«, in: *The Middle East Journal* 65 (Herbst 2011) 4, S. 603–617.

91 Dies lag auch daran, dass der langjährige saudische Verteidigungsminister und Kronprinz Sultan 2011 im Alter von 85 Jahren starb, nachdem er das Amt seit 1963 ausgeübt und maßgeblich die saudische Jemen-Politik geprägt hatte. Die saudischen Netzwerke im Jemen waren eng an seine Person gebunden und fielen nach seinem Tod rasch in sich zusammen. Auch deswegen verfügte Saudi-Arabien kaum über wohlgesonnene Partner im Jemen, als dort die Regierungskrise begann.

92 Ellen Knickmeyer: »A Five-Star Retirement Home for Dictators«,

Foreign Policy, 23. Juni 2011, http://foreignpolicy.com/2011/06/23/a-five-star-retirement-home-for-dictators-2/ und Mareike Transfeld: »Political Bargaining and Violent Conflict: Shifting Elite Alliances as the Decisive Factor in Yemen's Transformation«, in: *Mediterranean Politics* 21 (2016) 1, http://www.tandfonline.com/doi/full/10.1080/13629395.2015.1081454.

93 Siehe Marie-Christine Heinze: »Der Krieg im Jemen. Die Entwicklung vor dem Hintergrund regionaler Dynamiken im Nahen Osten«, in: *Reader Sicherheitspolitik*, Ausgabe 2/2016, International Crisis Group: »Yemen at War«, *Middle East Briefing* Nr. 45, 27. März 2015, https://www.crisisgroup.org/middle-east-north-africa/gulf-and-arabian-peninsula/yemen/yemen-war und Mareike Transfeld: »Houthis on the Rise in Yemen«, *Sada*/Carnegie Endowment for International Peace, 31. Oktober 2014, http://carnegieendowment.org/sada/?fa=57087.

94 Mareike Transfeld: »Gescheiterte Transformation im Jemen«, *SWP-Aktuell* 8, Februar 2015, http://www.swp-berlin.org/fileadmin/contents/products/aktuell/2015A08_tfd.pdf.

95 Marie-Christine Heinze: »›Revolution‹ und Krieg im Jemen. 2011 und seine Auswirkungen auf ein fragiles Land«, in: Kölner Forum für Internationale Beziehungen und Sicherheit (Hrsg.): *Die »Arabellion« und deren Auswirkungen – eine Zwischenbilanz: Wer gewinnt, wer verliert?*, Köln 2016 (im Erscheinen).

96 Ali Watkins, Ryan Grim und Akbar Shahid Ahmed: »Iran Warned Houthis against Yemen Takeover«, *Huffington Post*, 20. April 2015, http://www.huffingtonpost.com/2015/04/20/iran-houthis-yemen_n_7101456.html.

97 Michael Knights und Alexandre Mello: »The Saudi-UAE War Effort in Yemen (Part 1): Operation Golden Arrow in Aden«, *Policy Watch* 2464, The Washington Institute for Near East Policy, 10. August 2015, http://www.washingtoninstitute.org/policy-analysis/view/the-saudi-uae-war-effort-in-yemen-part-1-operation-golden-arrow-in-aden.

98 Sebastian Sons: »Der Junge schafft das nicht«, *Zenith* (Winter 2015), S. 34–35.

99 Bruce Riedel: »Saudi Arabia's mounting security challenges«, *Al-Monitor*, 28. Dezember 2015, http://www.al-monitor.com/pulse/originals/2015/12/saudi-yemen-security-salman-houthi-gulf.html.

100 Interview des Autors mit einem saudischen Journalisten im Oktober 2015.

101 Ärzte ohne Grenzen: »Unsere Hilfe im Jemen«, 31. Mai 2016, https://www.aerzte-ohne-grenzen.de/unsere-arbeit/einsatzlaender/jemen. Allerdings handelt es sich bei diesen Zahlen nur um Schätzungen, die nicht eindeutig belegt werden können.

102 Amnesty International: »Yemen 2015/2016«, *Amnesty International Annual Report* 2015/2016, S. 403.

103 Der jemenitische Außenminister Abdulmalik Al-Mekhlafi betonte dies bei einem Vortrag am 7. September 2016 in der Deutschen Gesellschaft für Auswärtige Politik (DGAP) in Berlin.

104 Jessica Noll und Stephan Roll: »Vom Jemen-Krieg zur gemeinsamen Armee?«, *SWP-Aktuell* 47, April 2015, https://www.swp-berlin.org/fileadmin/contents/products/aktuell/2015A47_rll_noj.pdf. Ägypten hatte in den 1960er Jahren in einem militärischen Konflikt die republikanischen Kräfte im Jemen gegen die von Saudi-Arabien unterstützten Anhänger des Königs unterstützt und einen hohen Blutzoll gezahlt. In Ägypten wird dieser Krieg auch als »ägyptisches Vietnam« bezeichnet.

105 Bruce Riedel: »Why Pakistan Said No to King Salman«, *Al-Monitor*, 13. April 2015, http://www.al-monitor.com/pulse/originals/2015/04/yemen-conflict-parliament-resolution.html.

106 Interviews des Autors in Pakistan in Lahore im Januar 2016 und in Islamabad im Februar 2016.

107 Interview des Autors in Amman im Mai 2016.

108 Rainer Hermann: »Wir sind nicht eingekreist – vielmehr ist Iran isoliert«, Interview mit dem saudischen Außenminister Adel al-Jubair, *Frankfurter Allgemeine Zeitung*, 28. Mai 2016.

109 Faisal al-Shammeri: »The Legitimacy of Saudi Arabia's Involvement in Yemen«, *Saudi Gazette*, 20. November 2015, http://saudigazette.com.sa/opinion/voices/the-legitimacy-of-saudi-arabias-involvement-in-yemen/.

110 Für ausführliche Informationen zum IS siehe u.a. Christoph Reuter: *Die schwarze Macht. Der »Islamische Staat« und die Strategen des Terrors*, 7. Auflage, München 2015, Wilfried Buchta: *Terror vor Europas Toren. Der Islamische Staat, Iraks Zerfall und Amerikas Ohnmacht*, Frankfurt/M. 2015, Guido Steinberg: *Kalifat des Schreckens. IS und die Bedrohung durch den islamistischen Terror*, München 2015 und Werner Ruf: *Islamischer Staat & Co. Profit, Religion und globalisierter Terror*, Köln 2016.

111 »Islamic State: ›Baghdadi Message‹ Issued by Jihadists«, *BBC News*, 13. November 2014, http://www.bbc.com/news/world-middle-east-30041257.

112 Interview des Autors in Italien im September 2015.

113 Giorgio Cafiero: »Will IS Attacks Bring About Change in Saudi Foreign Policy?«, *Al-Monitor*, 5. Juli 2016, http://www.al-monitor.com/pulse/originals/2016/07/saudi-arabia-attacks-jeddah-isis-foreign-policy-king-salman.html.

114 Homeland Security Committee: »Final Report of the Task Force on Combating Terrorist and Foreign Fighter Travel«, September 2015, https://homeland.house.gov/wp-content/uploads/2015/09/TaskForce-FinalReport.pdf.

115 Loay Mudhoon: »Kommentar: Saudi-Arabien ist zum Kampf gegen den IS verdammt«, *Deutsche Welle*, 6. Juli 2016, http://www.dw.com/de/kommentar-saudi-arabien-ist-zum-kampf-gegen-den-is-verdammt/a-19384681.

116 Siehe Margherita Stancati und Ahmed Al Omran: »Saudi King Speaks Against Extremism After Attacks«, *Wall Street Journal*, 5. Juli 2016, http://www.wsj.com/articles/muslim-leaders-condemn-saudi-attacks-1467744347.

117 Guido Steinberg: *Kalifat des Schreckens. IS und die Bedrohung durch den islamistischen Terror*, München 2015, S. 124.

118 Madawi al-Rasheed: »The Shared History of Saudi Arabia and ISIS«, 28. November 2014, http://www.hurstpublishers.com/the-shared-history-of-saudi-arabia-and-isis/ und Center for Religious Freedom, Hudson Institute: »Ten Years On: Saudi Arabia's Textbooks Still Promote Religious Violence«, 16. September 2011, http://www.hudson.org/research/8309-ten-years-on-saudi-arabia-s-textbooks-still-promote-religious-violence.

119 Guido Steinberg: *Kalifat des Schreckens. IS und die Bedrohung durch den islamistischen Terror*, München 2015, S. 125.

120 Christopher Blanchard und Alfred B. Prados: »Saudi Arabia: Terrorist Financing Issues«, *CRS Report for Congress*, 14. September 2007, https://www.fas.org/sgp/crs/terror/RL32499.pdf.

121 Amnesty International: »Death Sentences and Executions in 2015«, https://www.amnesty.org/en/latest/research/2016/04/death-sentences-executions-2015/.

122 Human Rights Watch: »Saudi Arabia: Over 100 Executions Since January 1«, 27. Juli 2016, https://www.hrw.org/news/2016/07/27/saudi-arabia-over-100-executions-january-1.

123 Ben Hubbard: »ISIS Turns Saudis Against the Kingdom, and Families Against Their Own«, *The New York Times*, 31. März 2016, http://www.nytimes.com/2016/04/01/world/middleeast/isis-saudi-arabia-wahhabism.html.

124 Amnesty International: »Death Sentences and Executions in 2015«, https://www.amnesty.org/en/latest/research/2016/04/death-sentences-executions-2015/.

125 Saudi Press Agency: »Joint Statement on Formation of Islamic Military Alliance to Fight Terrorism«, 15. Dezember 2015, http://www.spa.gov.sa/viewstory.php?lang=en&newsid=1429203.

126 Raniah Salloum: »Bündnis gegen IS: Das steckt hinter Saudi-Arabiens neuer Anti-Terror-Allianz«, *Spiegel online*, 15. Dezember 2015, http://www.spiegel.de/politik/ausland/saudi-arabien-das-steckt-hinter-der-neuen-anti-terror-allianz-a-1067847.html.

127 William A. Eddy: *F.D.R. Meets Ibn Saud*, Washington 1954, S. 27.

128 Siehe David Crist: *The Twilight War: The Secret History of America's Thirty-Year Conflict with Iran*, London 2012 und Adnan Tabatabai: *Morgen in Iran. Die Islamische Republik im Aufbruch*, Hamburg 2016. Zu den Beziehungen zwischen Iran und den USA in der ersten Amtszeit Barack Obamas siehe: Ali Fathollah-Nejad: »Der Iran-Konflikt und die Obama-Regierung: Alter Wein in neuen Schläuchen?«, *WeltTrends-Papiere*, Nr. 12, Potsdam 2010 und 2011.

129 Siehe Tariq Ali: *Pakistan. Ein Staat zwischen Diktatur und Korruption*, Bonn 2008, Steve Coll: *Die Bin Ladens. Eine arabische Familie*, München 2008 und Lawrence Wright: *Der Tod wird euch finden. Al-Qaida und der Weg zum 11. September*, München 2007.

130 9/11 Commission: »Final Report of the National Commission on Terrorist Attacks Upon the United States«, Washington, 22. Juli 2004, http://govinfo.library.unt.edu/911/report/911Report.pdf.

131 Jim Sciutto, Ryan Browne und Deirdre Walsh: »Congress Releases Secret ›28 Pages‹ on Alleged Saudi 9/11 Ties«, *CNN*, 16. Juli 2016, http://edition.cnn.com/2016/07/15/politics/congress-releases-28-pages-saudis-9-11/.

132 Simon Henderson: »What We Know about Saudi Arabia's Role in 9/11«, *Foreign Policy*, 18. Juli 2016, http://foreignpolicy.com/2016/07/18/what-we-know-about-saudi-arabias-role-in-911/.

133 »Bin Laden Company Denies Ties to Osama«, *NBC News*, 3. September 2007, http://www.nbcnews.com/id/20575830/ns/business-us_business/t/bin-laden-company-denies-ties-osama/.

134 »US to Cut Military and Economic Aid to Egypt in Shift of Policy after ›Coup‹«, *The Guardian*, 9. Oktober 2013, https://www.theguardian.com/world/2013/oct/09/us-cut-aid-egypt-obama-morsi.

135 Dazu gehören die fünf ständigen Mitglieder des UN-Sicherheitsrates, USA, China, Russland, Frankreich und Großbritannien, sowie Deutschland.

136 Weitere Informationen zum Atomkonflikt und den Sanktionen u. a. Ali Fathollah-Nejad: »Long Live the Tyrant! The Myth of Benign Sanctions«, in: *New Politics* 14 (Sommer 2013) 3, S. 17–24, Ali Fathollah-Nejad: »Why Sanctions against Iran are Counterproductive: Conflict Resolution and State–Society Relations«, in: *International Journal*, 69 (März 2014) 1, S. 48–65 und Azadeh Zamirirad: »Iran nach der Atomvereinbarung. Innen- und wirtschaftspolitische Implikationen der erzielten Übereinkunft«, *SWP-Aktuell*, 2015/A 75, August 2015, http://www.swp-berlin.org/fileadmin/contents/products/aktuell/2015A75_zmd.pdf.

137 Adel bin Ahmed al-Jubair: »Can Iran Change?«, *The New York Times*, 19. Januar 2016, http://www.nytimes.com/2016/01/19/opinion/saudi-arabia-can-iran-change.html?_r=0.

138 Interview mit Turki al-Faisal in *Gulf Affairs* (Frühjahr 2016), S. 43–48.

139 »Geplantes Atomabkommen: Saudischer König sagt Gipfel mit Obama ab«, *Spiegel online*, 11. Mai 2015, http://www.spiegel.de/politik/ausland/saudi-arabien-koenig-salman-sagt-gipfel-mit-obama-ab-a-1033252.html.

140 Siehe zu den chinesisch-saudischen Beziehungen: Geoffrey F. Gresh: »Pivoting East? Sino-Saudi Relations Amid Regional Crises«, in: *Gulf Affairs* (Frühjahr 2016), S. 14–17.

141 Jeffrey Goldberg: »The Obama Doctrine«, *The Atlantic*, April 2016, http://www.theatlantic.com/magazine/archive/2016/04/the-obama-doctrine/471525/.

142 Turki al-Faisal: »Mr. Obama, We Are Not ›Free Riders‹«, *Arab News*, 14. März 2016, http://www.arabnews.com/columns/news/894826.

143 Siehe Ellinor Zeino-Mahmalat: *Hegemonie ohne Gefolgschaft? Die Neuordnung der Regierung Bush jr. im Nahen und Mittleren Osten zwischen regionaler Machtbalance und hegemonialer Stabilität*, Münster 2006, S. 82.

Das Königshaus

1 Steven Wright: »Foreign Policy in the GCC States«, in: Mehran Kamrava (Hrsg.): *The International Politics of the Persian Gulf*, Syracuse 2011, S. 72–93, S. 79.

2 Stig Stenslie: »Saudi Arabia: The Coming Royal Succession«, Norwegian Peacebuilding Resource Center, *Policy Brief*, Februar 2014, http://www.peacebuilding.no/var/ezflow_site/storage/original/application/54-c15427a4abc0d50de004dc31d14e13.pdf.

3 Joseph Kostiner und Joshua Teitelbaum: »State Formation and the Saudi Monarchy«, in: Joseph Kostiner (Hrsg.): *Middle East Monarchies: The Challenge of Modernity*, Boulder 2000, S. 131–149, 131 f.

4 Mark Thompson: *Saudi Arabia and the Path to Political Change: National Dialogue and Civil Society*, London/New York 2014, S. 13.

5 Ebd., S. 15.

6 Stig Stenslie: *Regime Stability in Saudi Arabia: The Challenge of Succession*, London 2012, S. 128 f.

7 Stig Stenslie: »Saudi Arabia: The Coming Royal Succession«, Norwegian Peacebuilding Resource Center, *Policy Brief*, February 2014, http://www.peacebuilding.no/var/ezflow_site/storage/original/application/54-c15427a4abc0d50de004dc31d14e13.pdf.

8 Guido Steinberg: »Saudi-Arabien: Sicherheit für Öl«, in: Josef Braml, Wolfgang Merke und Eberhard Sandschneider (Hrsg.): *Außenpolitik mit Autokratien*, Berlin 2014, S. 136–144, S. 137.

9 Siehe J. F. Seznec:»Stirrings in Saudi Arabia«, in: *Journal of Democracy* 13 (2002) 4, S. 39, David E. Long und Sebastian Maisel: *The Kingdom of Saudi Arabia*, Gainesville 2010, S. 192 ff. und Mark Thompson: *Saudi Arabia and the Path to Political Change: National Dialogue and Civil Society*, London/ New York 2014, S. 41.

10 Siehe Mai Yamani: *Cradle of Islam: The Hijaz and the Quest for an Arabian Identity*, London 2004.

11 So soll es vor allem Anfang der 1980er Jahre zwischen Abdullah, dem späteren König, der jedoch nicht zu den Sudairis gehört, und seinen Halbbrüdern zu einem handfesten Streit um die Nachfolge gekommen sein, ohne dass dies jedoch weitreichende Konsequenzen hatte. Der Bruderstreit zwischen Faisal und Saud diente auch hier wieder als mahnendes Beispiel. Siehe Mordechai Abir: *Saudi Arabia: Government, Society and the Gulf Crisis*, London 1993 und Madawi Al-Rasheed: *A History of Saudi Arabia*, Cambridge 2002.

12 Madawi Al-Rasheed:»Circles of Power: Royals and Society in Saudi Arabia«, in: Paul Aarts und Gerd Nonneman (Hrsg.): *Saudi Arabia in the Balance: Political Economy, Society, Foreign Affairs*, S. 185–213, S. 188. Siehe auch Madawi Al-Rasheed: *Politics in an Arabian Oasis: The Rashidi Tribal Dynasty*, London 1991, S. 24–28.

13 Madawi Al-Rasheed: *A History of Saudi Arabia*, Cambridge 2002, S. 107.

14 Guido Steinberg: *Saudi-Arabien. Politik, Geschichte, Religion*, 3. Auflage, München 2014, S. 55.

15 Mordechai Abir: *Saudi Arabia: Government, Society and the Gulf Crisis*, London 1993, S. 30.

16 Guido Steinberg: *Saudi-Arabien. Politik, Geschichte, Religion*, 3. Auflage, München 2014, S. 57 ff.

17 Madawi Al-Rasheed: *A History of Saudi Arabia*, Cambridge 2002, S. 123.

18 Mordechai Abir: *Saudi Arabia: Government, Society and the Gulf Crisis*, London 1993, S. 42.

19 Joseph Kostiner und Joshua Teitelbaum:»State Formation and the Saudi Monarchy«, in: Joseph Kostiner (Hrsg.): *Middle East Monarchies: The Challenge of Modernity*, Boulder 2000, S. 131–149, S. 136.

20 Gregory Gause III.: *Saudi-Yemeni Relations: Domestic Structures and Foreign Influence*, New York 1990, S. 61.

21 David Commins: *The Gulf States: A Modern History*, London 2012, S. 181.

22 Tim Niblock: *Saudi Arabia: Power, Legitimacy and Survival*, London 2006, Mordechai Abir: *Saudi Arabia: Government, Society and the Gulf Crisis*, London 1993, S. 67 und 72 und David Holden und Richard Johns: *The House of Saud*, London 1981, S. 258.

23 Stig Stenslie: *Regime Stability in Saudi Arabia: The Challenge of Succession*,

London 2012, S. 109 f.

24 Madawi Al-Rasheed: *A History of Saudi Arabia*, Cambridge 2002, S. 114.

25 Ian Black: »Saudi Arabia's New King Promises Continuity after Death of Abdullah«, *The Guardian*, 23. Januar 2015, http://www.theguardian. com/world/2015/jan/23/saudi-arabia-king-salman-succession-abdulla. Ein vollständiges Transkript der Antrittsrede unter Ministry of Foreign Affairs of the Kingdom of Saudi Arabia: Speech of the Custodian of the Two Holy Mosques on the Death of Late King Abdullah, 7. Mai 2015, http://www.mofa.gov.sa/sites/mofaen/ServicesAndInformation/news/ KingOfficialSpeeches/Pages/ArticleID201512710446156.aspx.

26 Bernard Haykel, Thomas Hegghammer und Stéphane Lacroix: »Introduction«, in: Dies. (Hrsg.): *Saudi Arabia in Transition. Insights on Political, Economic, and Religious Change*, Cambridge 2015, S. 1–12, S. 4.

27 Matthew Weaver: »Who Is the New Saudi King, Salman bin Abdulaziz Al Saud?«, *The Guardian*, 23. Januar 2015, https://www.theguardian.com/ world/2015/jan/23/who-is-new-saudi-king-salman.

28 Simon Henderson: »Saudi Arabia's ›Inexperienced Youngster‹«, *Policy-Watch* 2412, The Washington Institute for Near East Policy, 21. April 2015, http://www.washingtoninstitute.org/policy-analysis/view/saudi-arabias-inexperienced-youngster.

29 Siehe Joseph A. Kéchichian: »Saudi Arabia's Succession Shakeup and the Rise of Mohammed bin Salman«, Middle East Institute, 20. Mai 2015, http://www.mei.edu/content/article/saudi-arabia%E2%80%99s-succession-shakeup-and-rise-mohammed-bin-salman.

30 Simon Henderson: »Riyadh Reshuffle«, *Policy Alert*, The Washington Institute for Near East Policy, 29. April 2015, http://www.washington-institute.org/policy-analysis/view/riyadh-reshuffle.

31 Bruce Riedel: »The Prince of Counter-Terrorism«, *Brookings Essay*, 29. September 2015, http://aa61a0da3a709a1480b1-9c0895f07c3474 f6636f95b6bf3db172.r70.cf1.rackcdn.com/content/research/essays/2015/ the-prince-of-counterterrorism.html.

32 Zitiert in Hugh Miles: »Saudi Royal Calls for Regime Change in Riyadh«, *The Guardian*, 28. September 2015, https://www.theguardian.com/ world/2015/sep/28/saudi-royal-calls-regime-change-letters-leadership-king-salman.

33 Zitiert in: »Senior Saudi Royal Urges Leadership Change for Fear of Monarchy Collapse«, *Middle East Eye*, 22. September 2015, http://www. middleeasteye.net/news/saudi-arabia-senior-royal-urges-change-amid-fears-monarchy-collapse-1612130905.

34 Paul Aarts und Carolien Roelants: *Saudi Arabia: A Kingdom in Peril*, London 2015, S. 120.

35 Siehe https://twitter.com/mujtahidd.
36 William Bauer: »Exclusive Interview with Mujtahid – Saudi Arabia's Most Controversial Voice«, *Your Middle East*, 4. November 2013, http://www.yourmiddleeast.com/columns/article/exclusive-interview-with-mujtahid-saudi-arabias-most-controversial-voice_12874.
37 Interview des Autors in Riad im Dezember 2014.

Die Wirtschaft

1 Interview des Autors in Dschidda im Oktober 2013.
2 British Petroleum: »BP Statistical Review of World Energy«, Juni 2015, https://www.bp.com/content/dam/bp/pdf/energy-economics/statistical-review-2015/bp-statistical-review-of-world-energy-2015-full-report.pdf.
3 Saudi Arabian Monteray Agency: »Appendix of Statistical Tables of the Forty-sixth Annual Report«, November 2015, http://www.sama.gov.sa/en-US/EconomicReports/Pages/YearlyStatistics.aspx und Economist Intelligence Unit: »Country Reports: Saudi Arabia«, http://country.eiu.com/saudi-arabia.
4 International Monetary Fund: »Saudi Arabia: Selected Issues«, *IMF Country Report* No. 15/286, Oktober 2015, https://www.imf.org/external/pubs/ft/scr/2015/cr15286.pdf.
5 Organization of the Petroleum Exporting Countries: »OPEC Annual Statistical Bulletin 2015«, Wien 2015, S. 12 und *Jadwa*: »The Saudi Economy in 2016«, Februar 2016, http://www.jadwa.com/en/download/saudi-economy-2016/gdp-report-16-6-2-1-3.
6 Jim Krane: »Revamping Energy Policy in Saudi Arabia: A View to the Future«, *Issue Brief*, Rice University's Baker Institute for Public Policy, 6. September 2015, https://bakerinstitute.org/files/9302/, S. 78.
7 Alexei Vassiliev: *The History of Saudi Arabia*, London 2000, S. 401.
8 Donna Abu-Nasr: »Saudi Life with $30 Oil«, *Bloomberg Business*, 14. Januar 2016, www.bloomberg.com/news/articles/2016-01-14/saudi-life-with-30-oil-shock-spending-cuts-and-even-smiles.
9 McKinsey Global Institute: »Saudi Arabia Beyond Oil: The Investment and Productivity Transformation«, Dezember 2015, http://www.mckinsey.com/global-themes/employment-and-growth/moving-saudi-arabias-economy-beyond-oil.
10 Christian Koch: »Status und Aussichten der saudi-arabischen Wirtschaft«, in: *Aus Politik und Zeitgeschichte* 46 (2014), S. 34–39, S. 34.
11 Siehe Karen E. Young: »This Time We Mean It: Staying the Course on Economic Reformes«, The Arab Gulf States Institute in Washington, 7. Juni 2016, http://www.agsiw.org/this-time-we-mean-it-staying-the-course-on-economic-reforms/.

12 Ministry of Finance: »Recent Economic Developments and Highlights of Fiscal Years 1436/1437 (2015) & 1437/1438 (2016)«, 28. Dezember 2015, https://www.mof.gov.sa/en/MediaCenter/news/Documents/Ministry%27s%20of%20Finance%20statment%20about%20the%20national%20budget%20for%202016.pdf.

13 Guido Steinberg: *Saudi-Arabien. Politik, Geschichte, Religion*, 3. Auflage, München 2014, S. 108.

14 Zusätzlich stellte er im April 2011 35 Mrd. US-Dollar für Wohlfahrtsleistungen bereit, erhöhte die Gehälter von Staatsangestellten um 15 %, schuf 60 000 neue Jobs im Innenministerium und ließ dem saudischen Entwicklungsfonds 11 Mrd. US-Dollar zukommen, um kleine Kredite zu fördern. Siehe Sebastian Sons: »Saudi-Arabien«, in: Deutsches Orient-Institut (Hrsg.): *Der Arabische Frühling. Auslöser, Verlauf, Ausblick*, Berlin 2011, S. 135 und Christopher M. Davidson: *After the Sheikhs: The Coming Collapse of the Gulf Monarchies*, London 2012, S. 213 f.

15 Ben Hubbard: »Saudi King Unleashes a Torrent of Money as Bonuses Flow to the Masses«, *The New York Times*, 19. Februar 2015, http://www.nytimes.com/2015/02/20/world/middleeast/saudi-king-unleashes-a-torrent-as-bonuses-flow-to-the-masses.html?_r=0, 2.9.2016.

16 Giacomo Luciani: »Allocation vs. Production States: A Theoretical Framework«, in: Hazem Beblawi und Giacomo Luciani (Hrsg.): *The Rentier State*, New York 1987, S. 63–82, S. 74 f.

17 Ebd.

18 Christopher M. Davidson: *After the Sheikhs: The Coming Collapse of the Gulf Monarchies*, London 2012.

19 Mehran Kamrava: *The Modern Middle East: A Political History since the First World War*, Los Angeles 2005.

20 Guido Steinberg: *Saudi-Arabien. Politik, Geschichte, Religion*, 3. Auflage, München 2014, S. 109.

21 Steffen Hertog: »Two-level negotiations in a Fragmented System: Saudi Arabia's WTO Accession«, in: *Review of International Political Economy* 15 (2008) 4, S. 650–679.

22 Tim Niblock: »Erdölwirtschaft und ihr Einfluß auf die sozialen und politischen Strukturen der Golfregion«, in: Fred Scholz (Hrsg.): *Die Golfstaaten. Wirtschaftsmacht im Krisenherd*, Braunschweig 1985, S. 187–200.

23 Fatima Ayub: »What Does the Gulf Think About The Arab Awakening? European Council on Foreign Relations«, 10. April 2013, http://www.ecfr.eu/page/-/ECFR75_GULF_ANALYSIS_AW.pdf.

24 The World Bank: »Data: Population growth (annual %) Saudi Arabia«, http://data.worldbank.org/indicator/SP.POP.GROW/countries/SA?display=graph.

25 Siehe Ministry of Economy and Planning: »Saudi Economic Report 2014«, Mai 2015, S. 10.

26 John Sfakianakis: »For Saudi Arabia, Change in Fiscal Policy Should Come Sooner Than Later«, Saudi-US Trade Group, 28. Dezember 2013, http://sustg.com/for-saudi-arabia-change-in-fiscal-policy-should-come-sooner-than-later/.

27 Paul Aarts und Carolien Roelants: *Saudi Arabia: A Kingdom in Peril*, London 2015, S. 41.

28 Tim Niblock: *Saudi Arabia: Power, Legitimacy and Survival*, London 2006, S. 117.

29 Ebd., S. 38.

30 George Friedman und John Mauldin: »Saudi Arabia: A Failing Kingdom«, Mauldin Economics 2016, http://www.mauldineconomics.com/download/saudi-arabia-a-failing-kingdom.

31 Christopher M. Davidson: *After the Sheikhs: The Coming Collapse of the Gulf Monarchies*, London 2012, S. 129.

32 Anthony H. Cordesman: »The True Nature of the Saudi Succession ›Crisis‹«, Center for Strategic and International Studies, 9. Januar 2015, https://www.csis.org/analysis/true-nature-saudi-succession-crisis.

33 Christian Koch: »Status und Aussichten der saudi-arabischen Wirtschaft«, in: *Aus Politik und Zeitgeschichte* 46 (2014), S. 34–39, S. 39.

34 Françoise De Bel-Air: »The Socio-Political Background and Stakes of ›Saudizing‹ the Workforce in Saudi Arabia: The Nitaqat Policy«, *Explanatory Note* Nr. 3, Gulf Labour Markets and Migration, 2015, http://cadmus.eui.eu/bitstream/handle/1814/34857/GLMM_ExpNote_03_2015.pdf und Nasra Shah: »Recent Amnesty Program for Irregular Migrants in Kuwait and Saudi Arabia: Some Successes and Failures«, *Gulf Labour Markets and Migration* Nr. 9/2014, http://gulfmigration.eu/media/pubs/exno/GLMM_EN_2014_09.pdf.

35 Robert Espey: »Umbruch auf Arbeitsmarkt in Saudi-Arabien«, *Germany Trade and Invest*, 31. Januar 2014, http://www.gtai.de/GTAI/Navigation/DE/Trade/Maerkte/suche,t=umbruch-auf-arbeitsmarkt-in-saudiarabien,did=952926.html.

36 Sebastian Sons: »Saudi-Arabiens Arbeitsmarkt. Sozioökonomische Herausforderungen und steigender Reformdruck«, in: *Aus Politik und Zeitgeschichte* 46 (2014), S. 25–33.

37 Christian Koch: »Status und Aussichten der saudi-arabischen Wirtschaft«, in: *Aus Politik und Zeitgeschichte* 46 (2014), S. 34–39, S. 39.

38 Alexei Vassiliev: *The History of Saudi Arabia*, London 2000, S. 429.

39 Sebastian Sons: »Saudi-Arabiens Arbeitsmarkt. Sozioökonomische Herausforderungen und steigender Reformdruck«, in: *Aus Politik und Zeitgeschichte* 46 (2014), S. 25–33.

40   J.S.Birks, I.J.Secombe und C.A.Sinclair: »Labour Migration in the Arab Gulf States: Patterns, Trends and Prospects«, in: *International Migration* 26 (September 1988) 3, S. 274 und Ismail Serageldin: *Manpower and International Labour Migration in the Middle East and North Africa*, London 1983.

41   J.S.Birks, I.J.Secombe und C.A.Sinclair: »Labour Migration in the Arab Gulf States: Patterns, Trends and Prospects«, in: *International Migration* 26 (September 1988) 3, S. 268.

42   Viola Lucas und Thomas Richter: »Arbeitsmarktpolitik am Golf: Herrschaftssicherung nach dem ›Arabischen Frühling‹«, *GIGA Focus Nahost* 12/2012, https://www.giga-hamburg.de/de/publication/arbeitsmarktpolitik-am-golf-herrschaftssicherung-nach-dem-arabischen-fr%C3%BChling.

43   International Labour Organization: *Impact of Out and Return Migration and Domestic Employment in Pakistan*, Volume VI, Bangkok, November 1986, S. 11.

44   Rashid Amjad, G.M.Arif und Nasir Iqbal: »Measuring Costs for Low-Skilled Migrant Workers from Pakistan to Saudi Arabia and UAE«, Paper präsentiert auf der internationalen Konferenz »The Pakistani Diaspora: Strengthening Linkages between Host and Home Countries«, Lahore School of Economics, 16.–17. Februar 2016.

45   Human Rights Watch: »›Bad Dreams‹: Exploitation and Abuse of Migrant Workers in Saudi Arabia«, 13.Juli 2004, https://www.hrw.org/report/2004/07/13/bad-dreams/exploitation-and-abuse-migrant-workers-saudi-arabia.

46   Rashid Amjad, G.M.Arif und Nasir Iqbal: »Measuring Costs for Low-Skilled Migrant Workers from Pakistan to Saudi Arabia and UAE«, Paper präsentiert auf der Internationalen Konferenz »The Pakistani Diaspora: Strengthening Linkages between Host and Home Countries«, Lahore School of Economics, 16.–17. Februar 2016.

47   Ebd.

48   Interview des Autors in Lahore (Pakistan) im Februar 2016.

49   Siehe zur historischen Entwicklung der Rücküberweisungen: Shahnaz Kazi: »Domestic Impact of Remittances and Overseas Migration: Pakistan«, *ILO Asian Regional Program on International Labour Migration Working Paper* 7, Neu-Delhi, April 1988 und Nadeem Burney: »A Macroeconomic Analysis of the Impact of Workers' Remittances from the Middle East on Pakistan's Economy«, *ILO Asian Regional Program on International Labour Migration Working Paper* 8, Neu-Delhi, April 1988.

50   Rashid Amjad, G.M.Arif und Nasir Iqbal: »Measuring Costs for Low-Skilled Migrant Workers from Pakistan to Saudi Arabia and UAE«, Paper präsentiert auf der internationalen Konferenz »The Pakistani Diaspora:

Strengthening Linkages between Host and Home Countries«, Lahore School of Economics, 16.–17. Februar 2016.

51 Rashid Amjad, M. Irfan und G. M. Arif: »An Analysis of the Remittances Market in Pakistan«, in: Rashid Amjad und Shahid Javed Burki (Hrsg.): *Pakistan. Moving the Economy Forward*, Lahore 2013, S. 345–374.

52 Siehe Shahid Javed Burki: »International Migration: Implications for Labour Exporting Countries«, in: *Middle East Journal* 38 (Herbst 1984) 4, S. 683 und Ijaz Gilani: »Pakistan«, in: Manolo I. Abella und Yogesh Atal (Hrsg.): *Middle East Interlude: Asian Workers Abroad*, Bangkok 1986, S. 127.

53 Rashid Amjad, G. M. Arif und Nasir Iqbal: »Measuring Costs for Low-Skilled Migrant Workers from Pakistan to Saudi Arabia and UAE«, Paper präsentiert auf der internationalen Konferenz »The Pakistani Diaspora: Strengthening Linkages between Host and Home Countries«, Lahore School of Economics, 16.–17. Februar 2016.

54 Interviews des Autors in Pakistan in Lahore und Islamabad zwischen Januar und März 2016.

55 John Addleton: *Undermining the Centre. The Gulf Migration and Pakistan*, Oxford/New York/Delhi 1992, S. 155 f.

56 Zu Fallstudien siehe Faiz Bilquees und Shahnaz Hamid: »Impact of International Migration on Women and Children Left Behind: A Case Study of a Punjabi Village«, *PIDE Research Report Series* Nr. 115, Islamabad, Januar 1981, http://www.pide.org.pk/pdf/rr/RR115.pdf, 2.9.2016 und Munawar Iqbal und M. Fahim Khan: »Economic Implications of the Return Flow of Immigrants from the Middle East«, *PIDE Research Report Series* Nr. 132, Islamabad, November 1981, https://opendocs.ids.ac.uk/opendocs/bitstream/handle/123456789/2543/RRS132.pdf?sequence=1&isAllowed=y.

57 Akbar S. Ahmed: *Pukhtun Economy and Society: Traditional Structure and Economic Development in a Tribal Society*, London 1980, S. 345 f.

58 Interview des Autors in Lahore (Pakistan) im Februar 2016.

59 Nasra M. Shah: »Pakistan Diaspora in the Gulf«, Paper präsentiert auf der internationalen Konferenz »The Pakistani Diaspora: Strengthening Linkages between Host and Home Countries«, Lahore School of Economics, 16.–17. Februar 2016.

60 Jacob Goldberg: »Saudi Arabia«, in: Ami Ayalon (Hrsg.): *Middle East Contemporary Survey*, Band 14, Boulder/San Francisco/Oxford 1990, S. 590–629, S. 613.

61 Tim Niblock: *Saudi Arabia: Power, Legitimacy and Survival*, London 2006, S. 70 und Sean Foley: *The Arab Gulf States: Beyond Oil and Islam*, Boulder 2010, S. 88.

62 *Jadwa*: The Saudi Economy in 2016, Februar 2016, http://www.jadwa.com/en/download/saudi-economy-2016/gdp-report-16-6-2-1-3.

63 Ebd.

64 International Monetary Fund: »World Economic Outlook«, Oktober 2015, http://www.imf.org/external/pubs/ft/weo/2015/02/pdf/text.pdf.

65 »Saudi Facing ›a Crisis in the Next 3–5 Years‹ If Oil Price Remains Low«, *Arabian Business*, 18. November 2015, http://www.arabianbusiness.com/saudi-facing-a-crisis-in-next-3-5-years-if-oil-price-remains-low-612626.html«.VuvhKuZws6x.

66 Energy Information Administration: »Annual Energy Outlook«, Washington 2014, http://www.eia.gov/forecasts/aeo/.

67 Dwayne Purvis: »Why Saudi Arabia Has No Intention to End the Oil Glut«, *Oil Price*, 9. März 2016, http://oilprice.com/Energy/Energy-General/Why-Saudi-Arabia-Has-No-Intention-To-End-The-Oil-Glut.html.

68 Rolf Wenkel: »Riad und Moskau begrenzen Ölförderung«, *Deutsche Welle*, 16. Februar 2016, http://www.dw.com/de/riad-und-moskau-begrenzen-%C3%B6lf%C3%B6rderung/a-19051186.

69 Jay Solomon und Summer Said: »Why Saudis Decided Not to Prop Up Oil«, *The Wall Street Journal*, 21. Dezember 2014, http://www.wsj.com/articles/why-saudis-decided-not-to-prop-up-oil-1419219182.

70 F. Gregory Gause III: »Sultans of Swing? The Geopolitics of Falling Oil Prices«, *Policy Briefing*, Brookings Doha Center, April 2015, https://www.brookings.edu/wp-content/uploads/2016/06/Falling-Oil-Prices-English.pdf.

71 Deema Almashabi, Glen Carey und Riad Hamade: »Saudi Arabia's Deputy Crown Prince Outlines Plans: Transcript«, *Bloomberg*, 4. April 2016, http://www.bloomberg.com/news/articles/2016-04-04/saudi-arabia-s-deputy-crown-prince-outlines-plans-transcript.

72 »Transcript: Interview with Muhammad bin Salman«, *The Economist*, 6. Januar 2016, http://www.economist.com/saudi_interview.

73 Vorwort zur »Vision 2030«: »Our Vision: Saudi Arabia: the Heart of the Arab and Islamic worlds, the Investment Powerhouse, and the Hub Connecting Three Continents«, http://vision2030.gov.sa/en/foreword.

74 Richard Spencer: »Could Saudi Arabians Soon Be Allowed to Go to the Cinema?«, *The Telegraph*, 15. Mai 2016, http://www.telegraph.co.uk/news/2016/05/15/are-saudi-arabians-finally-allowed-to-go-to-the-cinema/.

75 Laura El-Katiri: »Saudi Arabia's Labor Market Challenge«, *Harvard Business Review*, 6. Juli 2016, https://hbr.org/2016/07/saudi-arabias-labor-market-challenge.

76 Siehe Vivian Nereim, Wael Mahdi und Zainab Fattah: »Saudi Arabia to Cut Public-Sector Wage Bill in Post-Oil Plan«, *Bloomberg*, 6. Juni 2016,

http://www.bloomberg.com/news/articles/2016-06-06/saudi-arabia-ap-proves-plan-to-bolster-non-oil-economy.

77 Rainer Hermann: »Ende des Rentierstaats«, *Frankfurter Allgemeine Zeitung*, 26. April 2016, http://www.faz.net/aktuell/wirtschaft/wirtschaftspolitik/saudi-arabien-plant-ein-umfassendes-reformprogramm-14198886. html.

78 International Monetary Fund, »Saudi Arabia: Selected Issues«, *IMF Country Report* No. 15/286, Oktober 2015, https://www.imf.org/external/pubs/ft/scr/2015/cr15286.pdf.

79 Sean Foley: *The Arab Gulf States: Beyond Oil and Islam*, Boulder 2010, S. 87.

80 *Jadwa*: »The Saudi Economy in 2016«, Februar 2016, http://www.jadwa. com/en/download/saudi-economy-2016/gdp-report-16-6-2-1-3, S. 20.

81 »Transcript: Interview with Muhammad bin Salman«, *The Economist*, 6. Januar 2016, http://www.economist.com/saudi_interview.

82 Marcus Theurer: »Saudi-Arabien will kein Ölstaat mehr sein«, *Frankfurter Allgemeine Zeitung*, 3. April 2016, http://www.faz.net/aktuell/finanzen/devisen-rohstoffe/folge-des-niedrigen-preises-saudi-arabien-will-kein-oelstaat-mehr-sein-14158551.html.

83 »Transcript: Interview with Muhammad bin Salman«, *The Economist*, 6. Januar 2016, http://www.economist.com/saudi_interview.

84 Steven Davidoff Solomon: »The Global Stakes of a Saudi Aramco I.P.O.«, *The New York Times*, 14. Juni 2016, http://www.nytimes.com/2016/06/15/business/dealbook/the-global-stakes-of-a-saudi-ipo.html?_r=0.

85 »Plan für Zeit nach dem Öl: Saudi-Arabien will Zwei-Billionen-Dollar-Fonds schaffen«, *Spiegel online*, 1. April 2016, http://www.spiegel.de/wirtschaft/soziales/saudi-arabien-will-weltgroessten-staatsfonds-aufbauen-a-1085056.html.

86 Mathias Brüggmann: »Wenn Reformen das Öl ersetzen«, *Handelsblatt*, 25. April 2016, http://www.handelsblatt.com/politik/international/grosser-umbau-in-saudi-arabien-die-zukunft-heisst-bildung-solarenergie-mehrwertsteuer/13500418-2.html.

87 Der Gesamtwert von Saudi ARAMCO wird auf ein bis zwei Billionen US-Dollar beziffert. Manche schätzen ihn sogar auf 10 Billionen US-Dollar. Dazu liegen jedoch keine gesicherten Informationen vor.

88 »Transcript: Interview with Muhammad bin Salman«, *The Economist*, 6. Januar 2016, http://www.economist.com/saudi_interview.

89 John Micklethwait, Glen Carey, Alaa Shahine und Matthew Martin: »Saudi Arabia Plans $2 Trillion Megafund for Post-Oil Era: Deputy Crown Prince«, *Bloomberg*, 1. April 2016, http://www.bloomberg.com/news/articles/2016-04-01/saudi-arabia-plans-2-trillion-megafund-to-dwarf-all-its-rivals.

90 »Full Transcript of Prince Mohammed bin Salman's Al Arabiya interview«, *Al-Arabiya*, 25. April 2016, http://english.alarabiya.net/en/media/inside-the-newsroom/2016/04/25/Full-Transcript-of-Prince-Mohammed-bin-Salman-s-Al-Arabiya-interview.html.

91 »Transcript: Interview with Muhammad bin Salman«, *The Economist*, 6. Januar 2016, http://www.economist.com/saudi_interview.

92 John Sfakianakis: »Oil Kingdom«, *Foreign Policy*, 7. August 2013, http://foreignpolicy.com/2013/08/07/oil-kingdom/.

93 Jim Krane: »Revamping Energy Policy in Saudi Arabia: A View to the Future«, *Issue Brief*, Rice University's Baker Institute for Public Policy, 6. September 2015, S. 42, https://bakerinstitute.org/files/9302/.

94 Abdel Aziz Aluwaisheg: »High Stakes of Energy Conservation in Saudi Arabia«, *Arab News*, 24. März 2013, http://www.arabnews.com/news/445868.

95 Glada Lahn und Paul Stevens: »Burning Oil to Keep Cool. The Hidden Energy Crisis in Saudi Arabia«, Chatham House, Dezember 2011, https://www.chathamhouse.org/sites/files/chathamhouse/public/Research/Energy,%20Environment%20and%20Development/1211pr_lahn_stevens.pdf.

96 Siehe S. Rehman, M. Alam, J. P. Meyer und L. Al-Hadhrami: »Long-Term Wind Speed Trends over Saudi Arabia«, Mai 2012, https://www.researchgate.net/publication/264424709.

97 »Disagreements over scope and ownership delay Saudi solar projects«, *Reuters*, 8. September 2015, http://www.reuters.com/article/saudi-solar-idUSL5N10Y0OU20150908.

98 McKinsey Global Institute: »Saudi Arabia Beyond Oil: The Investment and Productivity Transformation«, Dezember 2015, http://www.mckinsey.com/global-themes/employment-and-growth/moving-saudi-arabias-economy-beyond-oil.

99 Ebd.

100 »Kingdom to Focus on Haj and Umrah for Revenue«, *Saudi Gazette*, 24. März 2016, http://saudigazette.com.sa/saudi-arabia/kingdom-focus-haj-umrah-revenue/.

101 Rüdiger Soldt: »Größte Turmuhr der Welt: Mekka-Zeit aus Calw«, *Frankfurter Allgemeine Zeitung*, 15. Februar 2012, http://www.faz.net/aktuell/gesellschaft/groesste-turmuhr-der-welt-mekka-zeit-aus-calw-11650842.html.

102 »Transcript: Interview with Muhammad bin Salman«, *The Economist*, 6. Januar 2016, http://www.economist.com/saudi_interview.

103 Adel Abdel Ghafar: »Saudi Arabia's McKinsey Reshuffle«, Brookings Institution, 11. Mai 2016, https://www.brookings.edu/blog/markaz/2016/05/11/saudi-arabias-mckinsey-reshuffle/.

104 Simona Sikimic: »Saudi Arabia's New Economic Vision: Oil Free by 2020?«, *Middle East Eye*, 25. April 2016, http://www.middleeasteye.net/news/saudi-arabia-set-outline-grand-new-economic-vision-1108417051.

105 Stefania Bianchi, Matthew Martin and Vivian Nereim: »McKinsey Scores as Saudis Call in Consultants for Economy Reboot«, *Bloomberg*, 25. Februar 2016, http://www.bloomberg.com/news/articles/2016-02-25/mckinsey-scores-as-saudis-call-in-consultants-for-economy-reboot.

106 »Saudi-Arabien schasst mächtigen Ölminister«, *Süddeutsche Zeitung*, 7. Mai 2016, http://www.sueddeutsche.de/wirtschaft/oel-saudi-arabien-schasst-maechtigen-oelminister-1.2984094.

107 Telefoninterview des Autors im April 2016.

108 Jean-François Seznec: »Changing Circumstances: Gulf Trading Families in the Light of Free Trade Agreements, Globalization and the WTO«, in: Alanoud Alsharekh (Hrsg.): *The Gulf Family: Kinship Policies and Modernity*, London 2012, S. 57–82, S. 64.

109 »Transcript: Interview with Muhammad bin Salman«, *The Economist*, 6. Januar 2016, http://www.economist.com/saudi_interview.

110 Mathias Brüggmann und Klaus Stratmann: »Ein Haushalt ohne Öl macht mich glücklich«, *Handelsblatt*, 12. Juli 2016.

111 Zitiert in Ahmed Galal und Hoda Selim: »Economic Development in the Arab Region: A Tale of Oil and Politics«, in: Bruce Currie-Alder, Ravi Kanbur, David M. Melone und Rohinton Medhora (Hrsg.): *International Development: Ideas, Experience, and Prospects*, Oxford 2014, S. 750–767, S. 756.

Der Westen und das Königreich

1 Saudi Arabian Monetary Agency: »Annual Statistics«, Riad 2016.

2 *Germany Trade and Invest*: »Wirtschaftsdaten Kompakt: Saudi-Arabien«, Mai 2016, http://www.gtai.de/GTAI/Content/DE/Trade/Fachdaten/PUB/2016/05/pub201605302067_159740_wirtschaftsdaten-kompakt—saudi-arabien—juni-2016.pdf?v=1.

3 »Deutschland ist weltweit drittgrößter Waffenexporteur«, *Zeit online*, 13. Juni 2016, http://www.zeit.de/wirtschaft/2016-06/ruestungsindustrie-waffenexporte-deutschland-drittgroesster-waffenexporteur.

4 »Anteil der Militärausgaben der 15 Länder mit den höchsten Militärausgaben am jeweiligen Bruttoinlandsprodukt (BIP) im Jahr 2015«, *Statista*, Daten von 2016, http://de.statista.com/statistik/daten/studie/150664/umfrage/anteil-der-militaerausgaben-am-bip-ausgewaehlter-laender/.

5   Sam Perlo-Freeman, Aude Fleurant, Pieter D. Wezeman und Siemon
    T. Wezeman: »Trends in World Military Expenditure«, *SIPRI Fact Sheet
    2014*, Stockholm International Peace Research Institute, April 2015,
    http://books.sipri.org/files/FS/SIPRIFS1604.pdf.

6   »REGIONAL FOCUS – Middle East and Africa [ES2016D1]«, *IHS
    Jane's 360*, 13. Juni 2016, http://www.janes.com/article/61175/regional-
    focus-middle-east-and-africa-es2016d1.

7   Siehe Christopher M. Blanchard: »Saudi Arabia: Background and U.S.
    Relations«, Congressional Research Service, 22. April 2016, https://www.
    fas.org/sgp/crs/mideast/RL33533.pdf.

8   Siehe Bundesministerium für Wirtschaft und Energie: »Bericht der
    Bundesregierung über ihre Exportpolitik für konventionelle Rüstungs-
    güter im ersten Halbjahr«, Berlin, Oktober 2015, https://www.bmwi.de/
    BMWi/Redaktion/PDF/Publikationen/bericht-der-bundesregierung-ue-
    ber-ihre-exportpolitik-fuer-konventionelle-ruestungsgueter-im-ersten-
    halbjahr-2015,property=pdf,bereich=bmwi2012,sprache=de,rwb=true.
    pdf.

9   Campaign against Arms Trade: »EU Arms Exports: Deutschland nach
    Saudi-Arabien«, https://www.caat.org.uk/resources/export-licences-eu/
    licence.de.html?source=Germany&destination=Saudi+Arabia.

10 Deutschland war 2015 der drittgrößte Waffenexporteur weltweit mit
    einem Gesamtvolumen von 4,78 Mrd. US-Dollar hinter den USA und
    Russland.

11 Siehe Kleine Anfrage der Abgeordneten Jan van Aken, Christine Buch-
    holz, Sevim Dagdelen, Wolfgang Gehrke, Annette Groth, Andrej Hunko,
    Inge Höger, Katrin Kunert, Niema Movassat und der Fraktion DIE LIN-
    KE: »Rüstungsexporte in die Golfregion sowie nach Ägypten und Ma-
    rokko«, BT-Drucksache: 18/7828 an Bundestagspräsident Dr. Norbert
    Lammert, 31. März 2016.

12 Interview des Autors in Berlin im Juli 2016.

13 Siehe Office of the Special Envoy of the Secretary-General for Yemen:
    »Statement Attributable to the Spokesman for the Secretary-General on
    Yemen«, New York, 1. Juli 2015, http://osesgy.unmissions.org/statement-
    attributable-spokesman-secretary-general-yemen.

14 Europäisches Parlament: »European Parliament Resolution of 25 Febru-
    ary 2016 on the Humanitarian Situation in Yemen (2016/2515(RSP))«,
    http://www.europarl.europa.eu/sides/getDoc.do?pubRef=-//EP//
    TEXT+TA+P8-TA-2016-0066+0+DOC+XML+V0//EN.

15 »EU-Parlament fordert Waffenembargo«, *ZEIT online*, 25. Februar 2016,
    http://www.zeit.de/politik/ausland/2016-02/saudi-arabien-waffen-em-
    bargo-jemen-eu-parlament.

16 »Rüstungsexport: Saudi-Arabien setzte deutsche Waffen gegen Demonstranten ein«, *Spiegel online*, 9. Januar 2016, http://www.spiegel.de/politik/
ausland/saudi-arabien-setzt-deutsche-waffen-gegen-demonstranten-
ein-a-1071141.html.

17 »Deutsche Gewehre im Jemen: Bundesregierung verlangt Aufklärung
von Saudi-Arabien«, *Spiegel online*, 20. Juni 2015, http://www.spiegel.de/
politik/deutschland/saudi-arabien-bundesregierung-fordert-aufklaerung-
ueber-deutsche-waffen-a-1039710.html.

18 In Deutschland ist der Bundessicherheitsrat dafür zuständig, genehmi-
gungspflichtige Rüstungslieferungen zu prüfen und abzusegnen. Das mit
bestimmten Ministern des Kabinetts besetzte Gremium unter Leitung
der Bundeskanzlerin tagt geheim und muss über seine Entscheidungen
keine Rechenschaft ablegen.

19 Guido Steinberg: »Saudi-Arabien als Partner deutscher Politik«, in: *Aus
Politik und Zeitgeschichte* 46 (2014), S. 48–53, S. 52 f.

20 Georg Mascolo und Christian Baars: »Heckler & Koch verklagt Bundesregierung«, *Tagesschau*, 29. September 2015, https://www.tagesschau.de/
inland/sturmgewehr-149.html.

21 »Milliardenschwerer Panzerdeal droht zu scheitern«, *Handelsblatt*, 12. Juli
2013, http://www.handelsblatt.com/unternehmen/industrie/kraus-maffei-
wegmann-milliardenschwerer-panzerdeal-droht-zu-scheitern/8487434.
html.

22 Christian Böhme: »Wir wollen einen moderaten und toleranten Islam«,
Tagesspiegel, 31. Mai 2016, http://www.tagesspiegel.de/politik/saudi-ara-
biens-neuer-botschafter-im-interview-wir-wollen-einen-moderaten-und-
toleranten-islam/13662394.html.

23 »Fahrdienstvermittler: Saudi-Arabien steigt mit 3,5 Milliarden Dollar bei
Uber ein«, *Spiegel online*, 2. Juni 2016, http://www.spiegel.de/wirtschaft/
unternehmen/uber-saudi-arabien-steigt-mit-3-5-milliarden-dollar-beim-
mitfahrdienst-ein-a-1095390.html.

24 Deutsche Zentrale für Tourismus e. V.: »Marktinformation Incoming-
Tourismus: Deutschland 2016: Arabische Golfstaaten«, August 2016,
http://www.germany.travel/media/pdf/marktinformationen__lang_/re-
gionalmanagement_asien__australien/Arabische_Golfstaaten.pdf.

25 Interview des Autors in München im Juli 2015.

26 Nina Job: »Fragwürdiger Medizintourismus: Brennpunkt Arabellapark«,
Abendzeitung München, 9. Juni 2016, http://www.abendzeitung-muenchen.
de/inhalt.medizintourismus-brennpunkt-arabellapark.85cd8701-859d-4-
c9b-a9d4-94a3bf582945.html.

27 Deutsche Zentrale für Tourismus e. V.: »Marktinformation Incoming-
Tourismus: Deutschland 2016: Arabische Golfstaaten«, August 2016,

http://www.germany.travel/media/pdf/marktinformationen__lang_/regionalmanagement_asien__australien/Arabische_Golfstaaten.pdf.

28 Deutsches Orient-Institut: »Das Gesundheitssystem in Saudi-Arabien. Wechselwirkung zwischen gesellschaftlicher Transformation und Gesundheit«, Berlin, März 2011, http://www.spectaris.de/uploads/tx_ ewscontent_pi1/Studie_Gesundheitssystem_Saudi-Arabien.pdf.

29 Deutsches Orient-Institut (Hrsg.): »Kooperation mit dem Nahen und Mittleren Osten und Zentralasien. Facharztweiterbildung in Deutschland. Aktuelle Situation, Herausforderungen, Perspektiven«, Berlin, Dezember 2011, http://www.deutsche-orient-stiftung.de/de/publikationen-de/studien/doc_view/1139-kooperation-mit-dem-nahen-und-mittleren-osten-und-zentralasien.

30 Chris Green: »Saudi Arabia Executions Reach Record High as Beheadings Set to Double This Year«, Independent, 1. April 2016, http://www.independent.co.uk/news/world/middle-east/saudi-arabia-on-course-to-double-number-of-beheadings-this-year-a6964601.html.

31 Gerald Traufetter: »Saudi-Arabien-Reise: Gabriel setzt sich für Blogger Badawi ein«, Spiegel online, 8. März 2015, http://www.spiegel.de/politik/ausland/gabriel-in-saudi-arabien-vizekanzler-wirbt-fuer-menschenrechte-a-1022417.html.

32 Interview des Autors in Berlin im März 2015.

33 Global Humanitarian Assistance: »Global Humanitarian Assistance Report 2015«, S. 35, http://www.globalhumanitarianassistance.org/wp-content/uploads/2015/06/GHA-Report-2015_-Interactive_Online.pdf.

34 Weitere Informationen unter United Nations Office for the Coordination of Humanitarian Affairs, Middle East and North Africa, http://www.unocha.org/romena/.

35 Siehe Samuel Osborne: »UK Helped Saudi Arabia Get UN Human Rights Role through ›secret deal‹ to Exchange Votes, Leaked Documents Suggest«, Independent, 30. September 2015, http://www.independent.co.uk/news/uk/uk-and-saudi-arabia-made-secret-deal-to-exchange-votes-for-human-rights-council-seats-leaked-a6673491.html.

36 Jack Moore: »U.N. Watchdog Slams ›Scandalous‹ Choice of Saudi Arabia to Head Human Rights Panel«, Newsweek, 21. September 2015, http://europe.newsweek.com/u-n-watchdog-slams-scandalous-choice-saudi-arabia-head-human-rights-panel-333361.

37 Weitere Informationen unter United Nations Office for the Coordination of Humanitarian Affairs, Middle East and North Africa, http://www.unocha.org/romena/.

38 Michelle Nichols: »U.N. Adds Saudi Coalition to Blacklist for Killing Children in Yemen«, Reuters, 2. Juni 2016, http://www.reuters.com/article/us-rights-un-saudi-yemen-idUSKCN0YO2RK.

39 »Saudi Arabian Allies Pressured UN Chief to Issue Blacklist Reversal, Sources Say«, *Reuters*, 8. Juni 2016, https://www.theguardian.com/world/2016/jun/08/saudi-arabia-united-nations-blacklist-yemen-ban-ki-moon.

40 Georg Schwarte: »UNO-Generalsekretär sieht sich von Saudi-Arabien erpresst«, *Deutsche Welle online*, 10. Juni 2016, http://www.deutschlandfunk.de/liste-der-schande-uno-generalsekretaer-sieht-sich-von-saudi.1773.de.html?dram:article_id=356763.

41 Siehe z. B. Human Rights Watch: UN: Suspend Saudi Arabia from Human Rights Council, 29. Juni 2016, https://www.hrw.org/news/2016/06/29/un-suspend-saudi-arabia-human-rights-council.

42 »Transcript: Interview with Muhammad bin Salman«, *The Economist*, 6. Januar 2016, http://www.economist.com/saudi_interview, Deema Almashabi, Glen Carey und Riad Hamade: »Saudi Arabia's Deputy Crown Prince Outlines Plans: Transcript«, *Bloomberg*, 4. April 2016, http://www.bloomberg.com/news/articles/2016-04-04/saudi-arabia-s-deputy-crown-prince-outlines-plans-transcript und »Full Transcript of Prince Mohammed's bin Salman Al Arabiya Interview«, *Al-Arabiya*, 25. April 2016, http://english.alarabiya.net/en/media/inside-the-newsroom/2016/04/25/Full-Transcript-of-Prince-Mohammed-bin-Salman-s-Al-Arabiya-interview.html.

43 »Transcript: Interview with Muhammad bin Salman«, *The Economist*, 6. Januar 2016, http://www.economist.com/saudi_interview.

44 Christian Böhme: »Wir wollen einen moderaten und toleranten Islam«, *Tagesspiegel*, 31. Mai 2016, http://www.tagesspiegel.de/politik/saudi-arabiens-neuer-botschafter-im-interview-wir-wollen-einen-moderaten-und-toleranten-islam/13662394.html.

45 Rainer Hermann: »Wir sind nicht eingekreist – vielmehr ist Iran isoliert«, *Frankfurter Allgemeine Zeitung*, 28. Mai 2016.

46 Mohammed bin Nawaf bin Abdulaziz: »Saudi Arabia Is Bombing in Yemen to Bring Peace and Stability«, *Telegraph*, 29. Februar 2016, http://www.telegraph.co.uk/news/worldnews/middleeast/yemen/12176705/Saudi-Arabia-is-bombing-in-Yemen-to-bring-peace-and-stability.html.

47 Martin Gehlen: »Voll daneben«, *Zeit online*, 14. Dezember 2015, http://www.zeit.de/politik/ausland/2015-12/saudi-arabien-whistleblower-anzeige.

48 Severin Weiland und Matthias Gebauer: »Lost in Translation. Saudis verteidigen sich mit seltsamer Zeitungsanzeige«, *Spiegel online*, 11. Dezember 2015, http://www.spiegel.de/politik/deutschland/saudi-arabien-verteidigt-sich-mit-seltsamer-anzeige-in-der-faz-a-1067317.html.

Auf Sand gebaut

1 Christian Böhme: »Wir wollen einen moderaten und toleranten Islam«, *Tagesspiegel*, 31. Mai 2016, http://www.tagesspiegel.de/politik/saudi-ara-biens-neuer-botschafter-im-interview-wir-wollen-einen-moderaten-und-toleranten-islam/13662394.html.

2 Rede von Bundespräsident Joachim Gauck zur Eröffnung der 50. Münchener Sicherheitskonferenz: »Deutschlands Rolle in der Welt: Anmerkungen zu Verantwortung, Normen und Bündnissen«, 31. Januar 2014, http://www.bundespraesident.de/SharedDocs/Reden/DE/Joachim-Gauck/Reden/2014/01/140131-Muenchner-Sicherheitskonferenz.html.

3 Guido Steinberg: »Saudi-Arabien als Partner deutscher Politik«, in: *Aus Politik und Zeitgeschichte* 46 (2014), S. 48–53, S. 51.

4 Nico Fried: »Merkel muss auf Distanz zu Saudi-Arabien gehen«, *Süddeutsche Zeitung*, 5. Januar 2016, http://www.sueddeutsche.de/politik/saudi-arabien-an-der-grenze-des-pragmatismus-1.2805107.

5 Bundesnachrichtendienst: »Saudi-Arabien – Sunnitische Regionalmacht im Spannungsfeld zwischen außenpolitischem Paradigmenwechsel und innenpolitischer Konsolidierung«, Pressemitteilung, 2. Dezember 2015.

6 René Rieger: »Saudi Arabia's Relations with Israel and Palestine«, in: Neil Partrick (Hrsg.): *Saudi Arabian Foreign Policy: Conflict and Cooperation*, London 2016, S. 150–164.

7 Der sogenannte »Abdullah-Plan« bzw. die »Arabische Friedensinitiative« (2002–2007) zielte darauf ab, die arabischen Beziehungen zu Israel zu normalisieren. Im Gegenzug sollte Israel alle Truppen aus den besetzten Gebieten abziehen.

8 Aaron David Miller: »In Saudi Delegation's Visit to Jerusalem, Signs of Broader Change«, *The Wall Street Journal*, 26. Juli 2016, http://blogs.wsj.com/washwire/2016/07/26/in-saudi-delegations-visit-to-jerusalem-signs-of-broader-change/.

9 Michal Nachmany, Sam Fankhauser, Jana Davidová, Nick Kingsmill, Tucker Landesman, Hitomi Roppongi, Philip Schleifer, Joana Setzer, Amelia Sharman, C. Stolle Singleton, Jayaraj Sundaresan und Terry Townshend: »Saudi Arabia: The 2015 Global Climate Legislation Study«, London School of Economics 2016, http://www.lse.ac.uk/GranthamInstitute/wp-content/uploads/2015/05/Global_climate_legislation_study_20151.pdf.

10 Gidon Windecker und Sebastian Pfülb: »Von Opposition zu Adaption. Energiesicherheit und wirtschaftlicher Wandel als Triebfeder für eine neue Klimapolitik am Golf?«, *KAS-Auslandsinformationen* 2/2016, Konrad-Adenauer-Stiftung, S. 64–79.

11 United Nations Framework Convention on Climate Change: »The In-

tended Nationally Determined Contribution of the Kingdom of Saudi Arabia under the UNFCCC«, Riad, November 2015, http://www4. unfccc.int/submissions/INDC/Published%20Documents/Saudi%20 Arabia/1/KSA-INDCs%20English.pdf.

12 Jeremy S. Pal und Elfatih A. B. Eltahir: »Future Temperature in Southwest Asia Projected to Exceed a Threshold for Human Adaptability«, *Nature Climate Change Letters*, 26. Oktober 2015, http://www.nature.com/nclimate/journal/v6/n2/full/nclimate2833.html.

13 United Nations Framework Convention on Climate Change: »The Intended Nationally Determined Contribution of the Kingdom of Saudi Arabia under the UNFCCC«, Riad, November 2015, http://www4. unfccc.int/submissions/INDC/Published%20Documents/Saudi%20 Arabia/1/KSA-INDCs%20English.pdf.

14 Guido Steinberg: »Saudi-Arabien als Partner deutscher Politik«, in: *Aus Politik und Zeitgeschichte* 46 (2014), S. 48–53, S. 52.

15 Siehe Jan Hildebrand: »Wie EADS vom Mauerbau in Saudi-Arabien profitiert«, *Die Welt*, 5. Oktober 2010, http://www.welt.de/wirtschaft/article10080765/Wie-EADS-vom-Mauerbau-in-Saudi-Arabien-profitiert. html.

16 Siehe Robert-Bosch-Stiftung: »Robert Bosch Kulturmanager in der arabischen Welt, Dschidda, Saudi-Arabien«, http://www.bosch-stiftung.de/content/language1/html/55068.asp.

17 Siehe z. B. die Initiative des Bonner Beratungsinstituts CARPO – Center for Applied Research in Partnership with the Orient, gemeinsam mit dem EastWest Institute ein Dialogformat zwischen Iran und Saudi-Arabien zu organisieren. Mehr Informationen unter: http://carpo-bonn.org/de/dialogformat-iran-saudi-arabien/.

18 Amnesty International: »Facts & Figures: Syria Refugee Crisis & International Resettlement«, 3. Februar 2016, https://www.amnesty.org/en/latest/news/2016/02/syrias-refugee-crisis-in-numbers/.

19 Donna Abu-Nasr, Vivian Nereim und Deema Almashabi: »Syria's Refugees Feel More Welcome in Europe Than in the Gulf«, *Bloomberg*, 4. September 2015, http://www.bloomberg.com/news/articles/2015-09-04/syria-s-refugees-feel-more-welcome-in-europe-than-in-the-gulf.

20 United Nations High Commissioner for Refugees: »States Parties to the 1951 Convention relating to the Status of Refugees and the 1967 Protocol«, 28. Juni 2011, http://www.unhcr.org/protection/basic/3b73b0d63/states-parties-1951-convention-its-1967-protocol.html.

21 Julia Gerlach: »Flüchtling bin ich nicht. Oder doch?«, *Amnesty Journal*, Februar 2016, https://www.amnesty.de/journal/2016/februar/fluechtling-bin-ich-nicht-oder-doch.

22 Abdulateef al-Mulhim: »They Are Our Guests, Not Refugees«, *Arab News*, 11. September 2015, http://www.arabnews.com/columns/news/804641.

23 Frank Elbers: »Are Syria's Wealthy Neighbours Doing Enough? Gulf States Urged to Accept More Refugees«, *National Post*, 26. Oktober 2015, http://news.nationalpost.com/news/world/are-syrias-wealthy-neighbours-doing-enough-gulf-states-urged-to-accept-more-refugees.

24 Interview des Autors in Dschidda im Dezember 2014.

25 »Saudi Arabia Says Criticism of Syria Refugee Response ›False and Misleading‹«, *The Guardian*, 12. September 2015, https://www.theguardian.com/world/2015/sep/12/saudi-arabia-says-reports-of-its-syrian-refugee-response-false-and-misleading.

26 Frank Elbers: »Are Syria's Wealthy Neighbours Doing Enough? Gulf States Urged to Accept More Refugees«, *National Post*, 26. Oktober 2015, http://news.nationalpost.com/news/world/are-syrias-wealthy-neighbours-doing-enough-gulf-states-urged-to-accept-more-refugees.

27 United Nations High Commissioner for Refugees: »Yemen Factsheet«, Februar 2016, http://www.unhcr.org/protection/operations/4c907a4a9/yemen-fact-sheet.html.

Alle Online-Quellen wurden zwischen dem 31. August und dem 6. September 2016 auf Aktualität geprüft.

Bibliographie

Aarts, Paul und Carolien Roelants: *Saudi Arabia: A Kingdom in Peril*, London 2015

Aarts, Paul und Gerd Nonneman (Hrsg.): *Saudi Arabia in the Balance: Political Economy, Society, Foreign Affairs*, London 2005

Addleton, John: *Undermining the Centre: The Gulf Migration and Pakistan*, Oxford/New York/Delhi 1992

Al-Rasheed, Madawi: *A History of Saudi Arabia*, Cambridge 2002

Al-Rasheed, Madawi: *A Most Masculine State: Gender, Politics, and Religion in Saudi Arabia*, Cambridge 2013

Al-Rasheed, Madawi: *Contesting the Saudi State: Islamic Voices from a New Generation*, Cambridge 2006

Badawi, Raif: *1000 Peitschenhiebe: Weil ich sage, was ich denke*, hrsg. v. Constantin Schreiber, Berlin 2015

Commins, David: *The Gulf States: A Modern History*, London 2012

Davidson, Christopher M.: *After the Sheikhs: The Coming Collapse of the Gulf Monarchies*, London 2012

Fandy, Mamoun: *Saudi Arabia and the Politics of Dissent*, New York 2001

Field, Michael: *The Merchants: The Big Business Families of Saudi Arabia and the Gulf*, New York 1984

Freitag, Ulrike (Hrsg.): *Saudi-Arabien. Ein Königreich im Wandel?*, Paderborn 2010

Gause III., Gregory: *Saudi-Yemeni Relations: Domestic Structures and Foreign Influence*, New York 1990

Haidar, Ensar: *Freiheit für Raif Badawi, die Liebe meines Lebens*, Köln 2015

Haykel, Bernard, Thomas Hegghammer und Stéphane Lacroix (Hrsg.): *Saudi Arabia in Transition: Insights on Political, Economic, and Religious Change*, Cambridge 2015

275

Hegghammer, Thomas: *Jihad in Saudi Arabia: Violence and Pan-Islamism since 1979*, Cambridge 2010

Hertog, Steffen: *Princes, Brokers, and Bureaucrats: Oil and the State in Saudi Arabia*, London 2010

Kamrava, Mehran (Hrsg.): *The International Politics of the Persian Gulf*, Syracuse 2011

Lacroix, Stéphane: *Awakening Islam: The Politics of Religious Dissent in Contemporary Saudi Arabia*, Cambridge 2011

Long, David E. und Sebastian Maisel: *The Kingdom of Saudi Arabia*, Gainesville 2010

Matthiesen, Toby: *Sectarian Gulf: Bahrain, Saudi Arabia, and the Arab Spring That Wasn't*, Stanford 2013

Matthiesen, Toby: *The Other Saudis: Shiism, Dissent and Sectarianism*, Cambridge 2015

Menoret, Pascal: *Joyriding in Riyadh: Oil, Urbanism, and Road Revolt*, Cambridge 2014

Niblock, Tim (Hrsg.): *State, Society and Economy in Saudi Arabia*, London 1982

Peskes, Esther: *Muhammad b. Abdulwahhab (1703–1792) im Widerstreit. Untersuchungen zur Rekonstruktion der Frühgeschichte der Wahhabiya*, Stuttgart 1993

Seikaly, May und Khawla Mattar (Hrsg.): *The Silent Revolution: The Arab Spring and the Gulf States*, Berlin 2014

Steinberg, Guido: *Religion und Staat in Saudi-Arabien. Die wahhabitischen Gelehrten 1902–1953*, Würzburg 2002

Steinberg, Guido: *Saudi-Arabien. Politik, Geschichte, Religion*, 3. Auflage, München 2014

Stenslie, Stig: *Regime Stability in Saudi Arabia: The Challenge of Succession*, London 2012

Teitelbaum, Joshua: *Holier Than Thou: Saudi Arabia's Islamic Opposition*, Washington 2000

Thompson, Mark: *Saudi Arabia and the Path to Political Change: National Dialogue and Civil Society*, London 2014

Vassiliev, Alexei: *The History of Saudi Arabia*, London 2000

Wehrey, Frederick: *Sectarian Politics in the Gulf: From the Iraq War to the Arab Uprisings*, New York 2014

Yamani, Mai: *Changed Identities: The Challenge of the New Generation in Saudi Arabia*, London 2000

Danksagung

Dieses Buch wäre nicht entstanden ohne die großartige Unterstützung einiger fachkundiger Kolleginnen und Kollegen, denen ich an dieser Stelle ausdrücklich für ihre kritischen und hilfreichen Kommentare und die kontroversen Diskussionen danken möchte: Dr. Marie-Christine Heinze, Inken Wiese, Dr. Ali Fathollah-Nejad, Adnan Tabatabai, Dr. Menno Preuschaft, Dr. René Rieger, Dr. Toby Matthiesen, Ludwig Schulz und David Jalilvand.

Darüber hinaus danke ich den unzähligen, im Buch nicht namentlich genannten saudischen Interviewpartnern, Freunden und Kollegen, die mir mit ihren Einblicken dabei geholfen haben, dieses komplizierte Land und seine Bewohner besser zu verstehen, und die mir während meiner Reisen ins Königreich stets mit Rat und Tat zur Seite standen.

Besonderer Dank gebührt auch meiner Literaturagentin Barbara Wenner, die mich davon überzeugen konnte, dieses Buch zu schreiben, und mich gegen alle Zweifel stets ermutigte. Dem Propyläen Verlag und vor allem Christian Seeger danke ich für das Vertrauen in mich und das Thema Saudi-Arabien.

Weiterhin gilt mein spezieller Dank meiner Familie und meinen Freunden, vor allem meiner Mutter, meinem Stiefvater und meiner Großmutter, die mit ihren aufmerksamen und neugierigen Nachfragen, ihrer moralischen Unterstützung und ihrer Geduld dazu beigetragen haben, dass ich dieses Buch schreiben konnte. Und schließlich möchte ich Laura danken, die mir mit ihrer Liebe und ihrem Zutrauen in den letzten Jahren zur Seite steht und mir unendlich viel Kraft gibt.

Personenregister

Asfa-Wossen Asserate

Die neue Völkerwanderung

Wer Europa bewahren
will, muss Afrika retten

Gebunden mit Schutzumschlag.
Auch als E-Book erhältlich.
www.propylaeen-verlag.de

Afrikas Hoffnung verlässt den Kontinent

Prinz Asfa-Wossen Asserate, einer der besten Kenner
des afrikanischen Kontinents, schildert die Ursachen
der Massenflucht aus Afrika und appelliert an die
europäischen Staaten, ihre Politik gegenüber dem
Nachbarkontinent grundlegend zu ändern. Andern-
falls werden es bald nicht Tausende, sondern Millionen
von Flüchtlingen sein, werde diese größte Herausforderung Europas im 21. Jahrhundert in einer Katastrophe enden – für Afrika und Europa.

PROPYLÄEN VERLAG

Frank-Walter Steinmeier

Flugschreiber

Notizen aus der
Außenpolitik in
Krisenzeiten

Frank-Walter
Steinmeier
Flugschreiber

Notizen aus der
Außenpolitik
in Krisenzeiten

Gebunden mit Schutzumschlag.
Auch als E-Book erhältlich.
www.propylaeen-verlag.de

»Zu viele sind mit dem Streichholz unterwegs, anstatt
den Feuerlöscher zu benutzen.«
Frank-Walter Steinmeier

Frank-Walter Steinmeier, einer der erfahrensten Au-
ßenpolitiker unseres Landes, gibt Einblick in seine politischen Prägungen, seine Handlungsmaximen und
sein Verständnis von Deutschlands Rolle in der Welt.
Zugleich wirft er einen Blick hinter die Kulissen der Diplomatie und berichtet von Begegnungen und Erleb-
nissen aus zwei Jahrzehnten in der deutschen Außenpolitik. Ein hochaktuelles Buch, das den Leser mitten
hineinführt in die Konfliktherde der Welt.

PROPYLÄEN VERLAG

Niall Ferguson

Kissinger
Der Idealist 1923-1968

Aus dem Englischen von Michael Bayer
und Werner Roller.
Gebunden mit Schutzumschlag.
www.propylaeen.de

»Ein großes Werk der Zeitgeschichte.« Die Zeit

Er wurde verehrt und geschmäht wie kein anderer.
Die einen feierten ihn als genialen Staatsmann, die
anderen verdammten ihn als zynischen Realpolitiker.
In seiner großen, meisterhaften Biographie zeichnet
der Historiker Niall Ferguson Kissingers Aufstieg vom
Flüchtling aus Nazi-Deutschland zum Meister der Diplomatie und begnadeten Strategen der Weltpolitik
nach. Zugleich wirft er ein neues Licht auf die amerikanische Geschichte im Kalten Krieg, zu deren Hauptak-
teuren Kissinger zählte.

»Ein dichtes und lebhaftes, authentisches und durchaus kriti-
sches Porträt dieses ungewöhnlich vielseitigen und umtriebi-
gen Menschen.«
FAZ

PROPYLÄEN VERLAG

Abstammung wichtiger Mitglieder der

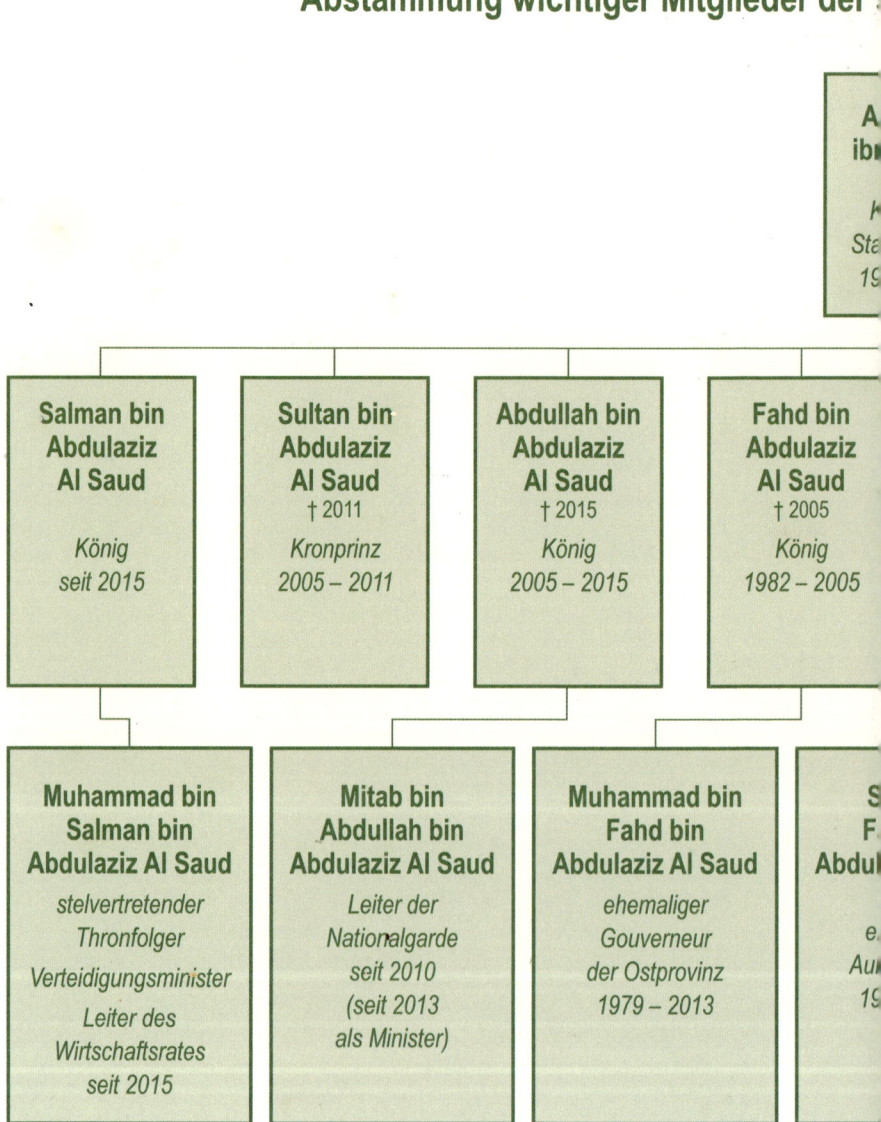

Salman bin Abdulaziz Al Saud	**Sultan bin Abdulaziz Al Saud** † 2011	**Abdullah bin Abdulaziz Al Saud** † 2015	**Fahd bin Abdulaziz Al Saud** † 2005
König seit 2015	*Kronprinz 2005 – 2011*	*König 2005 – 2015*	*König 1982 – 2005*

Muhammad bin Salman bin Abdulaziz Al Saud	**Mitab bin Abdullah bin Abdulaziz Al Saud**	**Muhammad bin Fahd bin Abdulaziz Al Saud**	
stelvertretender Thronfolger *Verteidigungsminister* *Leiter des Wirtschaftsrates seit 2015*	*Leiter der Nationalgarde seit 2010 (seit 2013 als Minister)*	*ehemaliger Gouverneur der Ostprovinz 1979 – 2013*	